図説 江戸歌舞伎事典1 芝居の世界

飯田泰子 著

芙蓉書房出版

図説 江戸歌舞伎事典1 芝居の世界……目次

●第二章　戯場の地理……69

江戸三座の起源と見物場所…72

■新造図彙の天文。「富貴仰いで天井を観るの図」

はじめに

図説江戸歌舞伎事典と題してお届けする、絵解き歌舞伎事典です。

江戸時代の江戸の芝居、「江戸狂言」の成り立ちから芝居小屋の内外、芝居作りを支える楽屋の人びとといった事柄を図版二百五十点を用いてご案内します。

下敷きにしたのは享和三年（一八〇三）に刊行された戯作者式亭三馬の『戯場訓蒙図彙《しばいきんもうずい》』。これは江戸期に大いに流行った絵付き百科事典のひとつで、同じ趣向の事典には『女用訓蒙図彙』や職業尽くしの『人倫《じんりん》訓蒙図彙』、色町で遊ぶための『新造《しんぞう》図彙』などがあります。

本書は『戯場訓蒙図彙』の中から天紋、地理、人事、宮室の巻を中心に、四章に亘って江戸の芝居を見ていきます。

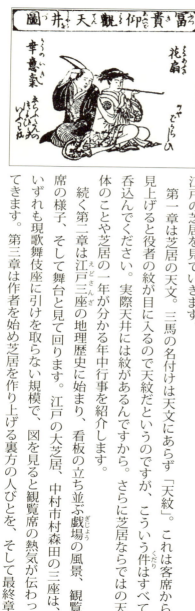

第一章は芝居の天文。三馬の名付けは天文にあらず「天紋」。これは客席から見上げると役者の紋が目に入るので天紋だというのですが、こういう件《くだり》はすべて呑込んでください。実際天井には紋があるんですから。さらに芝居ならではの天体のことや芝居の一年が分かる年中行事を紹介します。

続く第二章は江戸三座《えどさんざ》の地理歴史に始まり、看板の立ち並ぶ戯場《ぎじょう》の風景、観覧席の様子、そして舞台と見て回ります。江戸の大芝居、中村市村森田の三座は、いずれも現歌舞伎座に引けを取らない規模で、図を見ると観覧席の熱気が伝わってきます。第三章は作者を始め芝居を作り上げる裏方の人びとを、そして最終章

■戯場訓蒙図彙の天文は「贔屓仰いで天紋を観るの図」

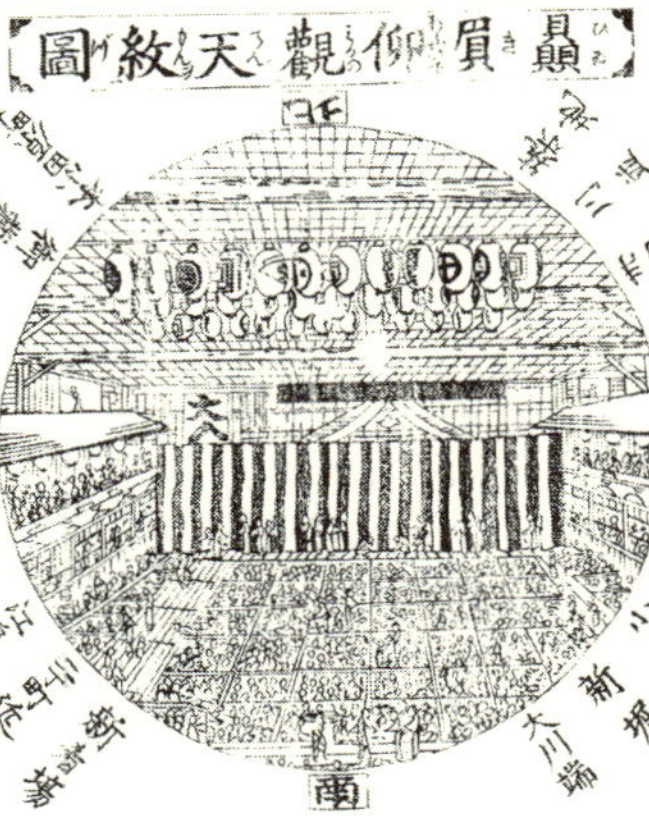

では舞台の大道具を見ていきます。

最後に、参考にした江戸時代の版本にふれておきます。

まず、式亭三馬の『戯場粋言幕の外《けじょうすいげんまくのそと》』。これは文化三年（一八〇六）の刊行で、観劇風景を記したもの。同じく三馬の著作『客者評判記《かくしゃひょうばんき》』。文化八年（一八一一）に後編が開版。

好文舎青氏著、享和元年（一八〇一）刊行の『戯場節用集《しばいせつようしゅう》』。

寛政十三年（一八〇一）に初編、続編が享和二年（一八〇二）に刊行された『戯場楽屋図絵《しばいがくやずえ》』。寛政十二年（一八〇〇）頃に出た、狂言作者の二代目中村重助の著と伝わる『芝居乗合話《しばいのりあいばなし》』。そして、落語の作者でもあった談洲楼焉馬《だんじゅうろうえんば》（烏亭焉馬）編著の『歌舞妓年代記』。これは寛永元年から文化元年（一六二四～一八〇四）までの歌舞伎興行の記録で、刊行は文化八年（一八一一）。正式名は『花江都歌舞妓年代記《はなのえどかぶきねんだいき》』。

天保八年（一八三七）から約三十年に亘って書き継がれた江戸後期の風俗誌『守貞謾稿《もりさだまんこう》』、喜多川守貞著、などなどを参考にしました。

猿若勘三郎《さるわかかんざぶろう》が日本橋で旗揚した猿若座（後の中村座）の発起から四百年。その黎明期から江戸の中後期に至るまで様々な工夫が生まれ、廃れもして、残るものは残って今の芝居があるといえます。江戸っ子がそうであったように、芝居にまつわるいわくいわれなど知らなくても舞台は充分楽しめますが、知っておくと楽しさは増します！

第一章　芝居の天文

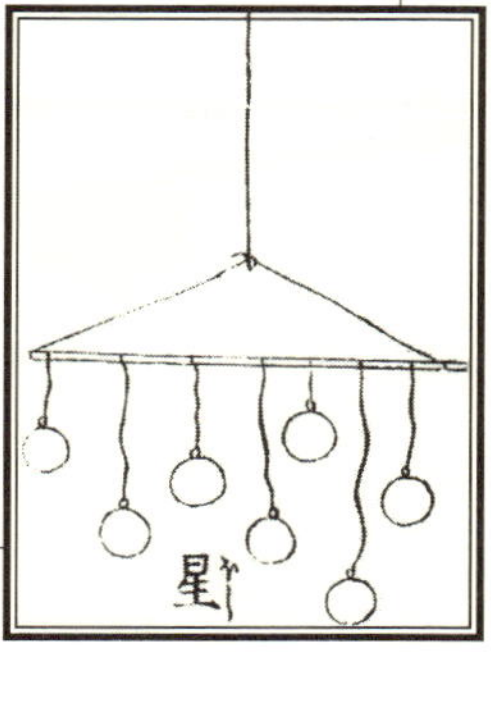

天文

【芝居の天文】

●大極　●顔見世提灯

●狂言国の天のこと

●日月星雲雪雨風雷

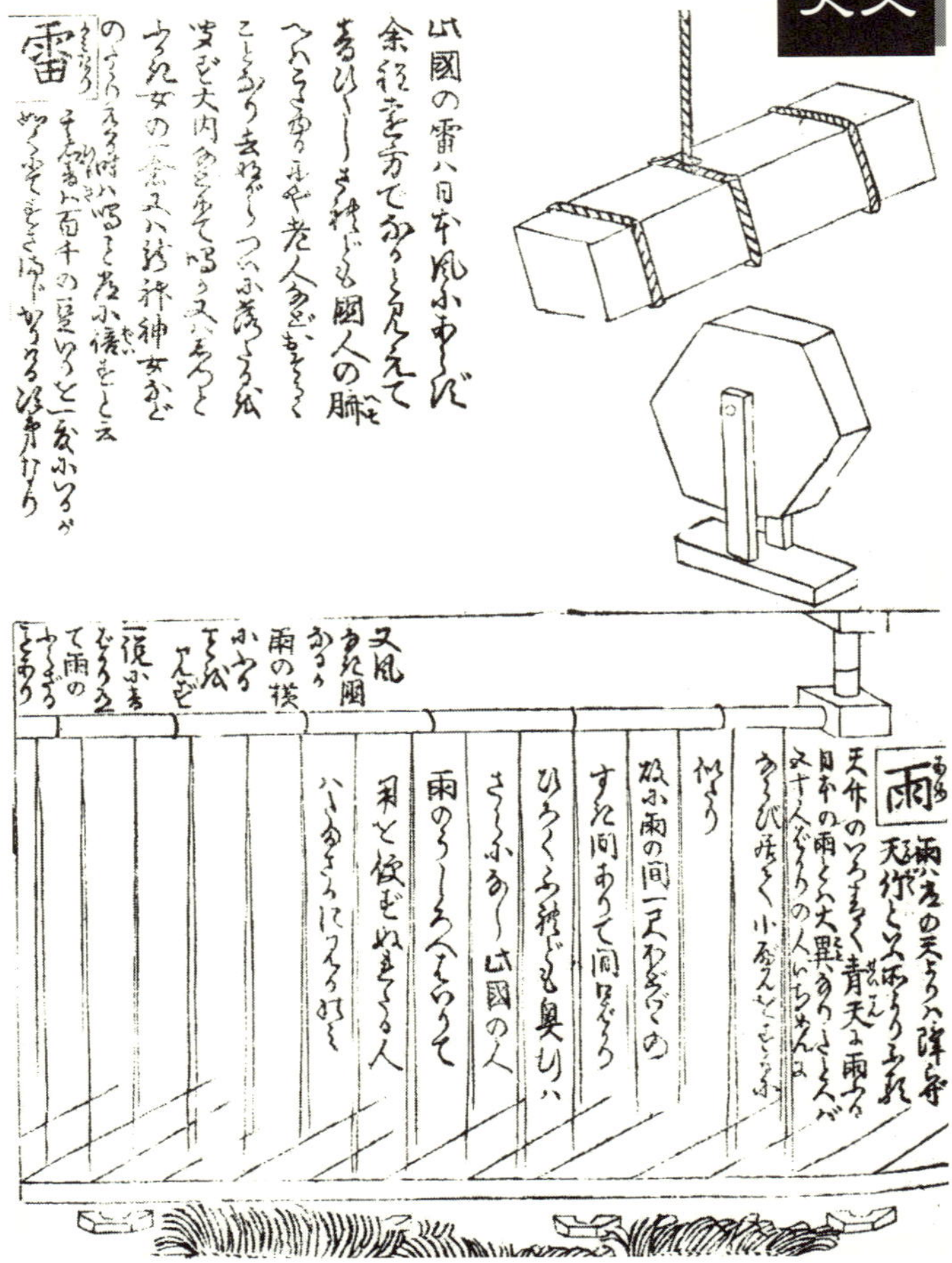

行事

【戯場の年中行事】

●戯場国の正月　●戯場国の春夏秋冬

●顔見世　●三番叟

世界

【芝居の歴史】

●「芝居」の始まり　●戯場国の開闢　●お国歌舞伎の来歴

●美少年歌舞伎の興行

●物真似狂言盡　●猿楽と田楽

歴史

【狂言の世界】

●名題　●荒事

●和事　●時代物

●世話物

■江戸芝居の根元

この章では式亭三馬《しきていさんば》の『戯場訓蒙図彙《しばいきんもうずい》』に基づいて戯場国と狂言国の天文から四季折々の年中行事、芝居の起源について述べる。

底本は江戸期の絵付百科事典、『訓蒙図彙』の分類法をそっくり真似て、始めに天紋、大極図、贔屓仰観天紋図、雲霞、月、雪、雷、雨、風といった事柄が書かれている。天文にかけた「天紋」は、観覧席から見上げて目に入る役者の紋からきているという。以後もその調子で人を食ったような見立てや「うがち」が随所に見られる。

芝居の天文■芝居の小宇宙を説くに当たって、「大極図《だいこくのず》」なるものを掲げている。これは無の状態から陰陽に分かれて天地が生まれるという古代中国の思想を下敷きにしている。「隠」は隠居の隠で、向島の隠居の口上が始まるから静かにしろと説明が付いているが、こじつけの中身は現代人には手強い。どこのご隠居かといえば五代目市川團十郎のことで、鰕蔵《えびぞう》と改名して数年後に引退、「隠居」時代にもしばしば舞台を務めている。

続く気象の話は分かり易い。一例を挙げると、狂言国の風はやたらに激しく吹くようで、大切な巻物や編笠などは吹き飛ばされ、傘

■狂言国の雪は三角で平たい

はおちょこになってしまうほどの強風だ。なのにどういうわけか柳の枝はびくとも動かないといった具合。

戯場国の年中行事■ここでは芝居の一年を俯瞰《ふかん》的に眺める。朝早くに三番叟《さんばそう》を演じる正月元日の勤め始めから初春狂言の初日、月が改まると二月初午《はつうま》、五月は曽我祭り。秋になると江戸歌舞伎最大の行事、顔見世の準備が始まる。そして霜月朔日《しもつきさくじつ》（十一月一日）が顔見世、芝居の新年が始まる。

芝居の歴史■神代の時代から大化の改新の頃の「舞い」が申楽《さるがく》（猿楽）、田楽を経て物真似狂言《ものまねきょうげん》、歌舞伎に至るまでの概略。さらに黎明期のお国歌舞伎から美少年歌舞伎までとし、江戸三座の大芝居についての来歴は第二章で詳しく述べる。

狂言の世界■荒事《あらごと》の江戸、和事《わごと》の上方といわれるが、江戸と京坂では観る側の気風の違いからか、評判を取る物語の筋や演出が大きく異なる。この二大様式について、また時代物、世話物と分けられる狂言国の「時制」の考え方も知っておきたい。

　簡単にいえば、江戸時代人にとっての古《いにしえ》の話が時代物で、今の出来事が題材になるのが世話物。ただし、時は今（江戸期）でも、訳ありなら古になぞらえて狂言の世界は出来上がる。

■隠居した後も、ゆかりのある中村座のために口上だけを勤めた五代目市川團十郎、改め市川鰕蔵。向島の隠居と客に奉られた役者（歌舞妓年代記）

■寿興行の舞台に飾る中村家の重宝。三方の下に描かれているのは将軍家から賜った金の采配（歌舞妓年代記）

口上《こうじょう》

裃《かみしも》を着けた役者が舞台から見物に向かって口頭で挨拶をする名跡継承の口上などは、綿々と続いているが、江戸芝居の口上には毎日繰り返す口上があった。

まず一幕が開く前に、位の低い稲

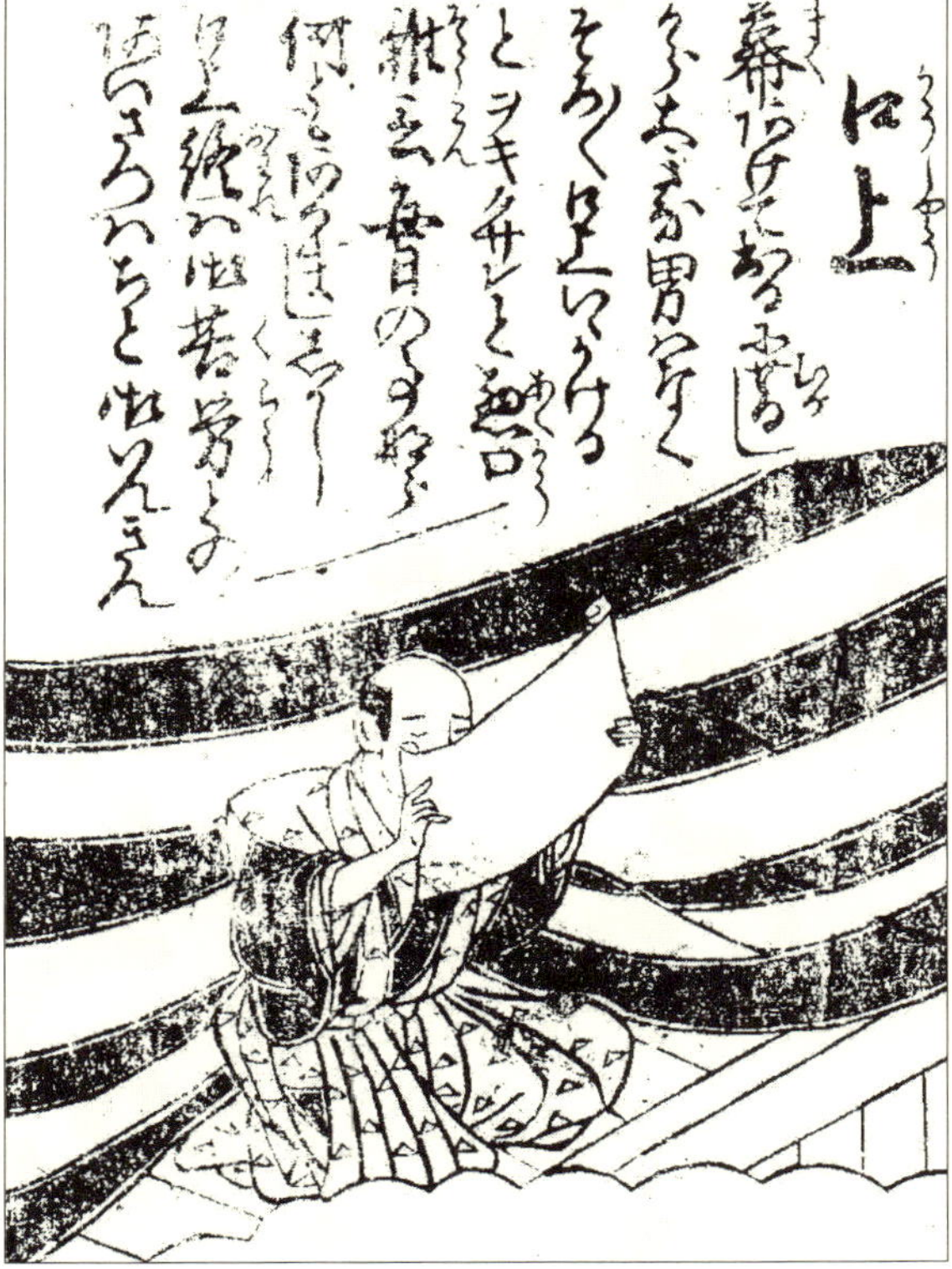

■幕開前の役割口上は稲荷町と呼ばれる身分の低い役者が担当する。修業を積んで名題になり座頭にだってなる役者もいる（戯場節用集）

荷町の役者が登場して、役割の口上を述べる。浄瑠璃の舞踏の幕が開くと、頭取が太夫と役割を知らせる。一番目の幕切れにはこれから二番目を演じるのでよろしく見物してくれとの口上がある。最後の幕が下りると「東西東西、まず今日は、これかぎりー」と述べる。これが切口上《きりこうじょう》。

　こうした日々の約束事ばかりでなく節目節目の口上もある。修業に修業を重ねた役者が最高位の名題《なだい》になると座元や先輩役者たちがずらりと舞台に並んで口上を述べてくれる。

　芝居興行の節目、顔見世では口上役に紹介された役者は顔を上げ、「私は何の某という無調法者、隅から隅までずいと御贔屓《ごひいき》をお願申します」という。これは向こう一年贔屓を賜りたいと告げる大切な儀式といえる。

　狂言に組み込まれている口上もある。それは『仮名手本忠臣蔵』の大序開幕の前に、幕の外で人形が役割口上を述べる演出で、口上の後本幕が開く趣向。忠臣蔵が定着して定まった形が完成した時から起こったのだろうが、定式幕《じょうしきまく》の前に口上人形が座って登場する仕組みは江戸芝居の口上が一つの見せ場であったことを示す姿ではなかろうか。

　また、口上で名高いのは中村座の寿興行と名付けられた芝居で、これには必ず市川團十郎がどの座に出ていても口上を申し上げることになっていた。江戸の芝居は旧暦十一月の顔見世から一年間役者の移動はなく、勤める座が決まっていたので、これは異例のこと。贔屓役者がいるいないにかかわらず、替り目ごとに来るような芝居好きにとっては、口上は見物の醍醐味だったようだ。そんなことから、市川團十郎の「にらみ」は誕生したのだろう。襲名口上で柿色の地に三升の紋を白く染めぬいた裃という出立ちで、巻物を載せた三方を片手で持ち、「吉例により一つにらんでお目にかけます」というしぐさは目の大きい、鼻筋の通った團十郎の口上ならではのものだった。

■天明２年（1782）中村座の顔見世興行で見せた、弱冠五歳の海老蔵のにらみ。後の６代目市川團十郎（歌舞伎年代記）

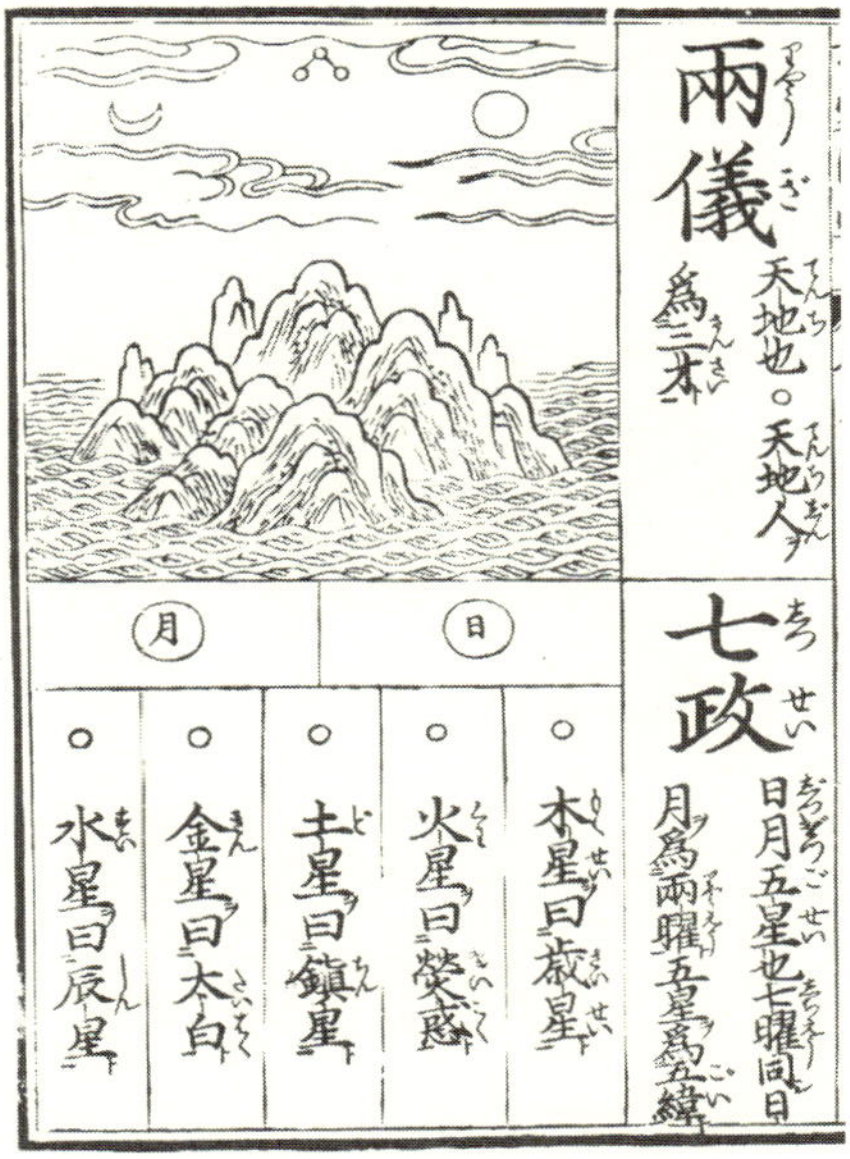

■天地が分かれる「両儀」から天文の章が始まる『訓蒙図彙』。寛文六年（一六六六）成立。その後『人倫訓蒙図彙』『女用訓蒙図彙』など、絵入りの事典が次々に登場する

大極《だいごく》

口上の次はいよいよ本編の幕開き、「大極」から。「大極図」（19頁）にはだいこくのずと仮名が振ってあり、当たり矢だの大入札だのが描かれている。これは万物の誕生を図示した古代中国の「太極図《たいきょくず》」に当てはめて、戯場国にまつわる事柄を述べたもの。

式亭三馬の『戯場訓蒙図彙』は、大書して天文から始めている。これは絵で見せる百科事典の元祖ともいうべき『訓蒙図彙』の分類構成を踏襲しているからだ。天文といえば日月星あたりから始めてもよさそうなもので、実際『訓蒙図彙』では天地誕生から見せているのだが、三馬先生はそれ以前も含めて絵にしている。

以前とは何か。それが太極《たいきょく》。太極というのは天地が分かれる前の混沌とした有様を指す概念。『頭書増補《かしらがきぞうほ》訓蒙図彙』によれば「どんよりとしている中に何かの兆候を含んでいて、これを鴻毛の未判という。こうした中で、澄んではっきりしているところがたなびいて天になり、重たく澱んで滞っていたところが地になった。ここで天地ができあがり、天地の間にすべてのものが誕生した。天地が分かれる前を太極といい、分かれて陰陽がはっきりしたことを両儀という」とある。

■古い時代の江戸芝居の舞台。左手に花道が見えるが、本舞台の脇にも芝居の見物がいる。狂言国と戯場国は隣り合わせになっている関係がこの図でも分かる。舞台、花道のほかは戯場国（戯場節用集）

いわくいわれはともかく、図に添えた説明に少しふれると、大入りというのは招きだとしてある。木火土金水の関係については、木は木戸番。火は煙草呑みのための火縄売り。土は土間にかたどった。金は金元を表す。さて水は、水のように冷たい茶売りにしようとこじつけている。

こうして江戸芝居の概論を天文に喩えて大まかに説明しているが、『戯場訓蒙図彙』では戯場国と狂言国と世界を二つに分けている。戯場国は見る場所、桟敷や土間など、見物のいる所から楽屋までのことをいうとしている。狂言国というのは舞台の上のこと。楽屋を出た役者が花道を通って舞台に行けば、戯場国から狂言国へ行くことになる。揚幕《あげまく》から先

■戯場国の大極図。古代中国由来の「太極図」を模して、戯場国のあれこれをもっともらしく説くの図。大入札は宇宙の根源、当り矢は陰陽、その下の火や水は万物の元とされる「五行」を示す

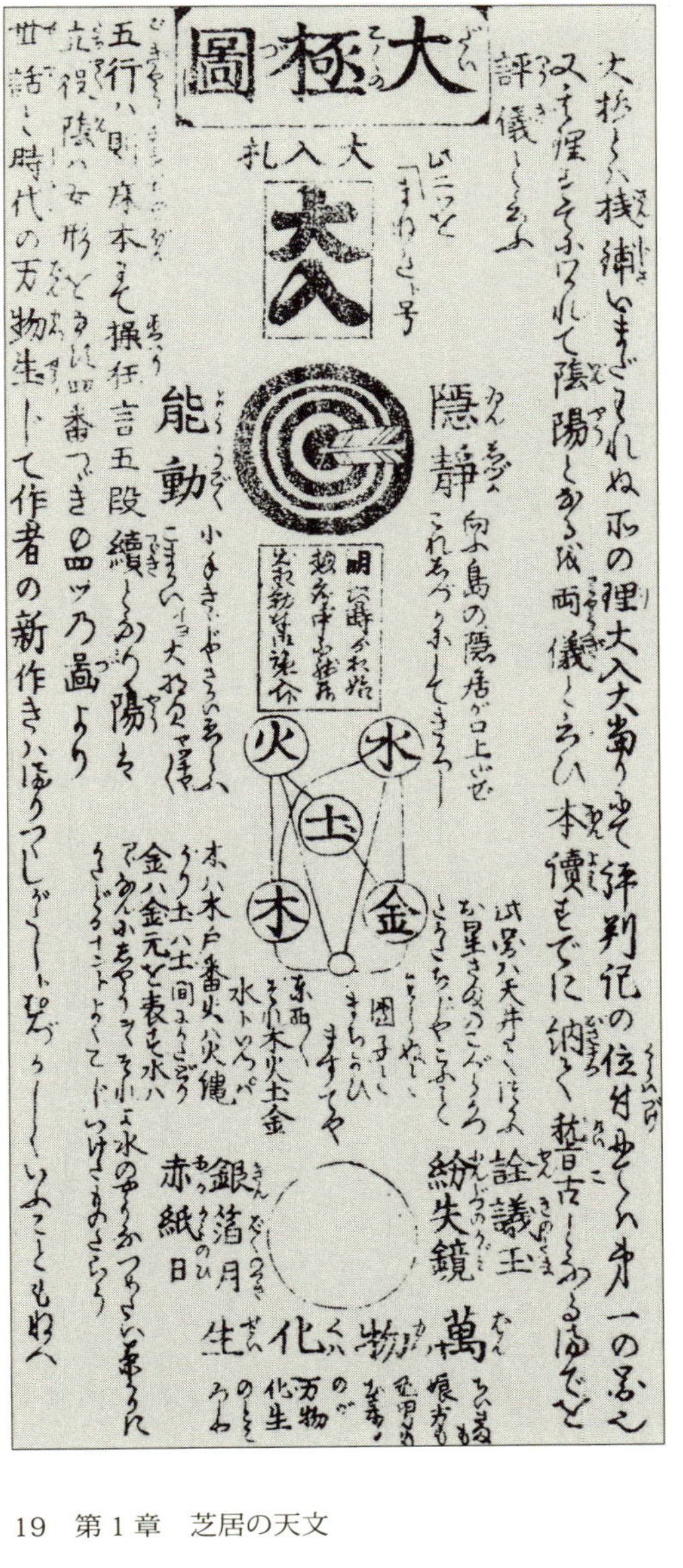

■本舞台から戯場国を見る図。舞台のすぐ前は土間で見物料も安い。一枡が六人ずつの入れ込みで、かなり窮屈そうな姿が見てとれる。一方舞台は曽我物のようで、二代目團十郎が作りあげた、矢の根五郎が演じられているようだ（客者評判記）

が狂言国で内は戯場国。観客は戯場国の住人ということになる。

したがって戯場国には四季折々色々な催しがあるが、狂言国とは関係がない。戯場国が春でも狂言国では雪が降ったりする。

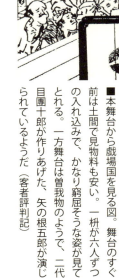

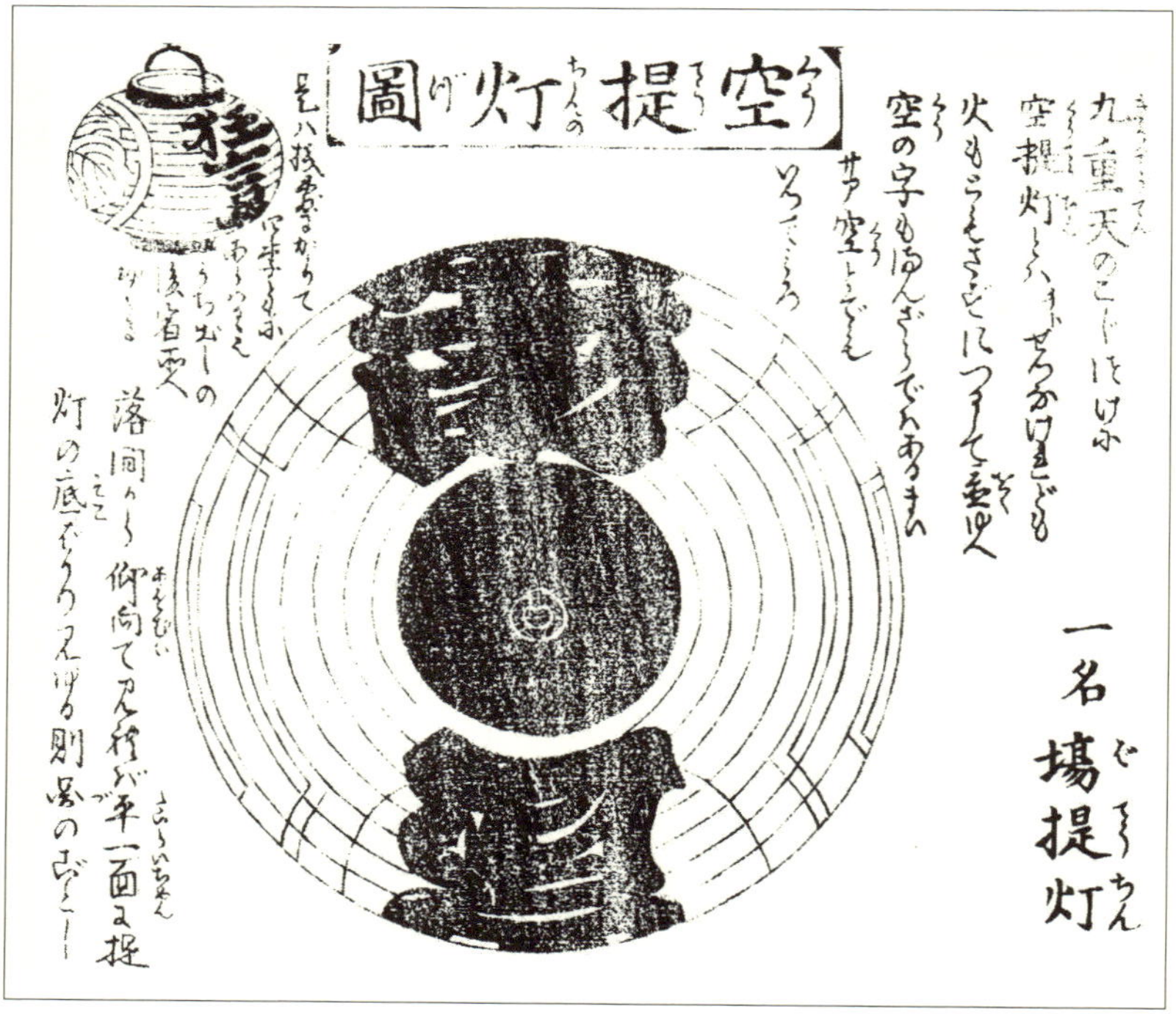

■顔見世提灯を下から見上げた図。一度も火が入らない提灯だから空提灯。左上の小図は四季を通じて桟敷にかかる提灯で、打ち出しの後茶屋へ送るもの

顔見世提灯《かおみせちょうちん》

戯場をめぐるあれこれを天文に見立てて述べるなかで、式亭三馬は天井に下がる提灯を「空提灯《くうちょうちん》図」としている。「九重天《きゅうちょうてん》」のこじつけに空提灯とはいささか苦しいけれど、火も灯さずに吊るしておくから空の字もまんざらではあるまい、さあ空とでもいってみろ、と宣《のたま》う。さてその提灯とは。

九重天、つまり天の一番高い所の隣、有頂天のてっぺんにかかり、その形は丸く、桟敷に使われる提灯より少し長いようだ。しかし火をつけてはいけないことになっている。二十八宿に似て、その数は定まっていない。

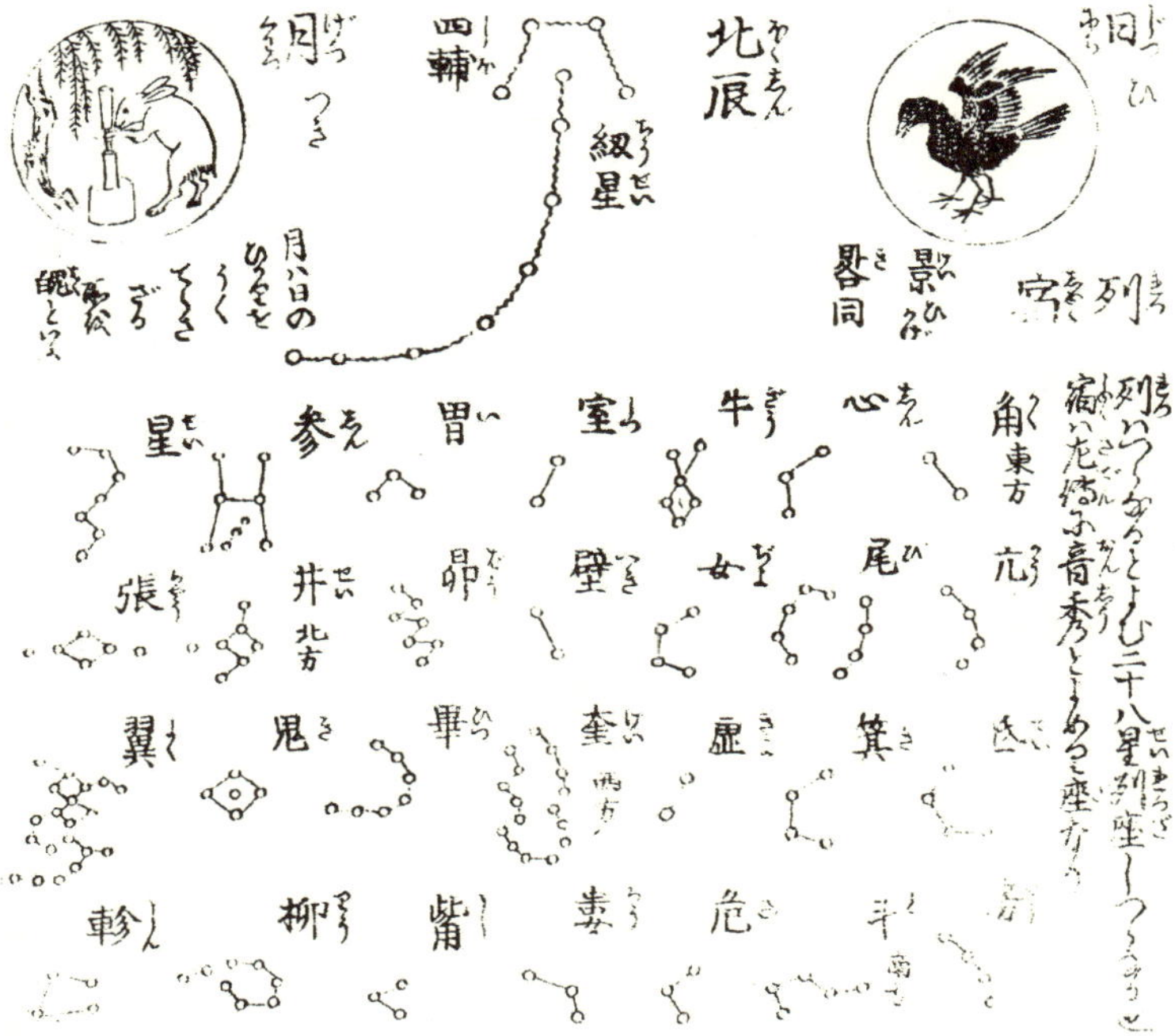

■これが江戸時代の分類学に登場する二十八宿の図（頭書増補訓蒙図彙）

春夏秋の間は隠れていて、厳しい冬の冷たい雪が耐えられないような時期になると偶然に姿を現す。一般の人達はこれを顔見世提灯と呼び、戯場国の一般語では捨て提灯と唱えている。どうしてこう呼ぶのかその始まりを知らないとある。

下から見ると図のように平らな提灯の底だけが見える。また、左上の小図は桟敷にかかっているもので、これは四季を通して現れ、打ち出しの後はお神輿《みこし》のようにお旅所、つまりお茶屋に送るもの。

ちなみに、二十八宿の宿とは星座のこと。天の東西南北にあって、この四方にそれぞれ七つずつあり、合計すると二十八宿になる。

江戸の芝居小屋には顔見世に限って登場する約束事がいくつもあり、皆それを承知の上で顔見世興行を見物に来る。もっとも、頭上の提灯などは誰も見上げはしないだろうが。

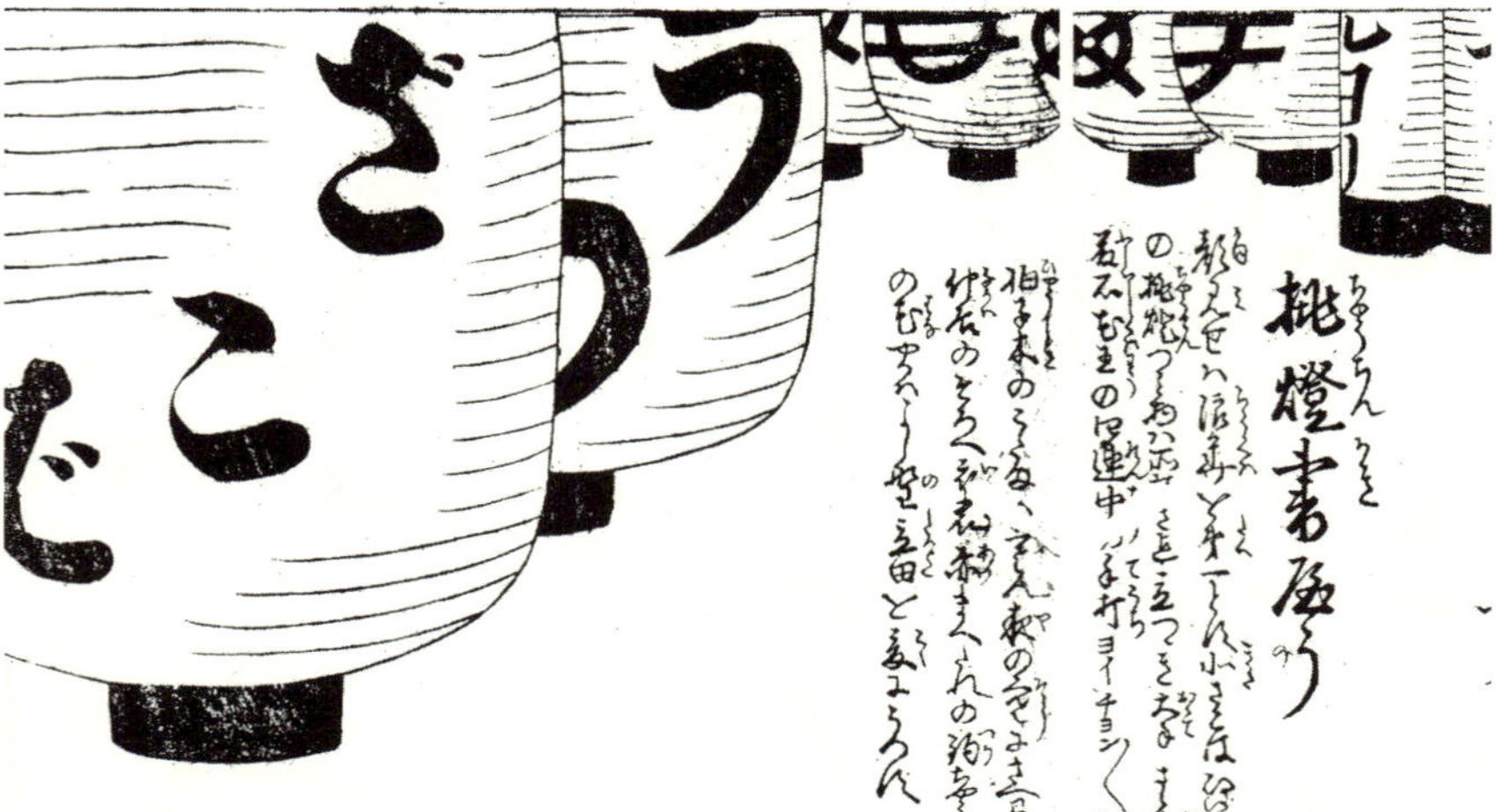

■顔見世となれば提灯の数はいくつとも知れず、贔屓の役者に贈る幟は数え切れない。賑やかさは、この提灯のようだ（戯場節用集）

贔屓仰観天紋図《ひいきあおいでてんもんをみるのず》

贔屓が仰向けになって天を観るの図。

戯場国の空は天井という。空の色は黒くて黄色く、青空を見ることはない。煤けたようで汚く、天候が不順のせいか炎天に雪が降ってきたり、天から花の散ることもある。この国の空というものは木に竹を繋ぎ合わせたような形なので、そのせいかこう見える。時には提灯と同じような光りが現れ、天界から下をのぞくようなことがある。天人かと思うがそうではない。間違って細引糸を落とすことがあるが、これは下界を大騒ぎにさせる。

これは戯場国の見物席から天井を見たところの説明で、天井にも狂言国の人達が仕事をしているさまをいっている。対照的に天井の真下、本舞台前の平土間に腹這いになって様子を観察する「贔屓俯察地理図《ひいきふしてちりをさっするず》」というのもある（100頁の図参照）。ちなみに「仰観俯察《ぎょうかんふさつ》」は儒教の経典、五経の一つ「易経《えききょう》」に出て来る言葉。

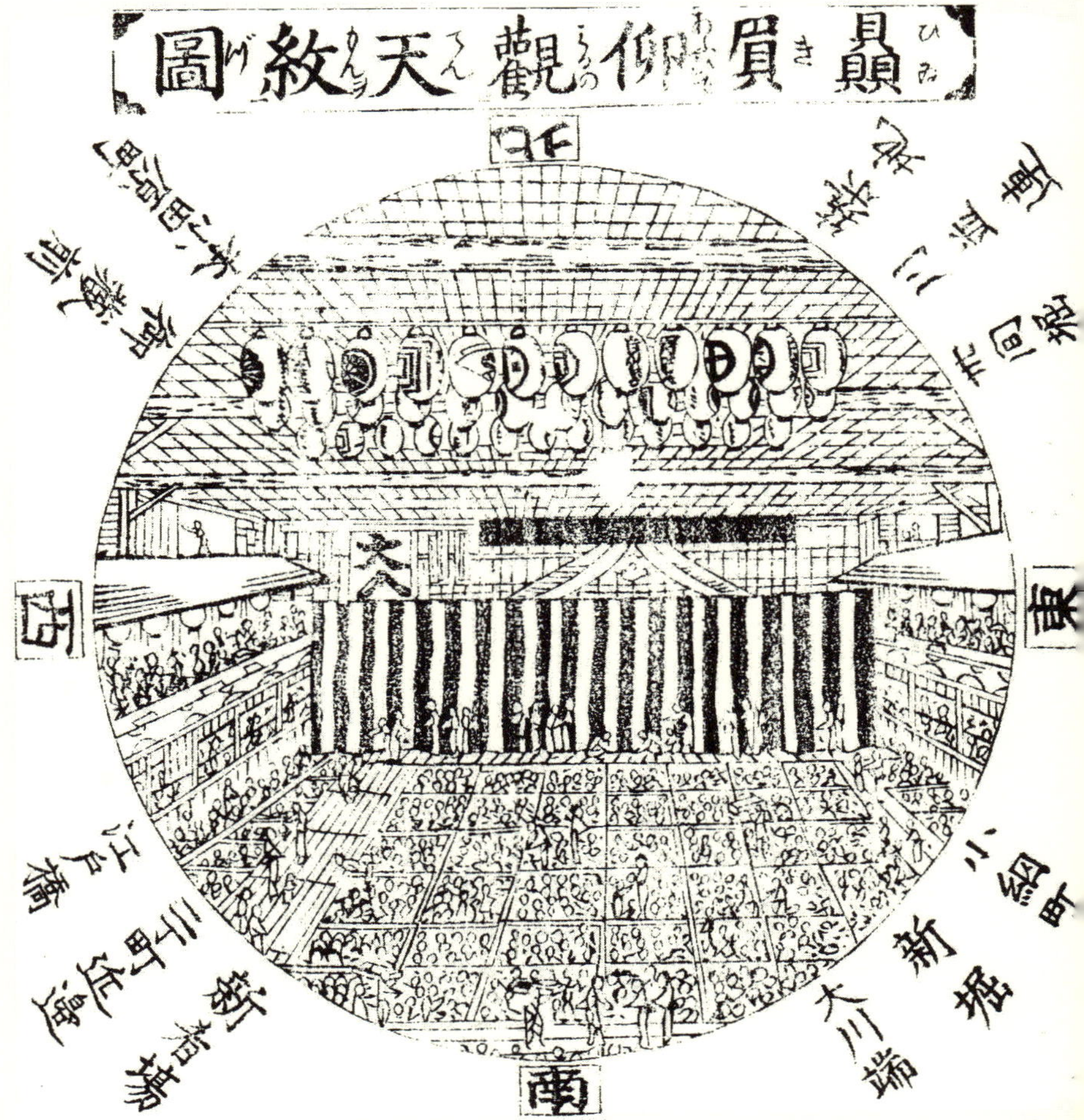

■江戸芝居の繁昌ぶり。江戸の戯場は四方八方の繁華な町から見物にやって来て、贈り物をする

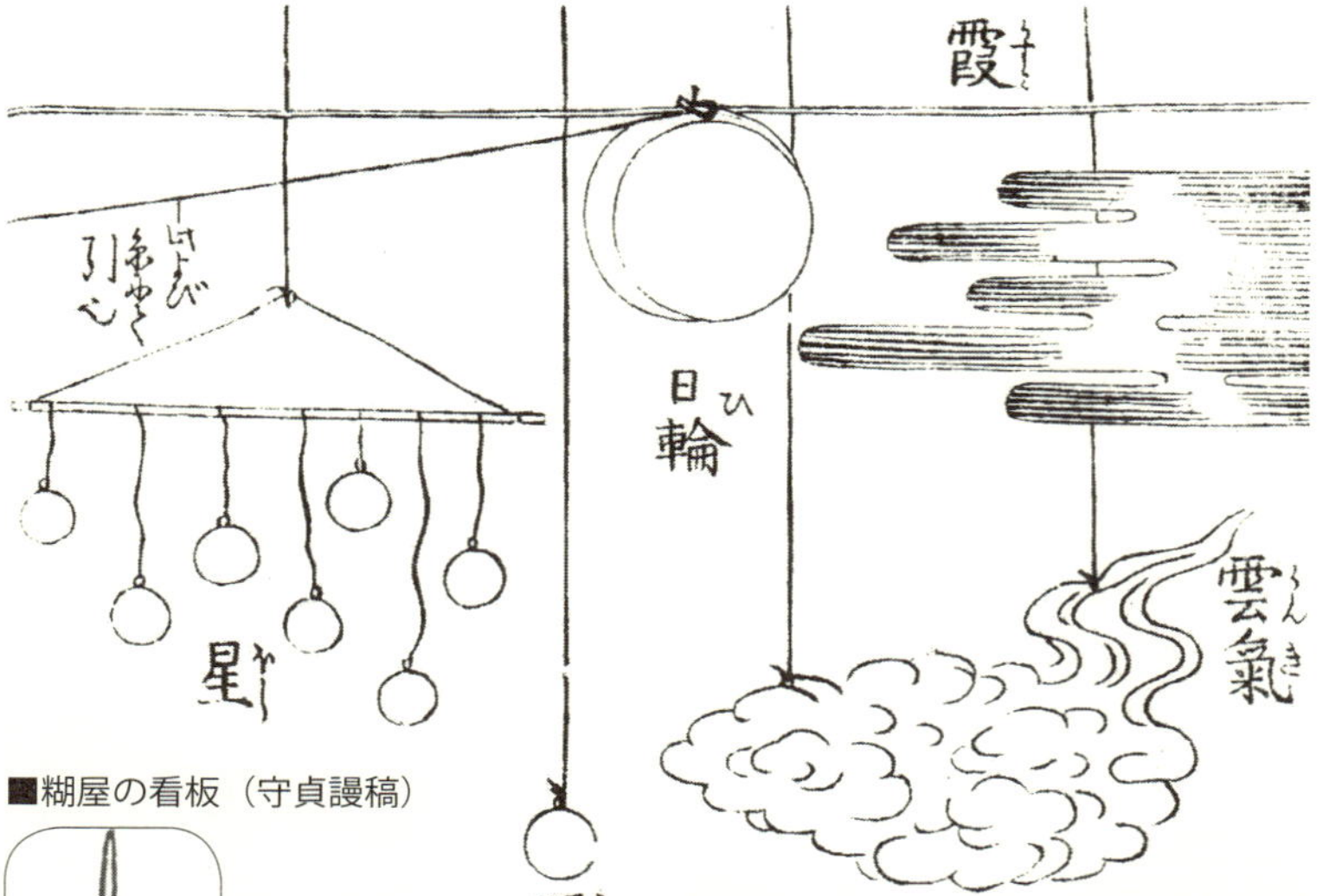

■狂言国の日輪は月のように光らずに銀紙を張ったようにただのんべんだらりんと左から来て右に消え、右から出て左に向かう

■糊屋の看板（守貞謾稿）

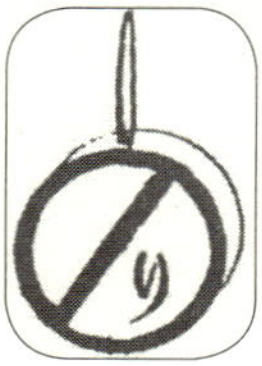

狂言国の天のこと《きょうげんこくのてんのこと》

狂言国にも日は昇るし月も出る。雲気、明星、星、雲、霞も出るには出るが、動きには約束がある。日や月は左右に移動をするし、星や明星それに雲気、雲などは天から下りてくるが、余計な詮索はせずに江戸の芝居好きは皆納得づくでそれを楽しむ。

月が出る必要がある時に、銀紙のようなものが横から出たところで驚かない。ああ月が出たのだな、と納得をする。怪しい雲が出てくると、怪しいことがこれから起こるぞと覚悟を決める。

◆日　この国の日の光りは極めて赤く、中に灯をともしているようで、ゆらゆらする。もったいない喩えだが長屋に出ている姫糊の看板を大きく拵えたようなものだ。日は芝居をやる場所で西から出たり東に沈んだりするが、誰も怪しく思わない。中村、市村の国では東から出て西に隠れるが、森田の辺では南から出て、北に至るという。

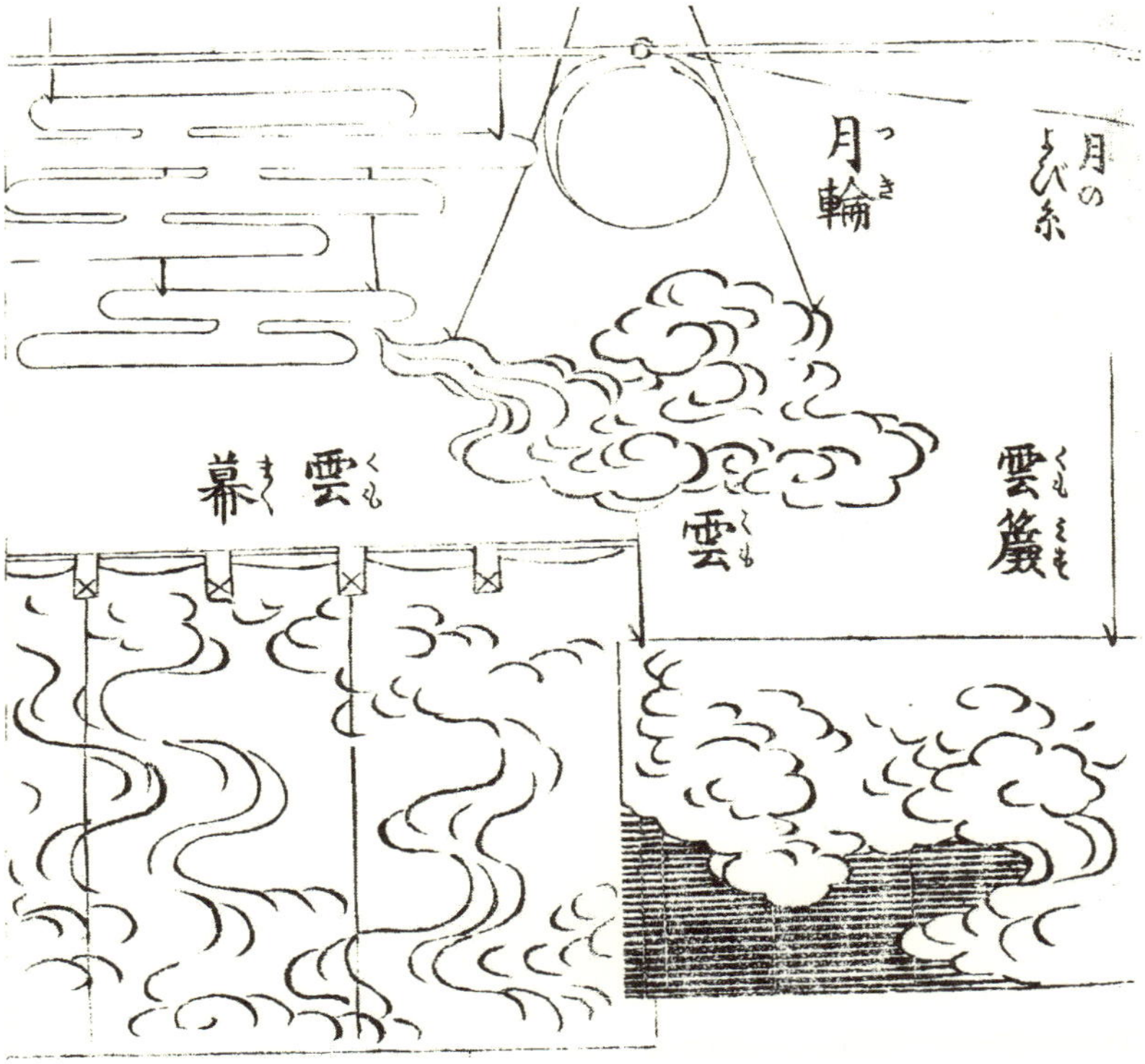

■星が銀の団子だってかまわないし、約束事だから天から落ちることもあるだろう。雲は幕のように動くものだろうし、月の下に寄り添うもの

◆月　この国には月が二つある。一つは銀箔を張り詰めたようでもあり、もう一つは白紙に灯をともしたように見える。月の出入りは日輪と同じように動く。その早いことは瞬く間に出てすぐに沈む。日や月が消える時は、前もって黒い筋が現れる。この国の人はこれを呼び糸という。

◆雲気　これは普通の雲だが、出る時にはドロドロドロと鳴動する。名剣、名玉、名鏡、あるいは英雄、軍師、謀反人が密かに隠れているのをこの雲気が知らせる、いたって世話好きな雲だ。「何にもせよ、はて心得ぬ雲のありさまじゃよなぁ」と睨むと、すぐ消える。現れる前に「ああら怪しや」と睨むと後から雲が出ることもある。

■この国の雪と雷のさまは一風変わっている。雪の結晶体は三角で平たい。そのくせ傘に綿のようについたのはどうしたって溶けない。溶かそうと思ったら、むしり取るより仕方がない

◆雲と霞　雲は霞のようだし、霞は雲のようでもある。霞に横筋がたなびくと思うと、雲も同じようにたなびく。これは怪しいことだ。ただ、ぶらりぶらりとぶら下がって、雲はじっとして少しも動かない。「雲幕」はぴらぴらと翻り、「雲翠簾」はしゃっきりとしていて簾のようだ。

この雲は雷の鳴る時に出るが、時には晴天でも向こうの方にうっかりひょっこり現れたりする。何にもせよ、怪しき雲の振舞であることよ。

◆雪　形は三角で花びらと同じ。花が散り落ちるのも雪が降るのも、見分けられるものではない。だから歌人は雪を花かと思い、花を雪と見るようになったのはこの狂言国から起こったことだろう。

雪は大変大粒で、しかも降り方にむらがある。人のいる所へ固まって降る。降られた人

電

■雷だってめちゃくちゃに光っているが、何だか絵に描いたようで、一つも凄みがない。そのくせこの国の住人は臍を大切にするせいか、光ればすぐに驚く

が袖の雪を払って内へ入れば、雪はたちまち止む。不思議なのは、降る雪は紙のようで、積もった様子は胡粉《ごふん》のようで、決して消えない。傘などには、まだらに綿をつけたように積もり、払っても落ちない。捨て子や美女が雪に苦しめられる時は、当人の体にばかり意地悪く降って、辺りの人にはちっとも降らない。これは一体どうしたことだ。

◆稲光　この国の稲光はぴかりぴかりとは光らない。落ち着いたもので、稲妻の形は赤く張り詰めたように現れる。その後ろで別の火を燃したように光る。ただしこれもぴかりぴかりと光るのではなく、光り出したらいつまでも光っている。これだから、それ光った、と驚く人は一人もいない。

◆雷　この国の雷は日本風ではない。よほど遠くで鳴ると見えて、音は極《ごく》低い。しかしこの国の人の臍《へそ》には応えるらしく、老人などは

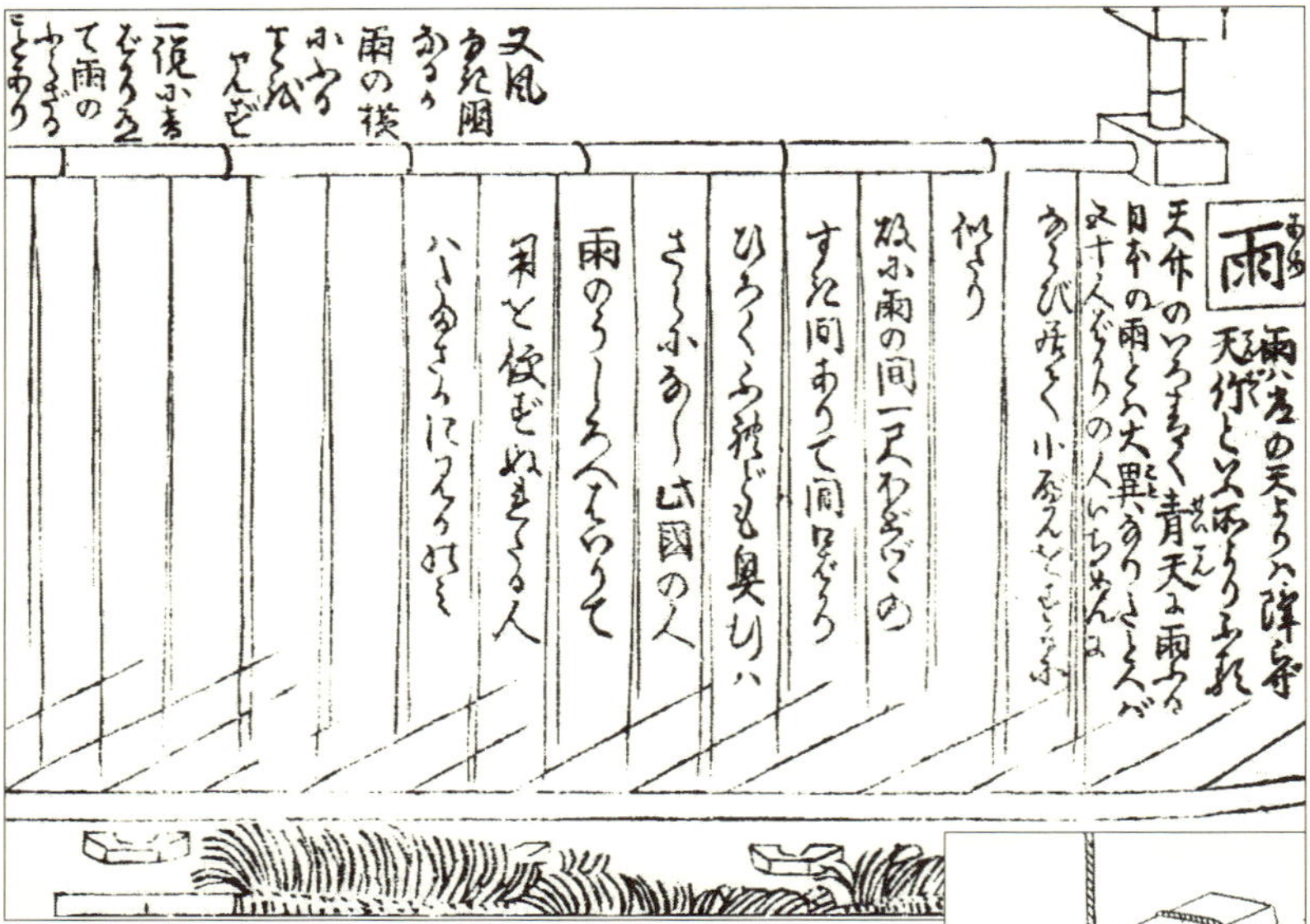

■雨は「天竹」から降る。五十人ばかりが並んで小便をするの似にて間口は広いが奥行はない。風がない国なのか、横に降るのを見たためしがない

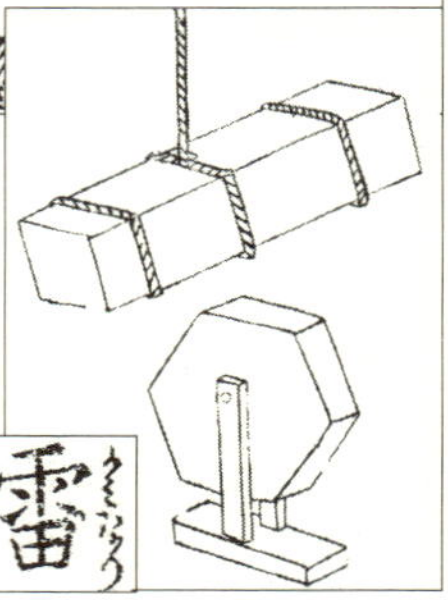

■これが雷鳴を轟かせる音源だったのか。よほど遠くで鳴ると見えて音は極低い。老人などはことのほか怖がるが、落ちたという話は聞かない

恐れる。とはいうものの落ちたという話は聞かない。大内《おおうち》（内裏）などで鳴ったり、嫉妬深い女の一念、龍神や神女などの祟りがある時は普段の倍の音を出す。その響きは百千の豆を一度に煎るようですさまじい。

◆雨　雨は普通の天からは降ってこない。天竺《てんじく》という所から降る。天竺の色は青く、青天に雨は降る。日本の雨とは大変な違いで、五十人ばかりの人が一列に並んで小便をするのに似ている。これだから雨の間は一尺程の隙間があり、間口ばかりが広くて奥行はない。ゆえにこの国の人は雨の後ろで用を足す。濡れた人はたまに見るくらいだ。

　また、風のない国なのか雨が横なぐりに降るのを見たことがない。あ

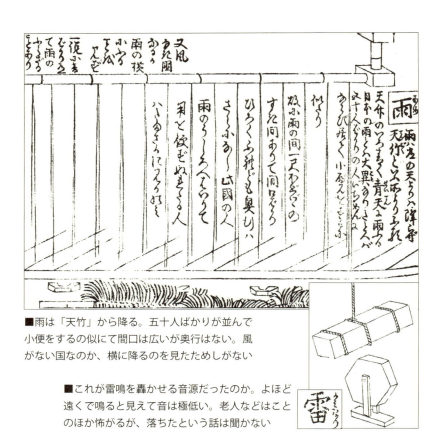

■傘がこんなになるほどの大風だ。大切な密書は横に飛んで行ってしまった。だのになんでそこの柳はだらりとしている。何とも訝しい風だ

る人がいうには、音ばかりで雨が降らないこともあるそうだ。

◆**風**　雨が真直ぐに降るので、風は吹かない国かといえばそうではない。いつもは吹かないが、うっかりしている時に出し抜けに吹く。猛烈に吹き出して傘をおちょこにし、菅笠を空中へ飛ばす。しかしこの国の風は正直なので、手紙などを吹き飛ばしても、上にも下にも行かずに宙を真っ直ぐに横へ引かれるように飛んで行く。また、天から真直ぐに糸のようなものが下がると一陣の風が舞い起こり、密事を書いた書状などが吹き上げられる。あれあれあれというちに密書は天井に隠れる。こうした風の吹き方を見ると、まるで飛車の動きのようだ。

■正月に新年を寿いで舞われる中村座の家の狂言。右は門松、左は猿若。どちらも脇狂言としても演じられる。おかしみがあり、芝居を狂言と称することをうかがわせるものだろう（歌舞妓年代記）

戯場国《ぎじょうこく》の正月《しょうがつ》

江戸の春は正月から始まる。とはいえ、これから紹介する戯場国の年中行事の日付は、月の動きを元にした陰暦。大雑把にいえば三、四十日のずれがあり、今の暦なら正月元日は二月の初旬から中旬頃。まだまだ肌寒い芝居町には、夜明け前から熱気が溢れ、春が来る。

◆正月元日　この日は勤め始めの日。朝早くから三番叟《さんばそう》を演じ、これが終わると脇狂言《わききょうげん》といって、幼い女形や役者の子などが大勢出て古い形の踊りを踊る。続いて座のもの全員が麻裃で舞台に並び、立役の座頭《ざがしら》が新春の寿ぎを申し述べる。次に子役から順々に小舞、所作事などをする。

■初春狂言はどの座も曽我物語と決まっている。この姿は朝比奈を演じる二代目團十郎。「朝ひなの楽やへ入りし暑かな」と宝井其角の句が添えてある（歌舞妓年代記）

これが終わると立役、女形がそれぞれ一人ずつ一芸を披露。こうした後に座頭がまた出てきて、初春狂言の大名題、小名題、役割を紹介する役人替名を読み上げ、「来る十五日、例年通り初日」とふれると座元が立ち上がり、扇を開いて謡曲高砂の最後の部分、千秋楽を謡い出す。

またこの日は太夫元《たゆうもと》を始め、表裏の茶屋あるいは師匠弟子、仲間内、芝居関係の人達が皆新年の挨拶に回る日でもある。春狂言は曽我兄弟の仇討ち、曽我物語を吉例とすることはいうまでもない。

◆**正月十五日**　初春狂言の初日。昔は二日を初日としたが、『戯場訓蒙図彙』が書かれた頃はこの日が初日になっている。

初日に至るまでには本読み、立ち稽古、中さらい、鳴り物が入って総ざらい、その後めでたく初日になる。初日から三日間は太夫元が義太夫で式三番叟を舞うのが昔からの仕来《しきた》りで、その後は若い衆が順に勤める。もっとも顔見世の時もこれと同じことをする。

■主役級の役者に替わって下役、裏方が演じる京坂の初午芝居。楽屋にお稲荷さんを祀っている（左戯場楽屋図会、上戯場節用集）

戯場国の春夏《ぎじょうこくのはるなつ》

◆二月初午《はつうま》　二月最初の午の日、こぞって稲荷明神に参詣するこの日は、跡狂言の初日。跡狂言は正月からの初春狂言に何幕か追加する、別名跡出し。京大坂では初午芝居といって江戸の千秋楽芝居のように素人も混ざって芝居をする。初午芝居は江戸では操りの薩摩座、土佐座などで行うが、大芝居にはない。

◆二月十五日　中村座の祖、猿若勘三郎が寛永元年（一六二四）のこの日に初めて興行を行った記念の日。中村座では一座中寿ぎ祝う。

◆三月三日　正月から続いた曾我物ではない出しものに変わる。もっとも、曽我二番目二の替わり、三の替

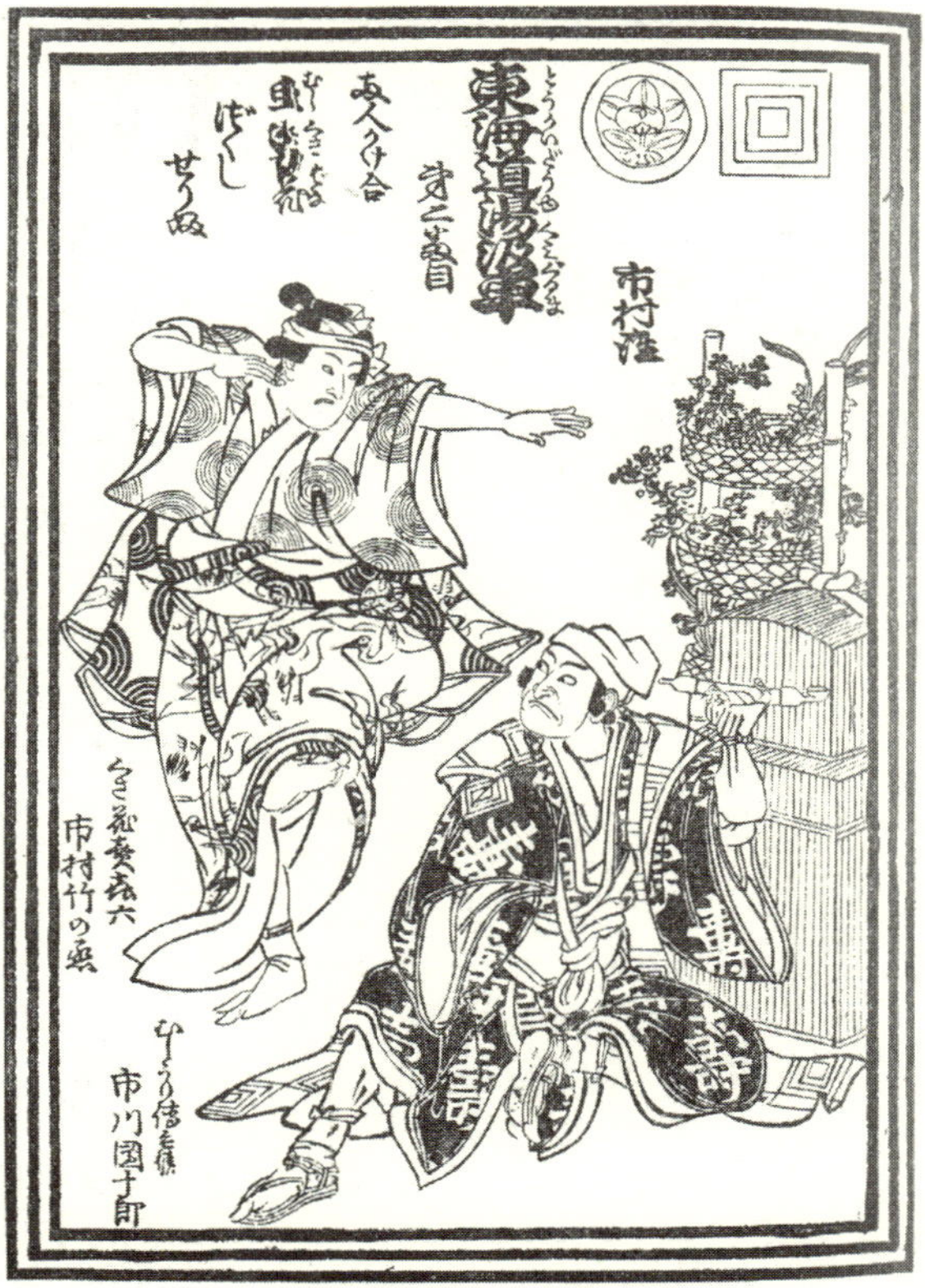

■元文元年（一七三六）市村座の九月興行。市川團十郎と市村竹の丞のかけ合いが大当り。盆興行からの続きで大うけにうけたという（歌舞妓年代記）

わりという。

◆**四月朔日**　新狂言の初日。

◆**五月五日**　新狂言替り目。

◆**五月二十八日**　曽我祭り。この日は曽我兄弟の仇討ちがあった日で、曽我狂言舞い納めの後、芝居関係者が銘々着飾って踊り、見立て狂言などをする。

◆**六月**　中旬から土用休み。その間土用芝居として若手四、五人、中通《ちゅうどお》り、小詰《こづめ》(下っ端)で芝居興行をする。値段が極安いので殊のほかはやる。

戯場国の秋《ぎじょうこくのあき》

◆**七月十五日**　夏狂言とも土用芝居ともいわれる盆狂言の初日。六、七月は大立者は土用休みのため、若手が中心となって六月中旬頃から練習

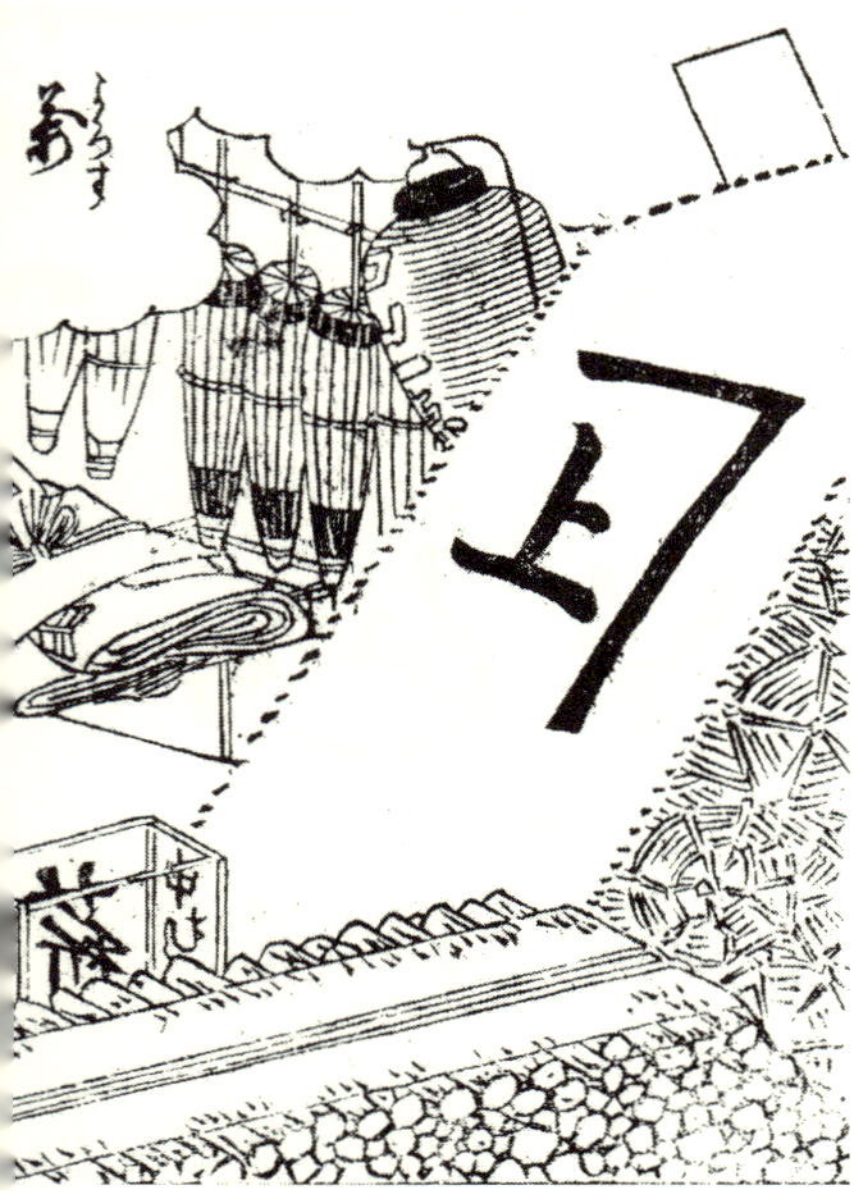

■顔見世前の風物詩、積物。贔屓筋から贈られる祝いの酒樽、菓子の蒸籠などが山と積まれる（戯場節用集）

してきた芝居がこの日始まる。

◆**八月朔日**　跡狂言の初日。

◆**九月九日**　登り役者が名残狂言として跡の芝居を行う。登りというのは上方の座に出ることをいう。跡の芝居とは、その前に行っていた芝居の続きの芝居の意味がある。この芝居をめでたく舞い納めると千秋楽。

◆**千秋楽**　芝居が終わる日を狂言舞い納め、一般には千秋楽という。この日、役者は中通りから子供、囃子《はやし》方《かた》、表方、そのほか素人などが入り交じって、前日まで興行していた狂言をそれぞれ役割をして勤める。

狂言が終わると座中の人全員が裃をつけて舞台に並び、座頭《ざがしら》が口上を述べて打ち出しとなる。その後、楽屋では次の年も出演する役者や他の芝居に出る役者が各太夫元と挨拶をして杯を取り交わす。

◆**九月十二日**　顔見世の世界を話し合う「世界定め」が行われる。この日の夜、太夫元《たゆうもと》へ集まり、立役《たちやく》、座頭、中二階女形《おんながた》の頭分、作者、頭取、帳元に限り、顔見世の趣向を話す。ここで来期のおおよそが決まる重要

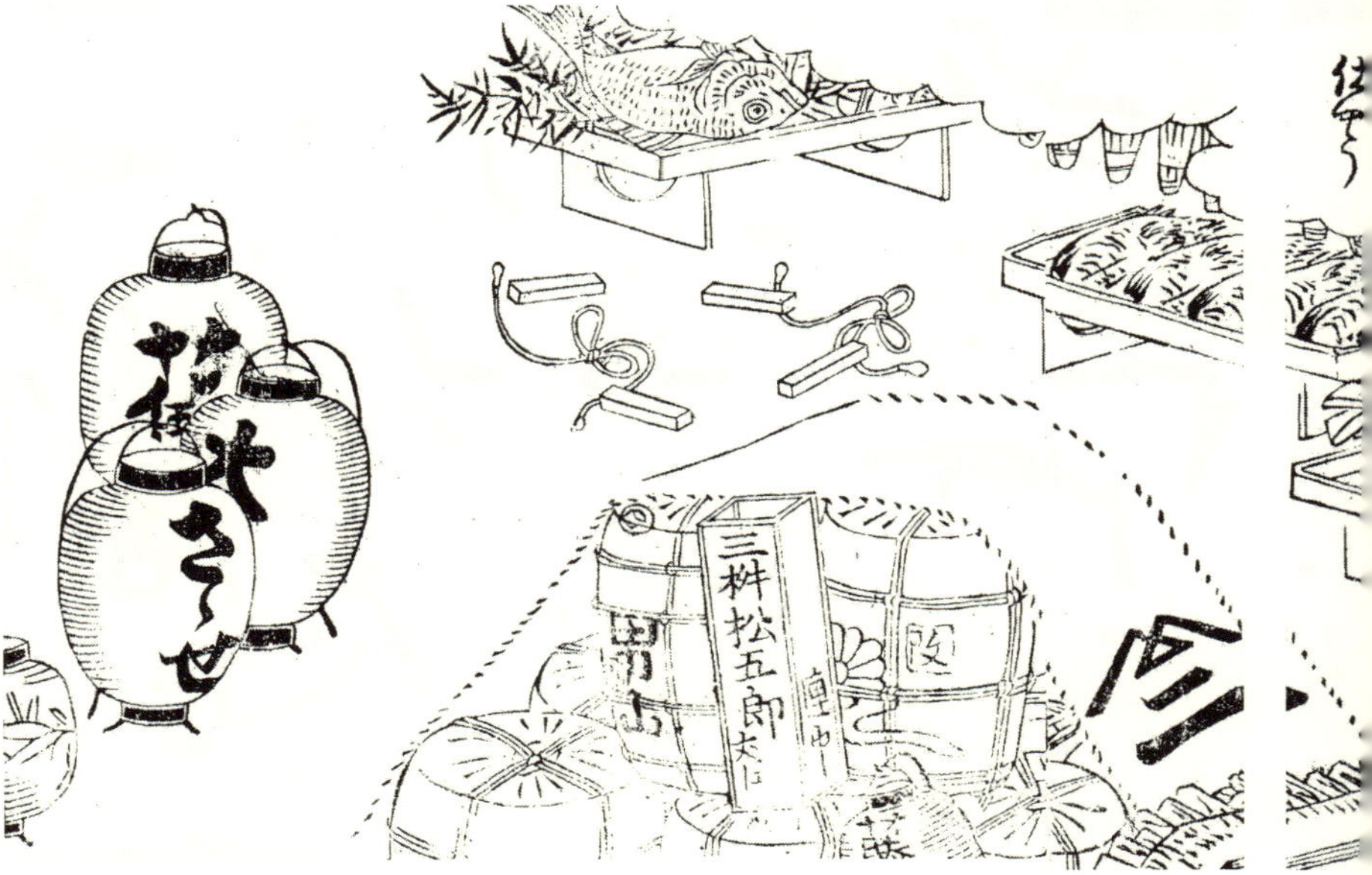

な日。この日には三座とも、町内の茶屋、芝居の木戸口、太夫元の家の門口にそれぞれ提灯を出し、大変賑やかな様子になる。

戯場国の冬《ぎじょうこくのふゆ》

◆十月　中旬に芝居の舞い納め、千秋楽。十三日頃から入れ替わりの役者が決まり、役者附《やくしゃづけ》、つまり顔見世に出る役者の顔ぶれ紹介が大至急で客へ配られる。これは茶屋配りといい、芝居好きが喜ぶ。

◆十月十六日　翌十七日夜の寄り初め（初会合）の回状を会計係の仕切場、警備の留場、桟敷方《さじきかた》などが羽織袴の正装をして持って回る。

◆十月十七日　はなし初《ぞめ》。この日は三座とも新たに加わる役者、去る役者を提灯で賑やかに迎え送りする。

　立役は座頭宅へ、女形は中二階の頭分の家に集まり、その後座頭同道で小屋に出向く。これから三階で作者、頭取、帳元、囃子方頭分一両人、中通りの頭分四、五

■享保 11 年（1726）中村座の顔見世で、2 代目團十郎が荒事で大当りを取っている。太鼓を破って登場したり、変化があり力があると大評判（歌舞妓年代記）

■いよいよ十月二十五日、大名題看板が出される（守貞謾稿）

人が集まり、下で太夫元と盃事をする。太夫元から盃が座頭に渡ると、囃子方が祝義を謡う。この後、顔見世狂言大名題、小名題、役割が読み上げられる。終わると羽織袴に着替えて座に着き、祝の膳が出る。その後、作者が受け持ちの幕の話をする本読み。話の受け答えの相手は頭取がするが、作者の話を興味深くするために、頭取は長年役者を勤める功者が勤めることになっている。

◆**十月十八日**　この日あたりから、顔見世狂言の内容や役者名を知らせる狂言番附の版下作りにかかる。この番附は二十九日頃から茶屋から配られる。

◆**十月二十日**　三座とも、総座組の紋看板《もんかんばん》を出す。これは出演する主だった役者の紋を付けて役者名を書いた看板のことをいう。

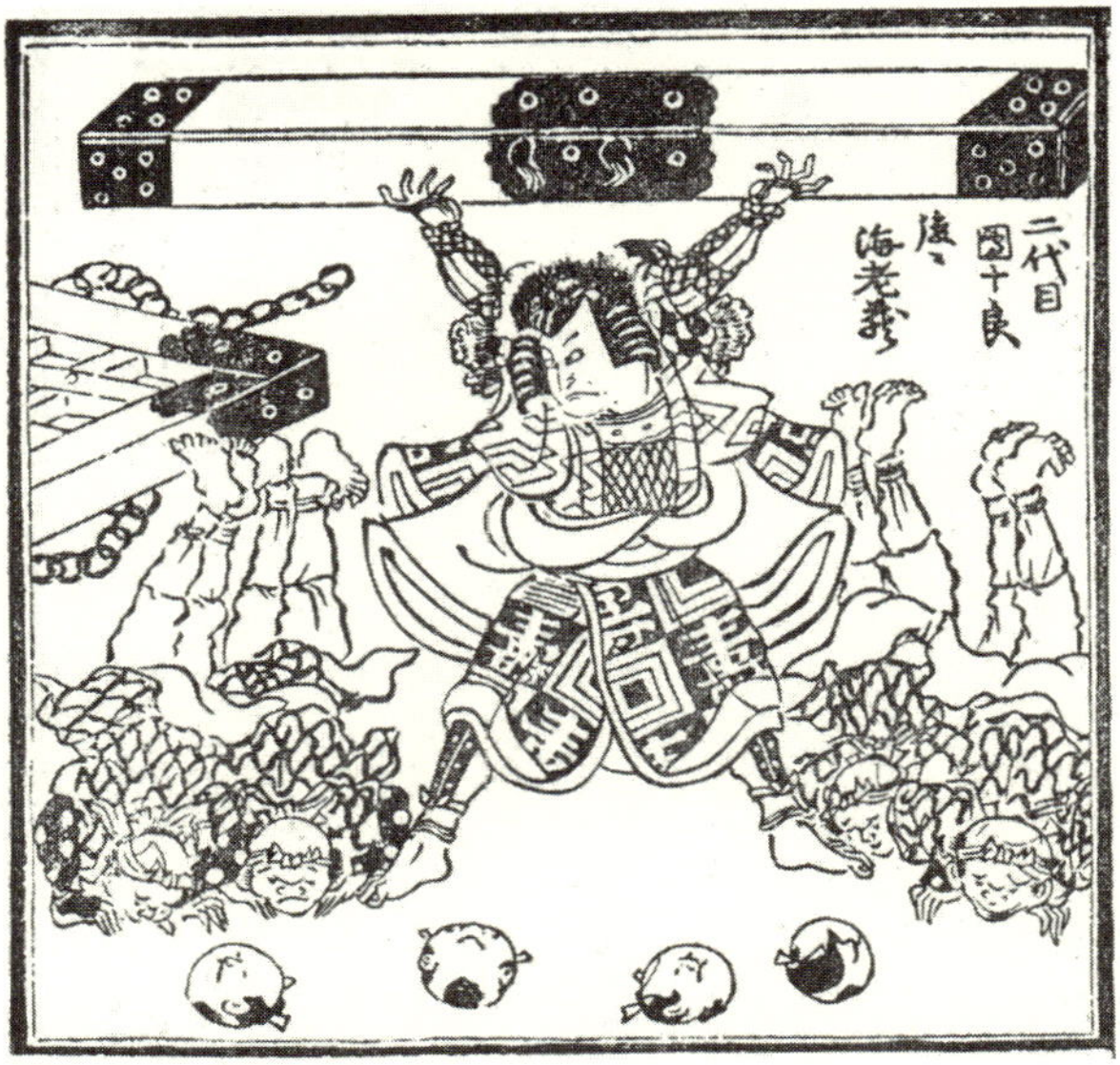

■寛保三年（一七四三）の二代目團十郎の勇姿。暫にはどういうわけかよく首が転がる場面があり、ここにも四つ転がっている。力を見せることが江戸の芝居だったからだろう（歌舞妓年代記）

◆**十月二十五日**　大名題看板が出る。続いて櫓下《やぐらした》。これは中通り以上の役者の役と話の筋を絵組にした看板。小名題看板、式三番の額も出る。中村座では猿若狂言の人形を仕切場に飾り、他の二座は三番叟の人形を置く。

◆**十月二十九日**　新狂言番附、茶屋から配る。

◆**十月三十日**　真夜中といってもよい時刻に「新狂言役割番付」と叫んで売り回ると、江戸中の人は先を争ってこれを買う。この日から茶屋の屋根には思い思いの造り物、花を飾る。贔屓連から贈られた引幕、幟、酒、蒸籠《せいろう》、米、炭、醤油にいたるまでが山のように積み上がる。贔屓達の手打ちの音が賑やかに家々に響き渡る。

◆**霜月朔日**　狂言の初日。八つ時（午前二時頃）から太夫元、若太夫が吉例の三番叟を舞う。前夜の人達を入れ替えて、七つ時（午前四時頃）から前狂言、脇狂言。子供女形、子役大勢大踊り。これが終わるといよいよ顔見世狂言の始まり。

◆**十一月十二日**　春狂言の世界決まる。

◆**十二月十二、三日**　顔見世狂言めでたく舞じまい。

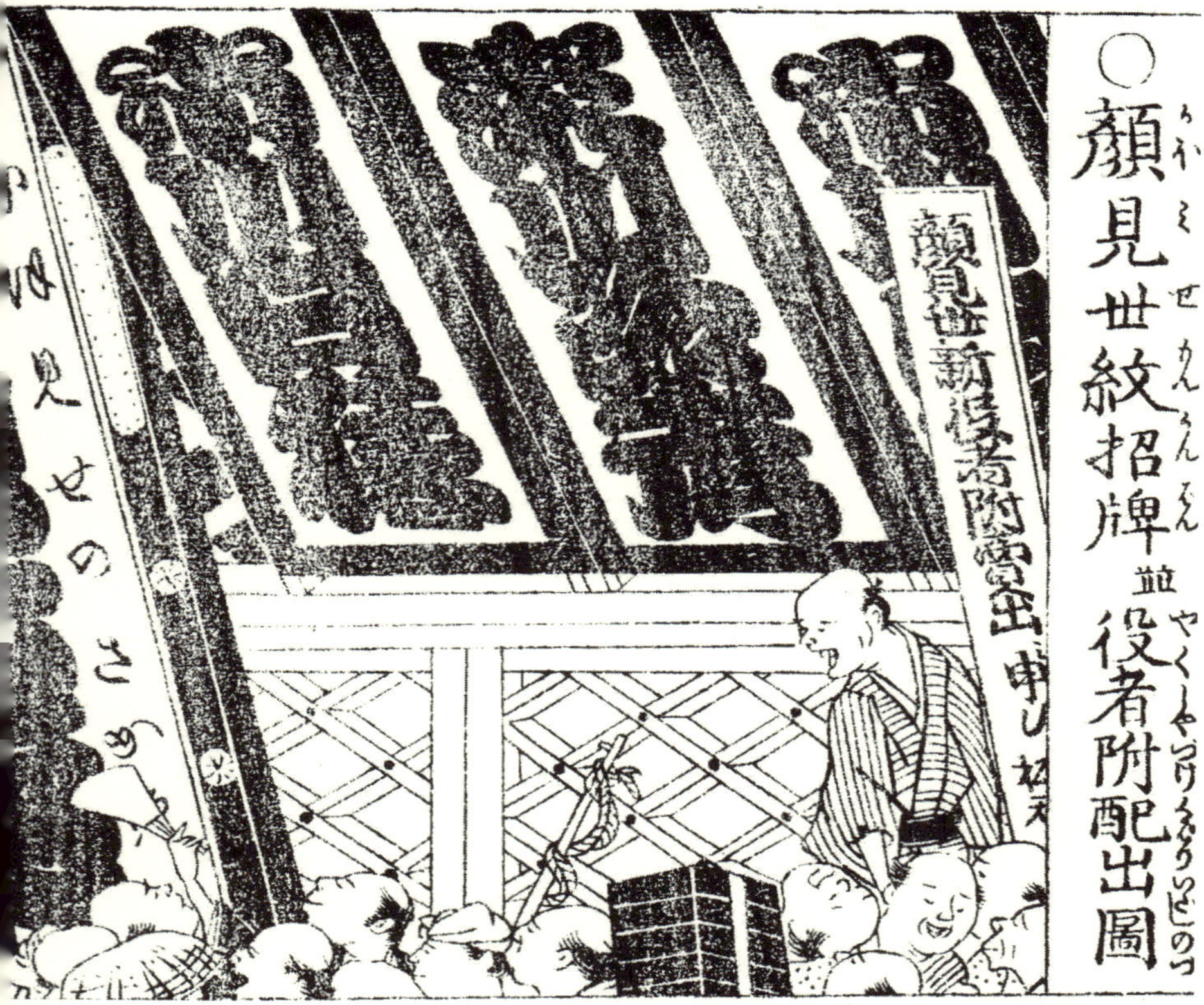

■さあ顔見世はもう近い。芝居の飾りつけをする男達も、子供が正月を待ち焦がれるように、浮き浮きしながら役者名とその紋が入った紋看板を並べていく

顔見世《かおみせ》

江戸時代に役者は一年ごとの契約で勤めたところから、新たにこの座に加わって芝居をしますということを御客様にお披露目をする、それが顔見世。いわば芝居の新年で、役者、裏方、芝居好き、茶屋のおかみも物売りも、お祭騒ぎの年中行事。

式亭三馬は、顔見世初日の光景を次のように述べている。

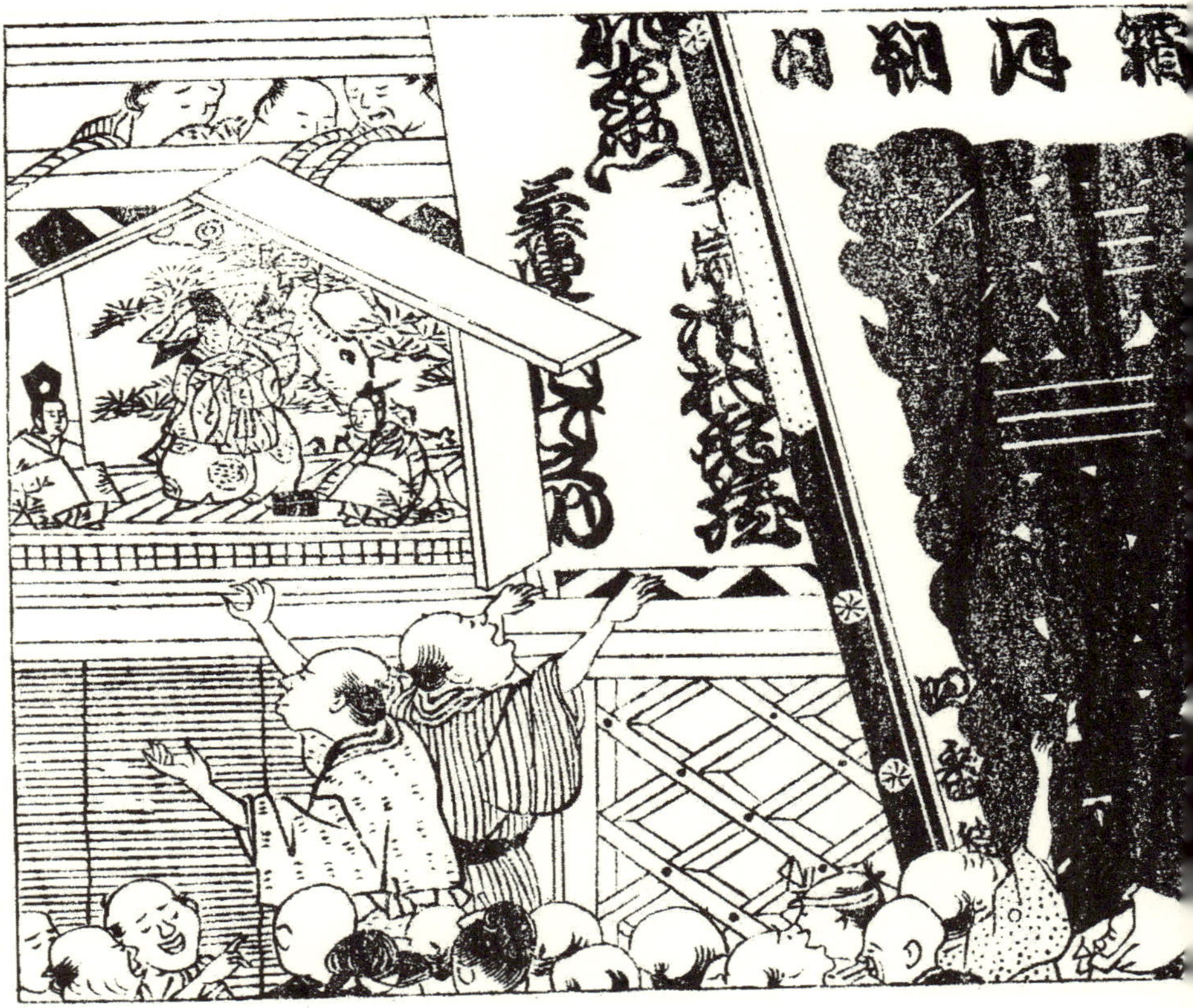

積み上げる蒸籠《せいろう》は、男山の酒樽につらなって高く積んである。その高いことは江戸っ子の気性に似ている。空には霞のような引幕が一帳。進上の札は風に翻って、陽気を招くかと見間違う。

長尺《ながじゃく》の提灯は雷公《かみなり》の臍《へそ》を貫き、手打ちの手拍子は地震の頭を張る。あちらでは一番太鼓に飛び入ろうと競いあい、こちらでは万歳楽《まんざいらく》などを奏でている。かかるめでたき俳優《わざおぎ》なので、天地も感じるのだろう。一陽来《いちようらい》復《ふく》の今、周の時代の春を知るほどだ。

正月のような挨拶が家々に飛びかい、祝いの人達が道を行き交う。芝居茶屋が飾った灯籠《とうろう》の花の顔見世見ようとて、押し合う人の勢いは山十の醤油樽の銘に知られる。皆が打ち

よってあたることは炭俵に現れている。切りたての八丈の布は、仕付けの糸でわかり、揃いの衣裳は木戸口を飾る。揃いの手拭は木戸銭をかすめる。こっちにわやわやの騒ぎがあれば、あっちにじわじわのほめ詞。

ぺんぺんと聞こえる三味線の音。どんどんたる台所。真に長い袖の人が舞い、多銭能《よ》く商うといった唐人の寝言もこの地には当てはまる。まさに繁盛はここにつきる。

いかにも賑やかな顔見世初日の様子が伝わってくる。少し補足すると「蒸籠を積む」とは、役者に菓子を贈ったことを見せるために、借り賃を払って菓子屋から借り、贔屓が飾るもので、実際のところ役者には金が渡される。引幕も贔屓が贈るもの。

■霜月朔日（十一月一日）、二丁町の芝居顔見世の図。右手前が堺町の中村座、奥が葺屋町の市村座。左は操り座。木挽町（東銀座）の芝居町にも、新しい芝居の一年が始まるのを待ちかねた見物が押し寄せる（東都歳事記）

長尺の提灯が雷の臍云々は、顔見世の飾り提灯はやや長いことをいっている。

手打ちの手拍子云々は、地震が頭をすくめるほど大きな音ということ。万歳楽は雅楽の曲名だが、ここでは初舞台の三番叟《さんばそう》をいっているのだろう。

九月十二日に芝居の時代背景を決める世界定めがあり、十月十七日にはなし初。ここで本読みがあり芝居の筋が決まる。せりふを覚え、振りを考え、音が付いて総稽古。そして顔見世狂言の幕が開く。

■三番叟（戯場楽屋図会）

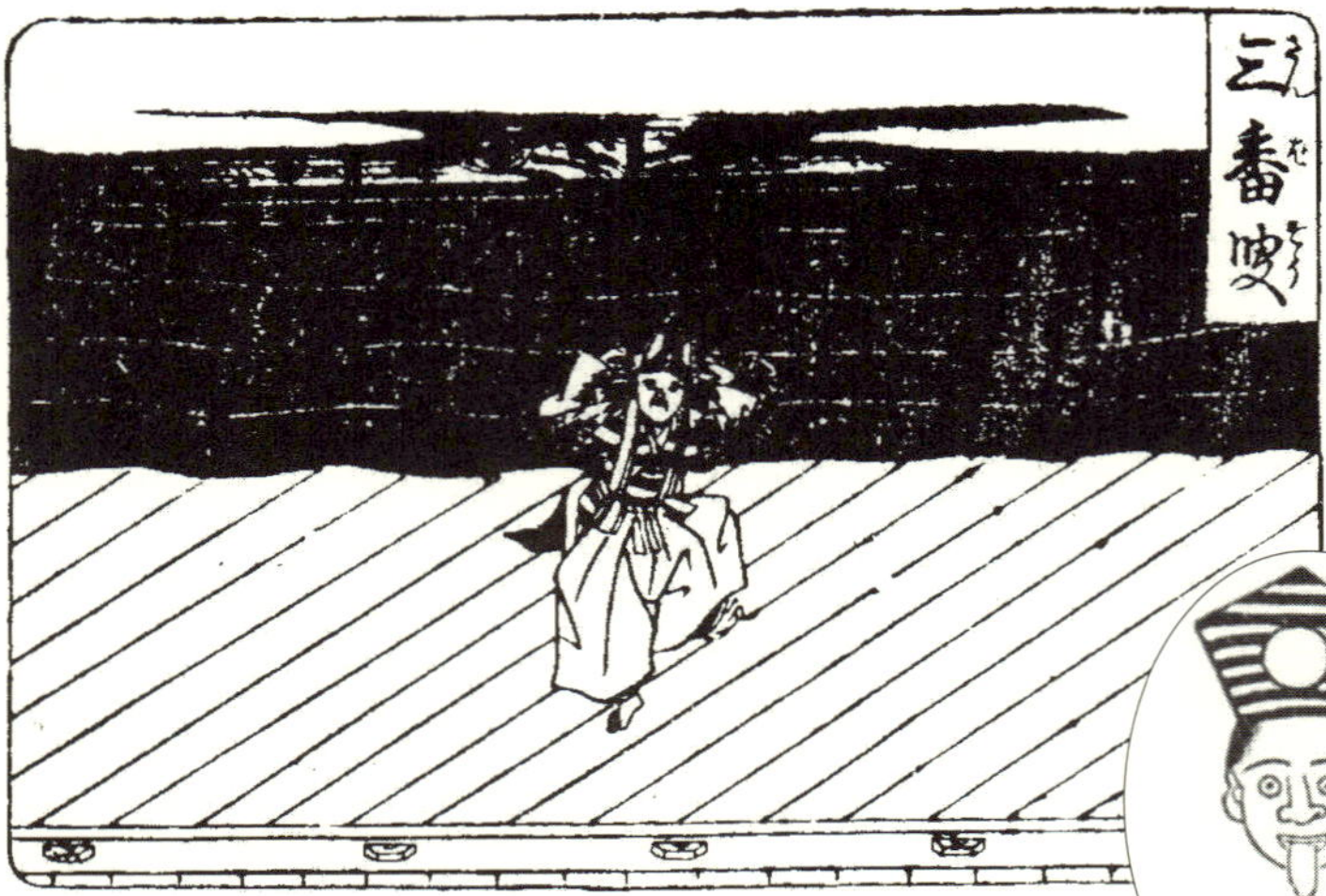

■これは舌出しのおもちゃ。初代中村仲蔵は歌舞伎舞踊の振付けの元祖、志賀山流の家を後見している（歌舞妓年代記）

三番叟《さんばそう》

三番叟は祝いの儀式に欠かせない所作事で、能の『翁』の後半を下敷きにしている。

芝居の一年が新しく始まる顔見世には、初日、二日、三日と祝いの三番叟を舞うのが吉例。太夫元（座元）が翁、若太夫が千歳《せんざい》、座頭が三番叟に扮して舞い、その後は下位の役者が毎朝これを勤めた。

儀式としての三番叟は翁、千歳、三番叟の三役で演じるものだが、興味を持たれたのは三番叟。歌舞伎に入ってからは芝居の出来の良いように、あたるようにと顔見世だけでなく、勤め始めの正月元日の他、十五日から始まる初春芝居にも初日から三日間三番叟を舞った。

三番叟は様々な変化を見せたが、飛び抜けていたのが初代中村仲蔵の「舌出三番叟」。下積みから最高位の名題にまでなった初代仲蔵は、京の芝居で志賀山流の舌出三番叟を演じたところから時の関白家に召され、ここでも舌出三番叟を舞って御褒美を頂戴したという。

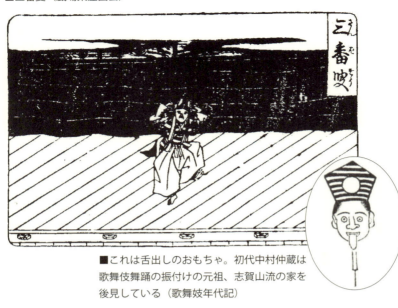

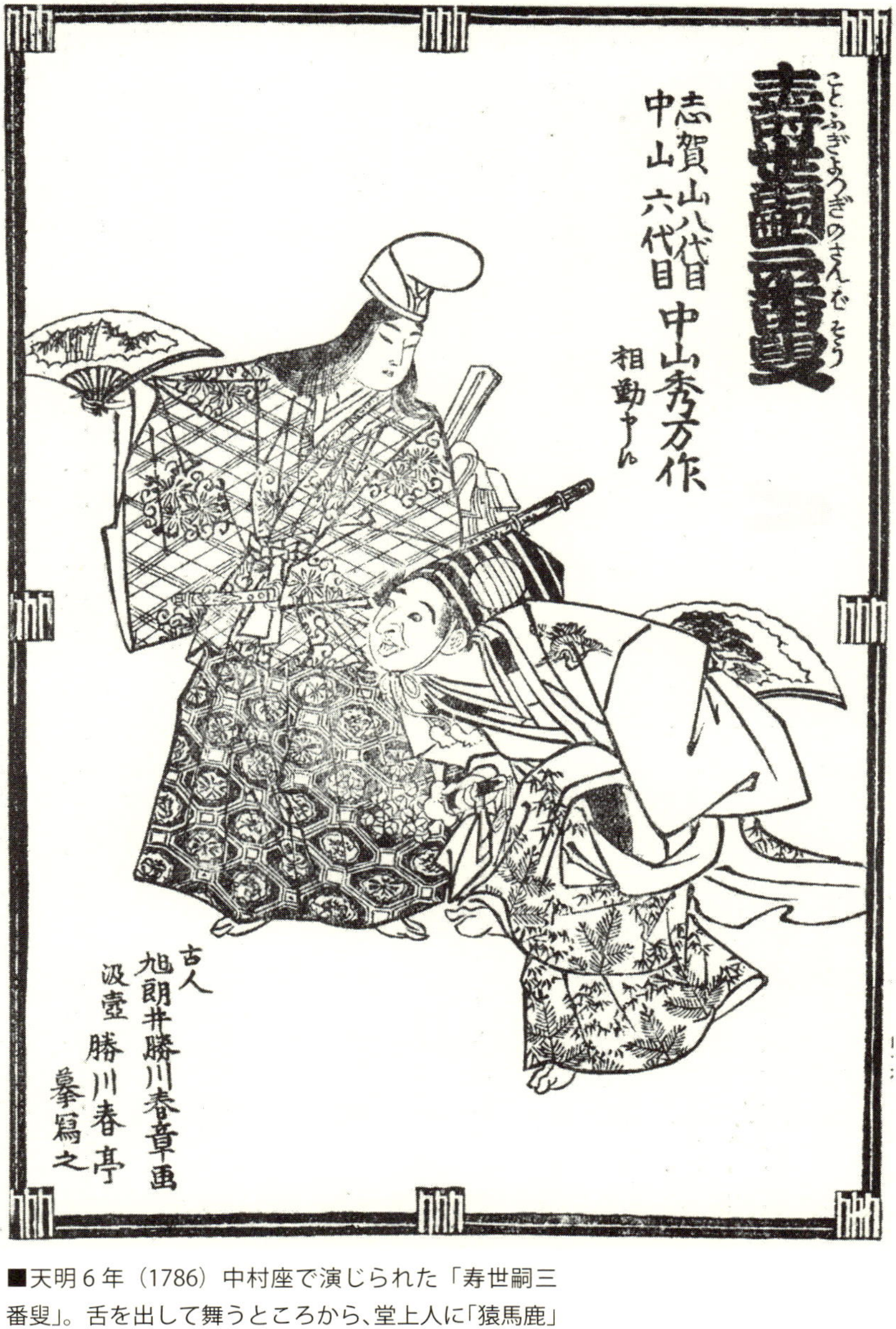

■天明６年（1786）中村座で演じられた「寿世嗣三番叟」。舌を出して舞うところから、堂上人に「猿馬鹿」と呼ばれ、おもちゃにもなった（歌舞妓年代記）

吉例《きちれい》

おめでたい仕来りのことで、十一月一日から始まる顔見世は吉例中の吉例で、この顔見世につながる一連の仕事も吉例といえる。

春狂言に曽我物を出すこと、あるいは三升の紋を染めぬいた裃姿で「吉例により一つにらんでお目にかけます」という襲名口上での團十郎のにらみも吉例。

暫《しばらく》、暫と花道から声を掛けて、本舞台に登場するこの荒事の典型は、二代目團十郎の時から顔見世の吉例になったという。

大入り《おおいり》

初日から見物が詰めかけて、桟敷も土間も埋め尽くすのが大入りで、こうなると大入り看板を出した。

中村座を始め大芝居の江戸三座は左図のように枡に四人を入れ込めば大入りでおおよそ千三百人。千八百余席の現歌舞伎座に引けを取らない大盛況となるが、三馬曰く、大入りだと観覧料はなぜか上がるという。

■江戸芝居初期の小屋内の風景。本舞台には能舞台の姿が見られ、花道は広い。
土間の枡も左右の桟敷も大入り満員（歌舞妓年代記）

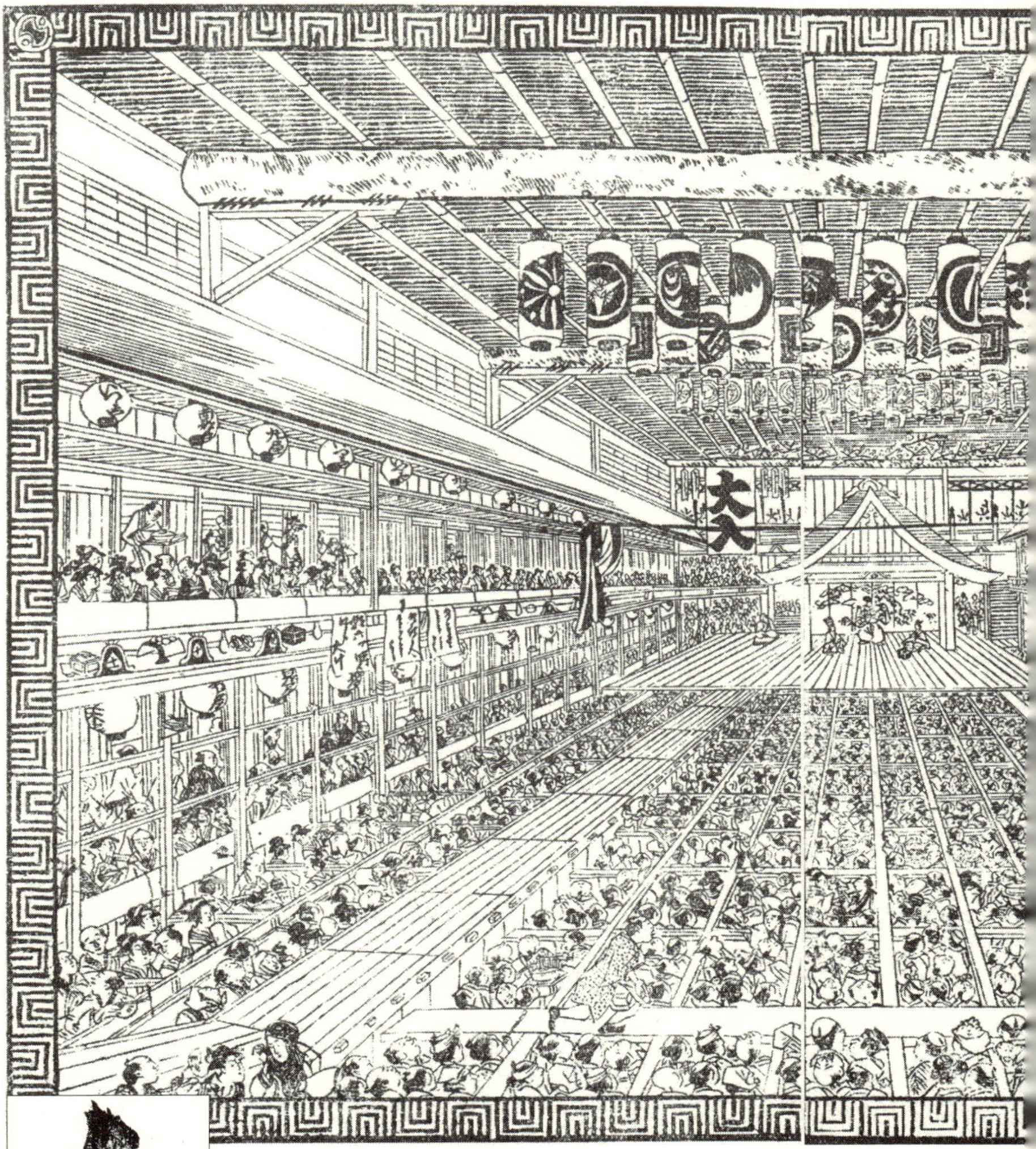

■櫓下に出す大入りの文字の書き様は、
四方八方から人が集まるように書くのが
大切とされている（戯場節用集）

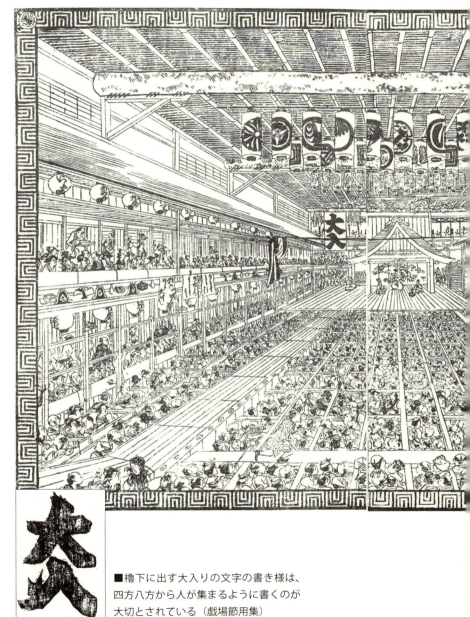

■桜と紅葉をこき混ぜるのが狂言国の四季というもの。戯場国の外は真冬の顔見世に桜が見事に咲いた中村座、寛政十年（一七九八）の舞台。巻物を手に持つ半四郎と六代目團十郎（歌舞妓年代記）

狂言国の四季《きょうげんこくのしき》

舞台の上の狂言国は戯場国とは異なり、春夏秋冬の区別もなければ、年月日時も分けがたい。

錦繍綺羅《きんしゅうきら》を飾り、あくまで綿の厚く入った衣服を重ねて船遊びをする。岸辺には楓桜をこき混ぜて、今を盛りと色をあらそっている。そうかと思うと、庭に来て鳴く鶯は郭公《かっこう》の友さえずりに初音を競う。中秋の月は炬燵《こたつ》の中からうち眺めて、降り積もる雪の夕べには初鰹を食らうなど、夢のようだし幻のようだ。

夢ならば覚めるだろう。酔っ払っているなら、本性も違わない。これは、夢に夢見て狐狸につままれたのか。平たくいえば、尾籠《びろう》ながら河童においどを犯されたようなものだ。

古人がすでにいっている。「土用布子《ぬのこ》に寒々帷子《かたびら》、冬も冷麦、冷素麺、夏も炬燵にあたりましょ」というのはこの国から始まったのだ

■顔見世に雪が降るのはいいが、幽霊が出る時候でもない。右図と同じく寛政十年の中村座顔見世。半四郎の幽霊、團十郎、簑助の荒事大当り（歌舞妓年代記）

ろう。何にせよ怪しい時候のありさまじゃよなァ。

　年月日時がまったく分ち難いかといえばそうでもない。ここに一つの不思議がある。

　たとえば「いでその頃は寿永元年、まだ如月《きさらぎ》の末つ方《すえつかた》、都は花の盛り」などと随分昔の物語を立ったり座ったり、まるで気がふれたようになって、たった今見たことのように仕方話《しかたばなし》をする。「申《さる》年申月申日申刻に出生の男子あらば、訪ね出して褒美の金」と欲張る奴もいる。

　五月下旬は三歳の子供でも曽我兄弟の敵討ちの日だと知っているし、「跡の月の晦日の晩」は金を催促するときに使う言葉で、「きのう鶴が岡で殿様のおうわさ」というのは腰元や下部のせりふに決まっている。こうした日以外は、何の日だかうっかりとして暮らしている国だとみえる、と三馬先生は不思議がっている。

狂言国の昼と夜《きょうげんこくのひるとよる》

年月すら分からないのだから、昼夜の間は推して知るべし。昼のうちに度々夜に変わり、夜半過ぎまで日の暮れないこともある。蟻の這うのさえ見える白昼に提灯を持ち歩き、目の前にある物さえこの国の人には見えないらしい。また、闇試合というのは傍目で見ると歯痒い。こちらの人が足を上げれば、向こうは拍子よく足の下をくぐり抜ける。尻と尻を突き合いながらもまだ気がつかないのか、脇の方ばかりを探していて、弱い方の人は当て身をくってぺったり、憎い奴は運よく逃げて行ってしまう。見ている方は業腹でじれったくて、我慢がならない。

◆夜の刻限にはやかましい　狂言国の昼と決まっている時は、何時という区切りをしない。例えば、御能の刻限、今様の刻限、神事の刻限などと最後の音を長く引いて呼びまわるだけだが、夜には大変厳しい国と見える。

借金の催促、首を討って出すか、謎を解くか、こうしたことは暮れ六つ（六時頃）から、九つ（真夜中）、八つ（午前二時頃）、七つ（午前四時頃）の鐘を合図に約束を決める。

恋の返事などは「今宵暮れ六つの鐘を合図に、色好い返事を待っているぞ」と、己が惚れた女を下から睨み付けて、チャチャンとめりやすで

■寛政十年（一七九八）四月の中村座「妹背山」の舞台。雨と水の見せどころ。雨は実際の水、本水を使い、川の水は幕に描いたもののようだ。これも大評判を取った当り狂言の名場面で、中村富十郎の追善興行（歌舞妓年代記）

奥へ入っていく。己一人平気なものだ。この「めりやす」とは芝居によく使われる曲で、長くも短くもできるからメリヤスというのだという。

とんでもない無理難題もある。桜、朝顔、杜若《かきつばた》など色々な草木を投げるか手渡して、これを心の謎にかけ、今宵何時の鐘を合図に解けといって厳しく責める。よその国の人間には思いもよらぬことなので、さてさて滅法界なことだが、謎を解く人はつくねんとして独り言をいいながら、少し小首をかしげてすぐ答えを出してしまう。その考えはいたって意味深い理屈のもので、どうして聞いただけでは覚えられないようなことをすらすらと考える。この国の国風とはいうものの異なることだ。

■「骨董集」所載のお国歌舞伎。中央にいる大玉の首飾りを着けているのがお国

芝居の起源
しばいのきげん

◆「芝居」の始まり　芝居と名付けた由来を皮切りに、歌舞伎の起源にまつわる話を『戯場訓蒙図彙』から引く。

役者大全にいう。上代の頃、南都（奈良）の南圓堂の前に大きな穴ができて、中から煙がもくもくとたちこめ、天が下を覆い、その気に触れた者は疫病におかされる始末。そこで、南都の芝の上で翁三番を舞わせてその邪気を払い退けた。その時から芝居という名が始まった。故に今に至るまで、南都の薪能は古実に則って芝の上で行う。名古屋山左衛門《なごやさんざえもん》のお国歌舞伎も、始めは北野の芝原で興行したと伝える。よってますます芝居と唱えるようになったかとある。

役者大全は『戯場訓蒙図彙』より五十年程前の寛延三年（一七五〇）に出た『古今役者大全』のこと。名古屋山左衛門は歌舞伎の始祖とされる名古屋山三郎だろう。

◆戯場国の開闢《かいびゃく》　日本書紀神代上巻に、天照太神が石窟に入って岩戸を閉じて幽居してしまったので、世界が闇

■これは若衆歌舞伎以前の女性の芝居か。京坂では芝居の初期には遊女が芝居ようのことをやっていたともいわれている（守貞謾稿）

になり、昼夜の変わることがない。その時八十万《やそよろず》の神が天安河辺《あまのやすのかわべ》に会合をして色々相談し、常世の長鳴鳥を競い合わせて鳴かせた。手力雄命《たぢからおのみこと》を岩戸の脇に隠れて立たせ猿女君《さるめのきみ》の遠い祖先、天鈿女命《あまのうずめのみこと》が手に茅纏《ちまき》の矛を持って石窟の前で巧みに俳優《わざおき》をした。この時、天照太神が岩戸をほんの少し開いて覗かれた云々。これが歌舞伎の本源。

その後火酢芹命《ほのすせりのみこと》が御弟彦火火出見命《ひこほほでみのみこと》と位を争い、海上に悩み給う姿を舞楽にこしらえ、その子孫の隼人等が大隅薩摩より都へ登り、禁庭で舞い奏でたことが続日本紀に風俗の歌舞また、俗伎とも載せている。

中楽《さるがく》の能は面を使うが、これは面を彩ることはない。火酢芹命は赭といって赤土を掌と顔に塗ったともあることから、これは化粧をする役者の始めだろう。

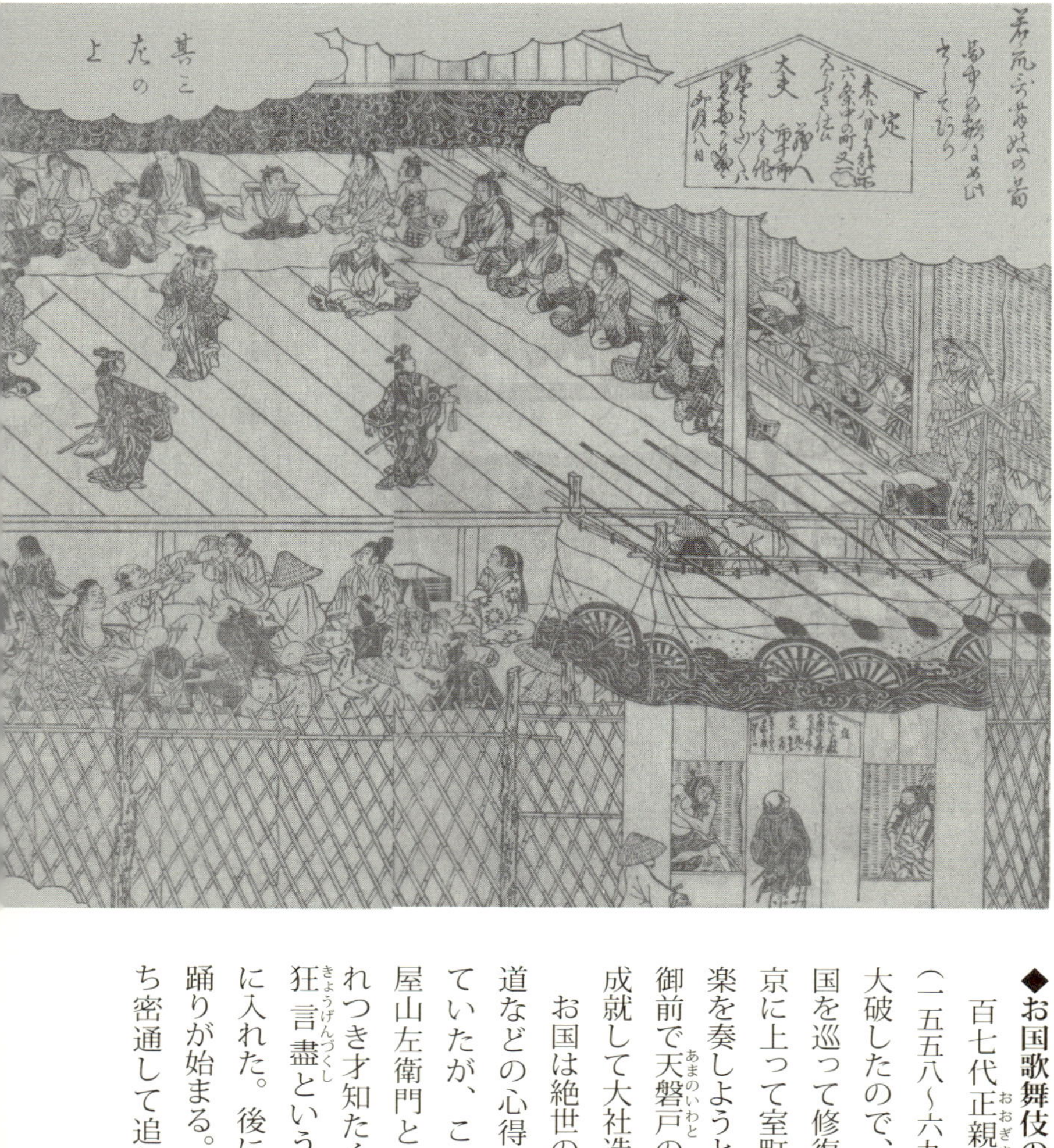

◆お国歌舞伎の来歴

百七代正親町《おおぎまち》院の時、永禄年間（一五五八〜六九）に出雲国の大社が大破したので、お国という巫女《みこ》が諸国を巡って修復勧進を行い、ついに京に上って室町殿の御武運長久《ごぶうんちょうきゅう》の神楽を奏しようと、将軍足利義輝公の御前で天磐戸《あまのいわと》の俳優《わざおき》をすると、大望成就して大社造営を命じられた。

お国は絶世の美女で、なおかつ歌道などの心得もあり、度々召されていたが、ここに、お抱えの名古屋山左衛門という者がいた。生まれつき才知たくましく多芸ゆえに、狂言尽《きょうげんづくし》ということを発起して御覧に入れた。後に男女入り交じっての踊りが始まる。お国と山左はそのうち密通して追われた後、織田信長

■男女入り乱れての歌舞伎が禁じられて、やがて登場するのが若衆歌舞伎。容色優れた若衆も色を売るのが憚られ、禁止された（守貞謾稿）

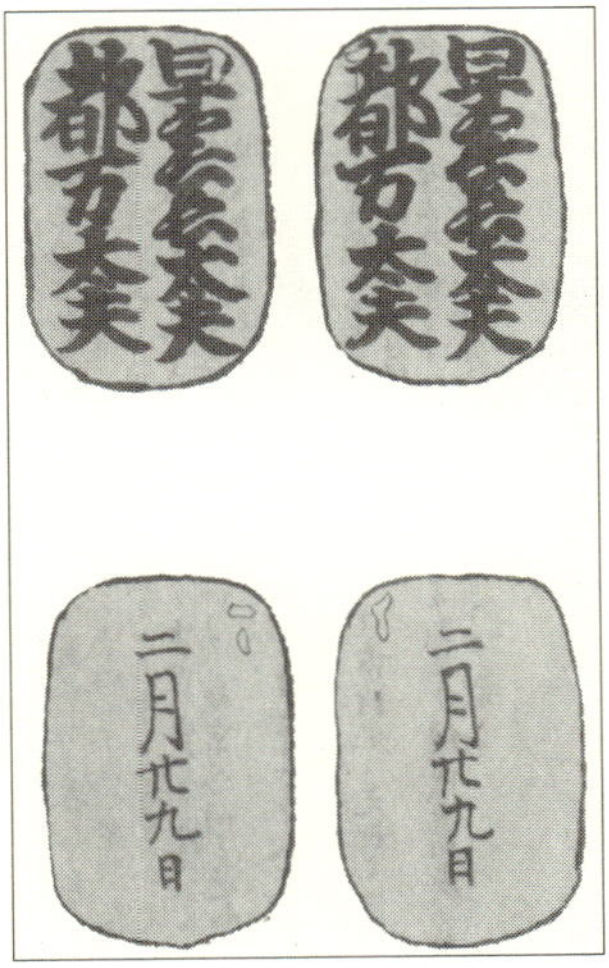

■都万太夫の芝居に入るための切手。日付があるので、予め買っておいて芝居に出かけたのだろう（守貞謾稿）

公に召されて、歌舞を度々御覧に入れた。また文禄年中（一五九三～九六）、太閤秀吉公から招かれた時、水晶の数珠を襟に掛けて舞ったところ、水晶は見苦しいと替わりに珊瑚《さんご》の数珠を拝領した。その子孫がお国という者を太夫として京五条橋西にて興行したのがお国歌舞伎。

大坂にも太夫蔵人《たいふくらんど》という一座があり、これも男女入り交じっての狂言だという。

◆美少年歌舞伎の興行

浪花で太夫蔵人の舞いがあった頃、女を交じえた狂言が禁止されて、京都では都万太夫《みやこまんだゆう》という人が美少年を女に仕立てて芝居興行を行う。これが京都芝居の元祖にして、今いう女形の始まり。

■わざおき。俳優というのは雑戯であり、素戔嗚尊から始まったという（頭書増補訓蒙図彙）

◆狂言尽しの起源

「物真似狂言盡《ものまねきょうげんづくし》の濫觴《はじまり》」と題して、三馬は歌舞伎の源について、平安鎌倉期の物語などを引いて述べている。

三十二代用明天皇の御時、守屋大連中臣勝海《もりやのおおむらじなかとみのかつみ》が穴穂部《あなほべ》の皇子を殺《あや》めて、上宮太子に国政をゆだねられる。この時に太子は神代の故事を思って十六番の物真似を作られた。三十四代推古天皇はこの物真似を申楽《さるがく》と区別された。

三十六代皇極天皇の治世四年（六四五）六月十二日、天皇は大極殿にお出ましになって、鎌足大臣に蘇我入鹿《そがのいるか》が腰に帯びている剣を俳優に命じてはずさせた。この俳優というのは、今の役者の類だろう。

『源氏物語』の乙女の巻に「さるこうがましく云々」とある。これは申楽のことだろう。

『宇治拾遺物語』には「堀河院の御時、内侍所の御神楽の夜に職事《しきじ》が家綱を召して、今宵珍しい申楽を行えとの命があった時、家綱の弟で行綱という者が裾を股までからげ、細脛《ほそはぎ》を出して、さも寒そうな声で『よりよりに夜のふけて、さりさりにさむきに、ふりちうふぐりを、ありちうあぶらん』といって庭火を十二、三べん走り回ったところ、上下共々どよめいた」。古の申楽というのは、おかしい物真似などをして、今の能の間狂言に似ている。

◆申楽（猿楽）と田楽

『源平盛衰記』に申楽というのは、おかしなことをいい続けて人をおかしがらせることだとあり、その頃は今の狂言のようなものを申楽といっていたようだ。九十八代崇光《すこう》院の御時、貞和五丑年（一三四九）六月、将軍足利尊氏公が四条川原に仮殿をかまえ、田楽を見たことから俳優の地と定まった。その頃の狂言尽しはその業《わざ》を真《まこと》に似せて勧善懲悪を旨とした。

一説に上代の神楽の神の字の偏を省いて申楽とし、後に申の字の突き出た上下を除いて田楽とした。食べる方の田楽の名は、この田楽法師が高い竿に登って俳優をする形に似ているからだという。

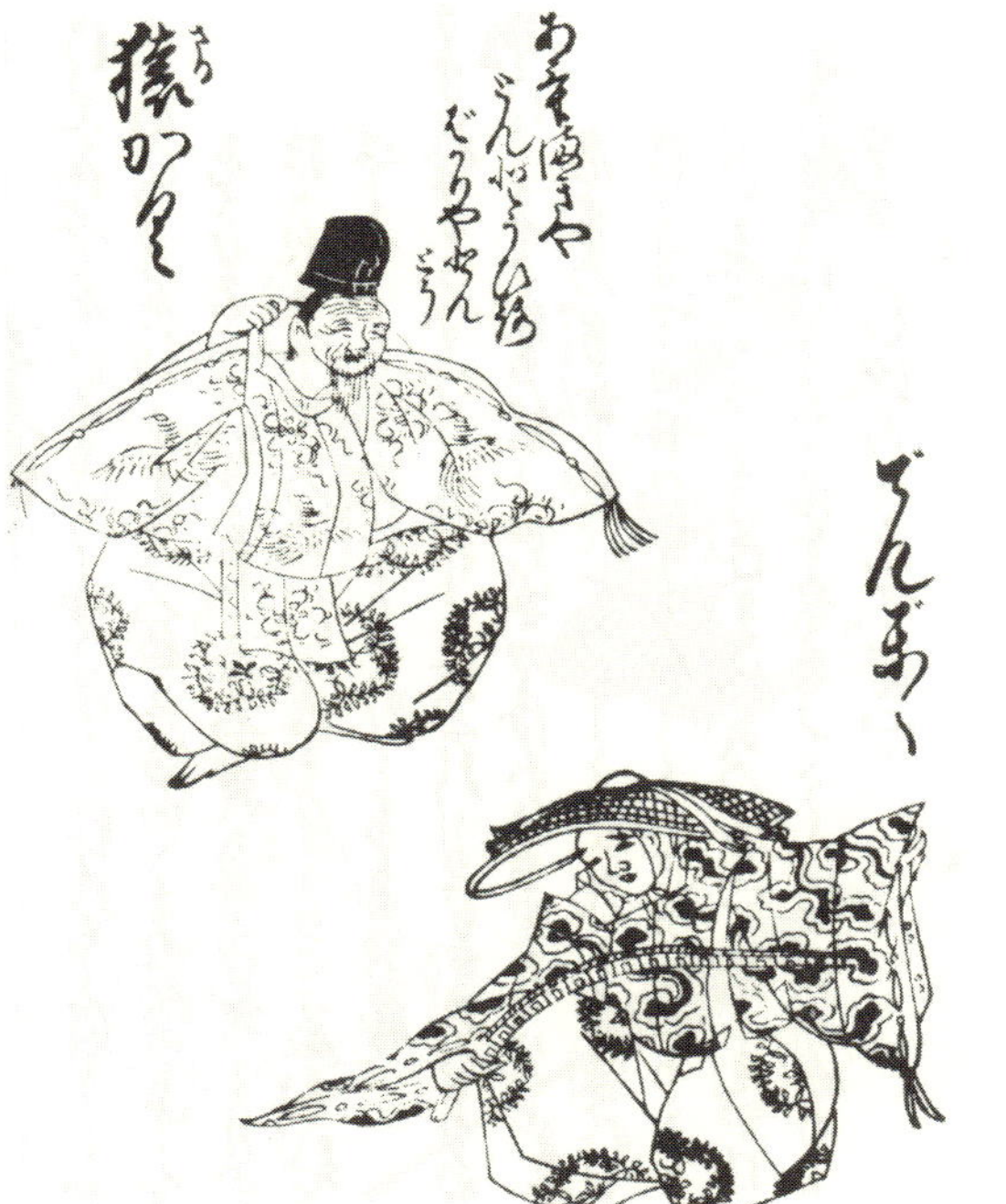

■中国から渡った散楽が猿楽になったといい、さらにこれが能に変化したようだ（左）。田楽というのは田舎の芸能の意味（七十一番職人歌合）

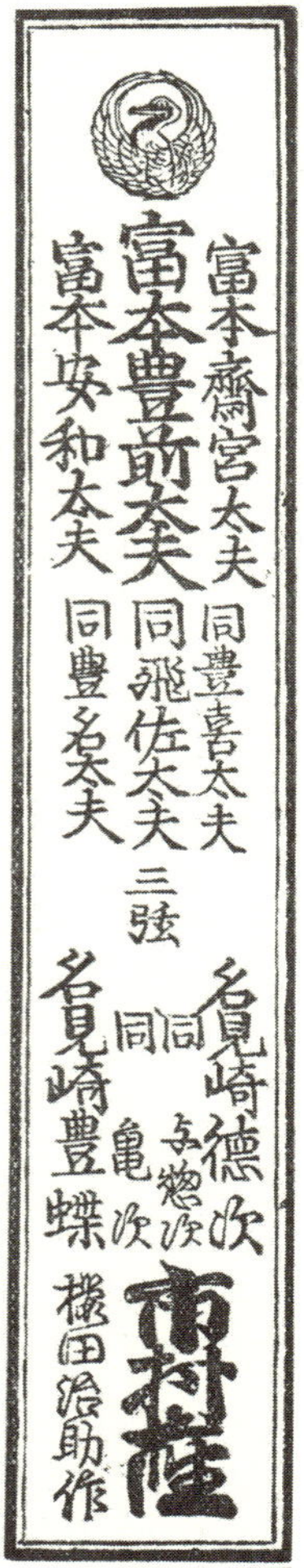

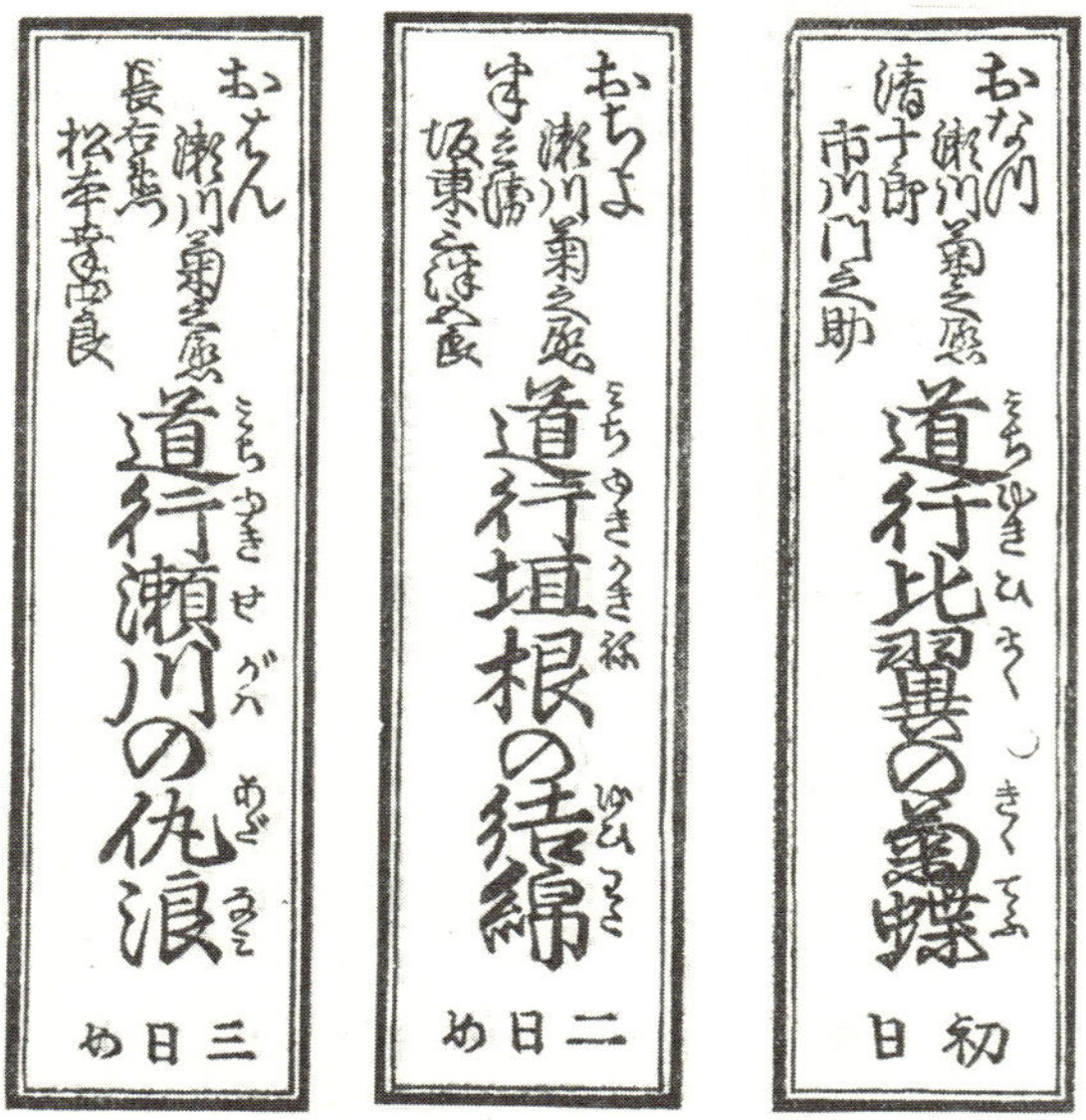

■天明元年（1781）の春狂言「戯場花萬代曽我」。初日、二日、三日と道行の相手が替わる趣向。女形は瀬川菊之丞。初日の相手は市川門之助、二日目は坂東三津五郎、三日目松本幸四郎（歌舞妓年代記）

名題・外題《なだい・げだい》

名題は狂言の題名のことで、上方では外題という。江戸時代には、一日に一つの大名題が決まりで、他に小名題、浄瑠璃名題などがある。大名題はその興行の総称。当たれば正月の曽我狂言の題をそのままにして五月、六月頃まで伸ばすこともあった。寛政八年（一七九六）の春に中村座の控櫓《ひかえやぐら》、都座で一番目、二番目と二本の名題を立てたことから、一興行二本のことも多くなったが、京坂では最初から二本立てが多かった。

大名題は立作者《たてさくしゃ》が考案するが、決まり事が

■享保5年（1720）江戸の三座がすべて春狂言に曽我をそれぞれの趣向で出し、いずれも大当りを取った狂言名題を看板に見立てて書いたところ。中央が中村座。右森田座、左市村座。二代目團十郎が森田座に出勤している（歌舞妓年代記）

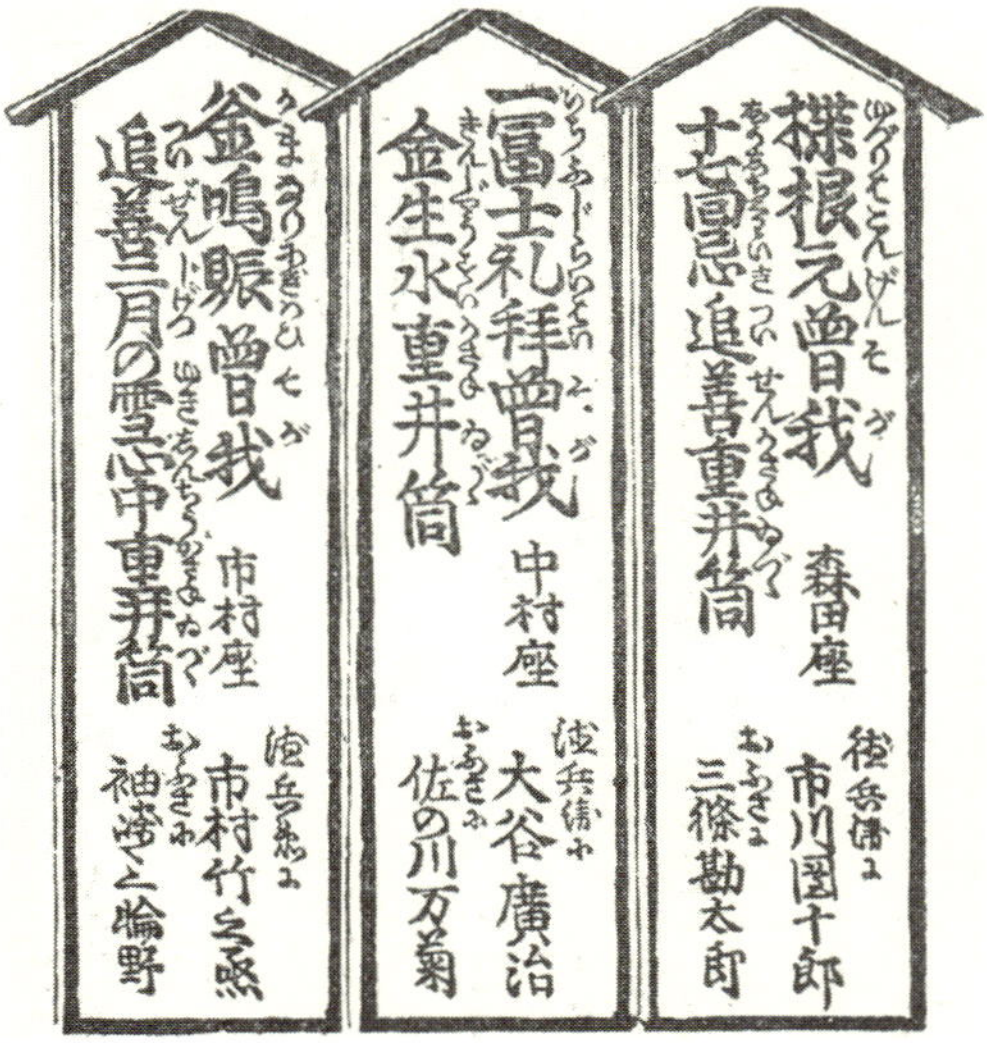

■江戸の名題看板。これは屋根より高く出す。京坂では一枚看板といって、屋根の下に直立させるともある。どちらも中心になる芝居の題名看板（守貞謾稿）

色々ある。題名の文字数は七五三などの奇数。字配りなどにも縁起が守られ、芝居は火を嫌うところから火の字は避け、極端な例では秋の字を穐と書く。初春狂言は曽我と決まっていたので、必ず曽我の文字を入れた。

京坂の外題、あるいは芸題などといったが、初春の二の替わり狂言には「傾城《けいせい》」の文字を頭に付けた。これは傾城ごとの流行った名残だという。

通し題名の大名題に対して、小名題は四つに分けて幕ごとの狂言内容を表すものだが、どちらも素人にはわかりにくいものも多かった。浄瑠璃名題は踊りを主にした芝居の題で、大名題に比べるとずいぶん小さい。

名題とは役者の位でもあり、一人前の役者として見られる最高の地位が名題。名題役者になると狂言名題の看板とともに紋看板が並び、そこから名題の名称が出たともいう。

■荒事を作り出した初代市川團十郎の肖像。談洲楼焉馬の蔵本、元禄六年（一六九三）の版本「四場居百人一首」から写したとある。「ニカホ（似顔）」と添えてあり、刊行時三十代だった初代の実像に近いか（近世奇跡考）

荒事《あらごと》

荒事は、初代市川團十郎が作り上げた江戸芝居の真髄ともいえる演じ方で、六方《ろっぽう》や見得、独特の長せりふ、連《つらね》が見せ場を作る。

延宝元年（一六七三）中村座の「四天王稚立《してんのうおさなだち》」で坂田金時を演じた時が始まりとされるが、当時の江戸っ子がいかにこの荒事の市川流を好んだかは、式亭三馬の『客者評判記』にも出てくる。「暫」「矢の根」「助六」を始め、主なものはお家の芸として今に引き継がれている。

初代市川團十郎の親は武田の家臣の末裔で、その子團十郎は勇ましい姿を見せようと工夫をして江戸歌舞伎の見せ場をこの荒事に据えた。町人と武士の力が拮抗していた当時、強いものに勝つといった心持ちで演じたのだという。武勇を極端に強調し、怨霊物《おんりょうもの》などでその凄みを誇張して見せる荒事は、着ける衣裳から顔の隈《くま》、鬘《かつら》といった役者の出立ちの力強さの強調を始め、小道具、大道具にも力強さが誇張された表現を取り入れてある。

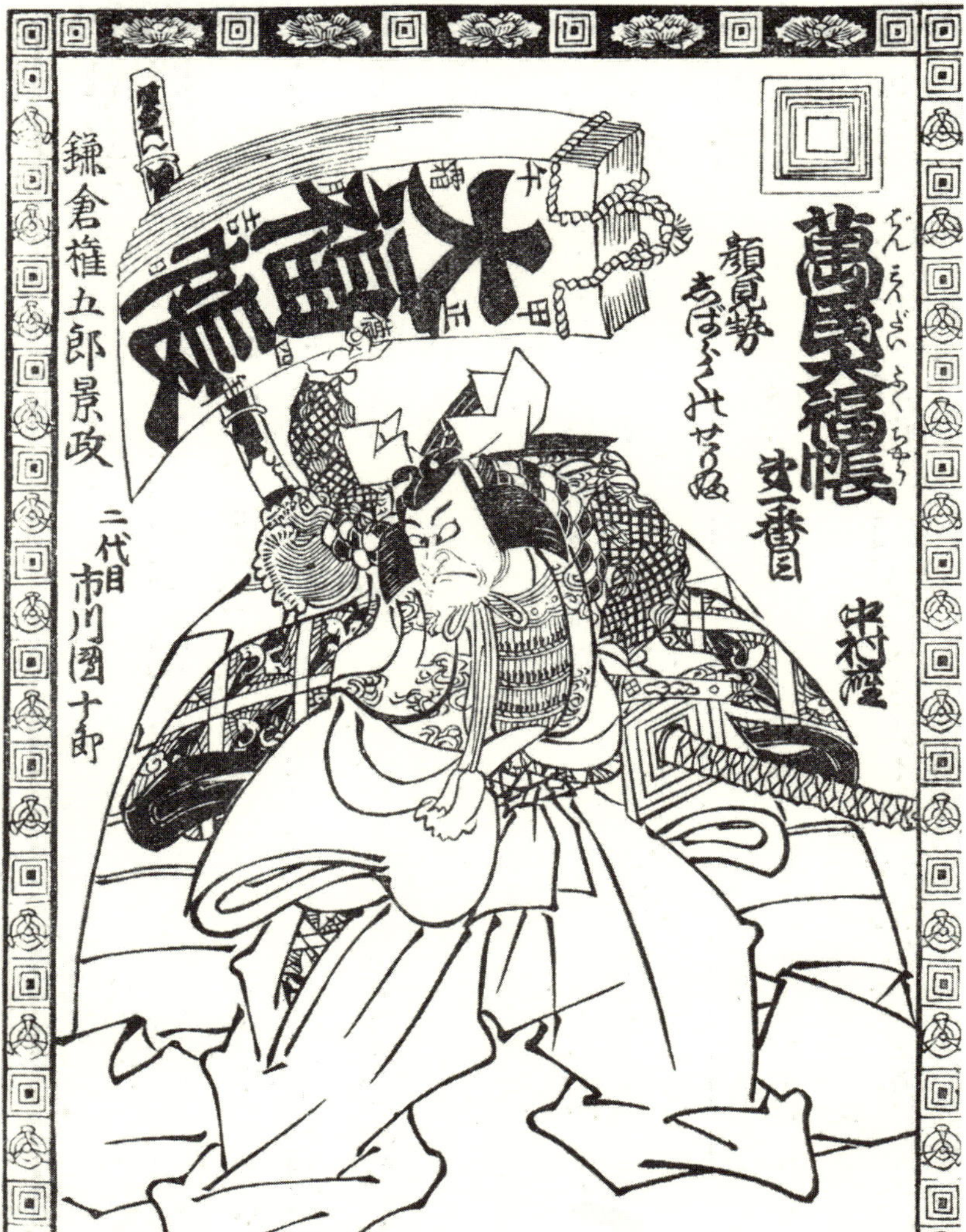

■初代市川團十郎は宝永元年（1704）舞台で刺されて亡くなっている。
2代目は初代の子で同年團十郎を襲名している（歌舞妓年代記）

■敵の工藤祐経と顔合せをする曽我兄弟対面の図。左端の蝶模様が弟五郎、千鳥が兄の十郎。略画ながら顔の造作やしなから色男ぶりが窺える（歌舞伎年代記）

和事《わごと》

力強い男に喝采を送る荒事の江戸歌舞伎に対して京坂の芝居の神髄は和事。色男が優しさ、艶やかさを誇張して演じるもので、芝居の内容は恋愛、情事といったものが多く、そうした場面で活躍する役者を和事師《わごとし》と呼ぶ。

和事は、もともと京坂の芝居の始めにあった「傾城買《けいせいが》い」に端を発する。傾城とは位の高い遊女のことだが、傾城買い芝居の始祖が元禄期（一六八八～一七〇四）の京都の役者、初代坂田藤十郎《さかたとうじゅうろう》。傾城を買うありさまを色気だけではなく、ある心根として演じた京大坂の芝居では情事、恋愛といっても、そこに何らかの心の動きを見せる場面が必ずあったのだろう。色男だがあまり勇ましくない若旦那、それに惚れてしまった中に力強さを秘めた、女性との心中物などがあるのではないか。

こうした和事の世界から名女形、瀬川菊之丞《せがわきくのじょう》が誕生したのだろう。初代の菊之丞は三ケ津《さんがつ》（京大坂江戸）の名女形とされた役者で、俳名は路考《ろこう》。

■寛政二年（一七九〇）市村座で大評判を取った「義経腰越状」。江戸中期の和事の第一人者、三代目澤村宗十郎が泉の三郎を演じた（歌舞妓年代記）

武勇が尊ばれる江戸の狂言にも色男、和事師はいくらでも出て来る。

例えば初春恒例の曽我物語の主役、仇討ち兄弟の兄十郎。十郎は武芸一筋の弟の五郎とは違って、色事にも手を染めるせいか所作にも色っぽさが滲む。

和事の主役は「二枚目」が演じることが多いのだが、この言葉は「三枚目」と同様に看板や番附の位置を指す言葉で、二番目、三番目を指す。ちなみに座頭が務める筆頭は「一枚目」とはいわない。

優しい声音や動作で美男役を演じる、看板の二枚目に据えられるような役者ということから、美男を二枚目と呼ぶようになったという。

■宝暦六年（一七五六）中村座春狂言、寿三升曽我。烏帽子姿の不破伴左衛門は初代以来の團十郎当たり役で、この舞台は襲名間もなくの四代目市川團十郎（歌舞妓年代記）

時代物《じだいもの》

『太平記』『太閤記』といった軍記物などを題材に物語の世界が作られる芝居のことで、時代狂言ともいう。現代人の「時代劇」が江戸時代の話であるように、江戸時代人にとって、古の時代劇が時代物。源平の合戦、南北朝の動乱、応仁の乱から戦国時代にまたがる武家の覇権争いをめぐる物語といえる。

それ以前の奈良平安期の貴族が主役の政権交代のドラマは「王代物《おうだいもの》」あるいは「王朝物」といい、これも時代物に含まれる。

ところが、江戸時代人の今、つまり徳川の世に武家が起こした大事件をもとにした作品も時代物の範疇に

■天明6年（1786）桐座の顔見世で平時忠を演じる初代中村仲蔵（右）。唐冠を冠り、秦の始皇帝の装束で暫のうけをする趣向（歌舞妓年代記）

入る。赤穂事件の「仮名手本忠臣蔵」がいい例で、時代背景は室町時代の太平記の世界に置き換えている。登場人物も吉良上野介は高師直《こうのもろなお》、浅野内匠頭は塩谷判官《えんやはんがん》などとしている。

これは、当時徳川幕府に関することは一切芝居にはできなかったために古の出来事として脚色したものだが、敵討ちの快さは江戸っ子に大変喜ばれた。大名や旗本のお家騒動も、庶民にとっては興味深い主題だったようで、「お家物」といい、伊達騒動に取材した「伽羅先代萩《めいぼくせんだいはぎ》」がよく知られる。

軍記物の世界を巧みに用いて、感激に導くことは時代物の特長ともいえる。こうした世界に強気をくじく趣向があればよかったのだろう。

世話物《せわもの》

武家や貴族の世界を描く時代物に対して、町人の暮らしの中の出来事を題材にした芝居を世話物《せわもの》という。世話狂言ともいう。事件が起きたすぐ後に芝居に仕立てることもあり、これは一夜漬《いちやづけ》（一夜附）。

世話物は義理人情や叶わぬ色恋事情などを題材に、写実を重んじた演出をする王道の物語ばかりではない。一つは「時代世話」といわれるやや形式ばった芝居で「青砥稿花紅彩画《あおとぞうしはなのにしきえ》」（弁天小僧）や「曾我綉侠御所染《そがもようたてしのごしょぞめ》」（同御所五郎蔵）などがこの中に入る。世話物でも幕府に咎められそうな物語は、鎌倉時代などに時代の背景を移して芝居にしている。江戸の作者、鶴屋南北《つるやなんぼく》や河竹黙阿弥《かわたけもくあみ》による世話物は、時代物、お家物の世界の世話狂言も多い。

もう一つは、よりいっそう現実的に見せようとする「生世話物《きぜわもの》」で、内容は怪談物や盗賊が主役の白波物《しらなみもの》など。いずれにせよ、南北を始めとする江戸の作者の手にかかると、リアリズムの追求の矛先は世話狂言の本場上方とは大きく異なったようだ。

■寛政４年（1792）、河原崎座の顔見世で大当りを取った「大船盛鰕顔見世」。鰕蔵と半四郎その他で賑やかに舞台を盛り上げ、見物の喝采しばらくやまずと歌舞妓年代記にある名舞台（歌舞妓年代記）

■芝居茶屋が配る役者附を途中で求める芝居好き。茶屋はお得意さんに配るところで、横取りは困りもの

■簡単な食事なら芝居小屋につながっている内茶屋からも取り寄せられた（戯場楽屋図絵）

茶屋配り

ちゃやくばり

新狂言の番附を芝居茶屋から得意先に配ることで、その番附のことも茶屋配りと呼ぶ。

茶屋に縁のない人でも、顔見世番附を手に入れて向う一年の役者の顔ぶれは知りたいもの。顔見世興行の前には十月二十九日から茶屋配りが出るが、途中でつかまえて買う人もいる。茶屋のお得意と見られるような家では狂言が替わるごとに番附が届くし、誰かしらがその茶屋を通して芝居を見に行く。

江戸時代に芝居見物は大きな楽しみのひとつ。見物に茶屋は付き物で、小屋の仕切場《しきりば》で木戸銭《きどせん》を払って札をかう手もあるが、上席はほとんど芝

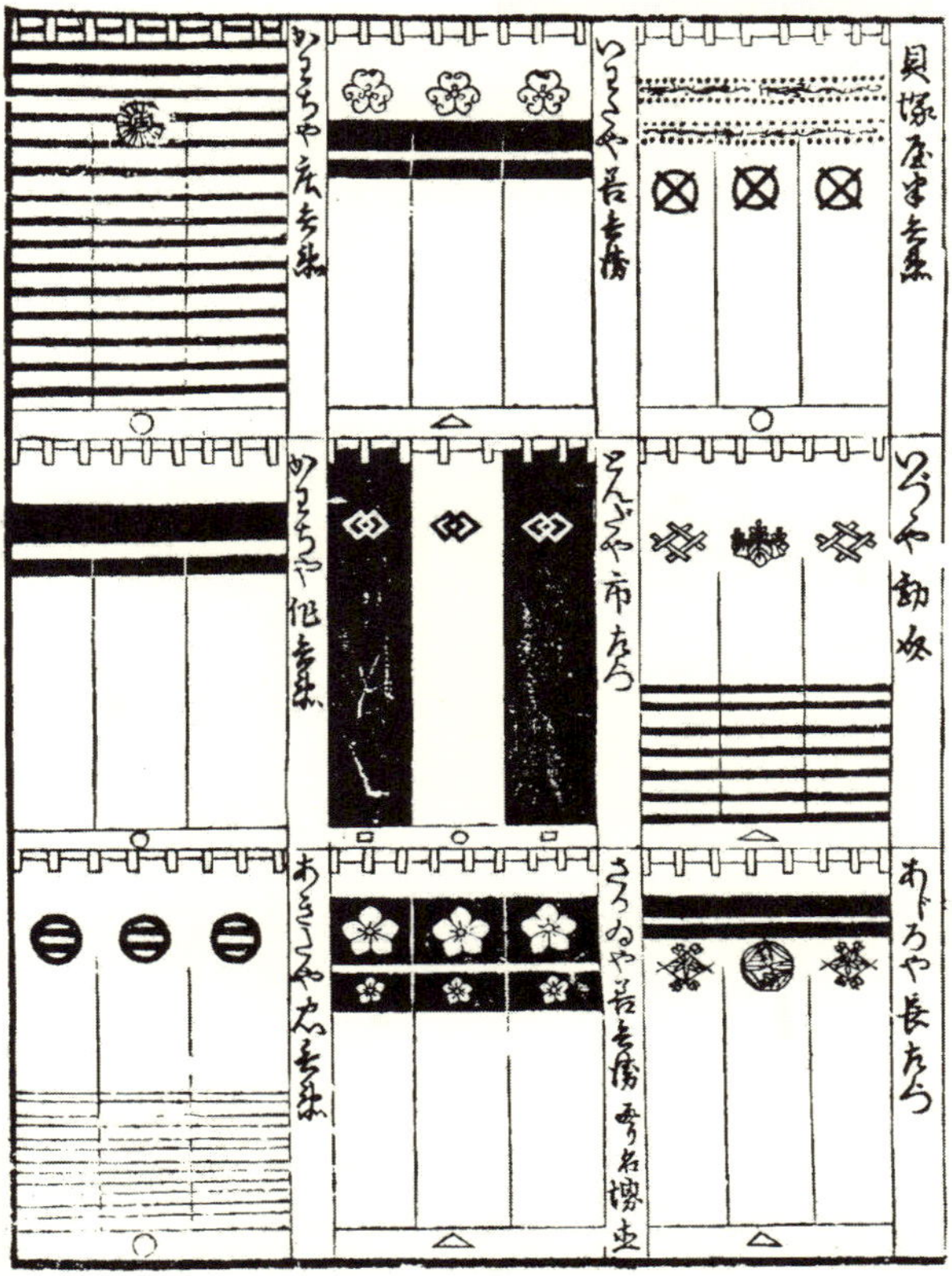

■観覧席を彩る暖簾。図は京坂の桟敷にかかる芝居茶屋の暖簾の色々（戯場楽屋図絵）

居茶屋が押さえているため、どうせ見るならきちっとした場所で見ようとなれば、茶屋から桟敷《さじき》をとってもらうことになる。茶屋の案内で観覧場所に行き、幕間《まくあい》には茶屋へ戻って食事もする。芝居町が日本橋から浅草猿若町《さるわかちょう》に移った際には茶屋も同時に引越している。三座がまとまった猿若町は、櫓《やぐら》の並びは芝居茶屋ばかり（84頁図参照）で、劇場内で何もかも済ませられる当今の観劇とはまったく違った風景といえる。

　芝居好きは番附を見るだけでその場の様子を想像し、役者の評判を仲間同士で話したりする。この茶屋配りは、そうした芝居好きを小屋に向かわせる有効な手段だったようだ。

第二章　戯場の地理

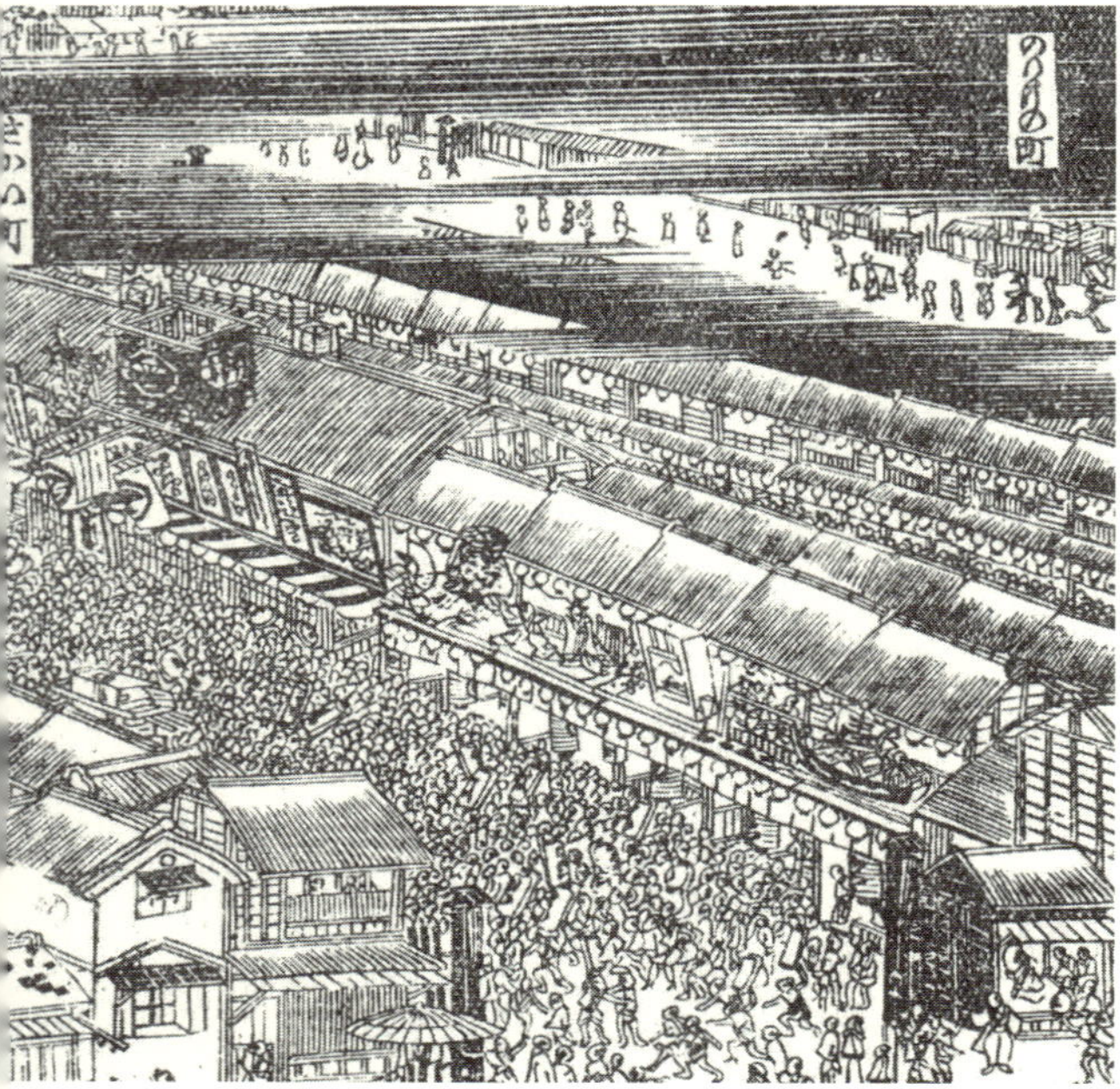

【江戸の大芝居】

●江戸三座　●中村座　●市村座

●森田座　●猿若町

風景

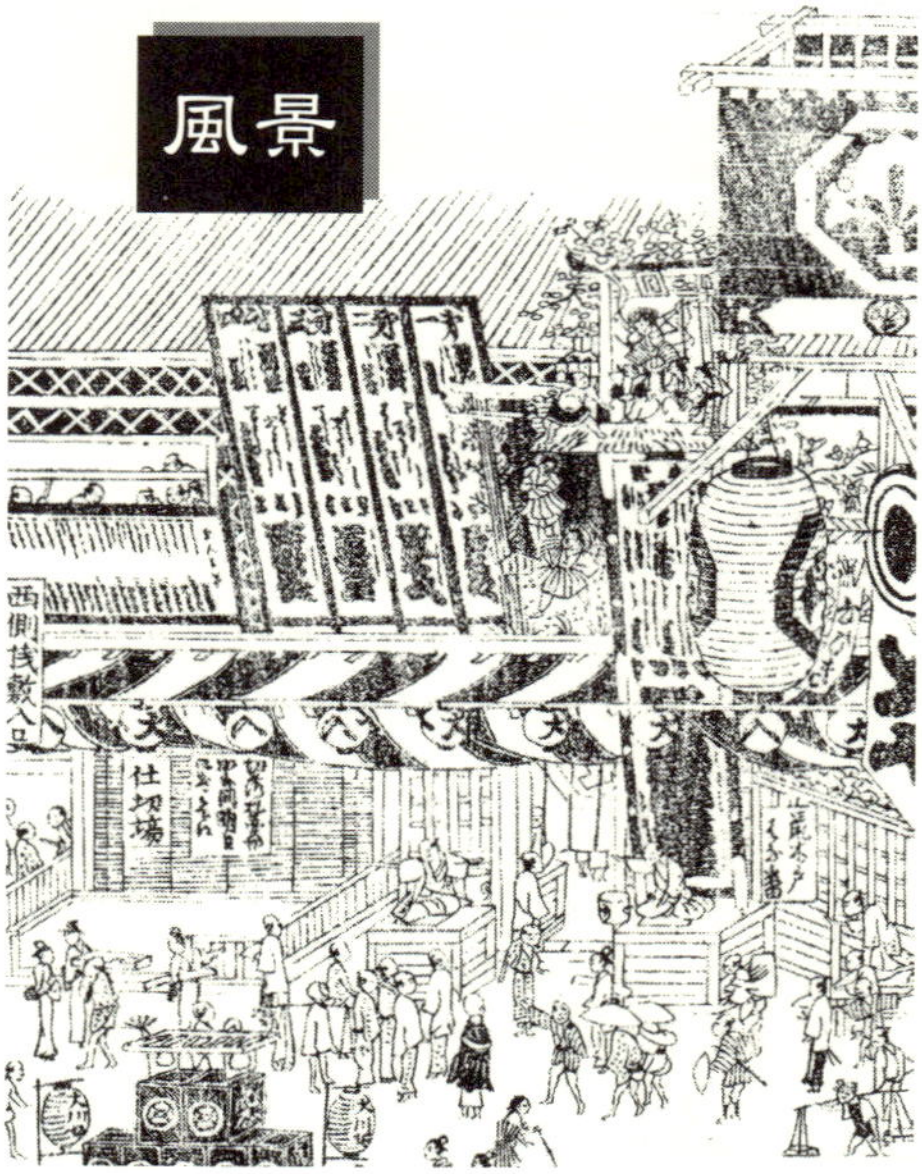

【戯場の風景】

●櫓　●看板　●勘亭流　●鼠木戸

見物

三座

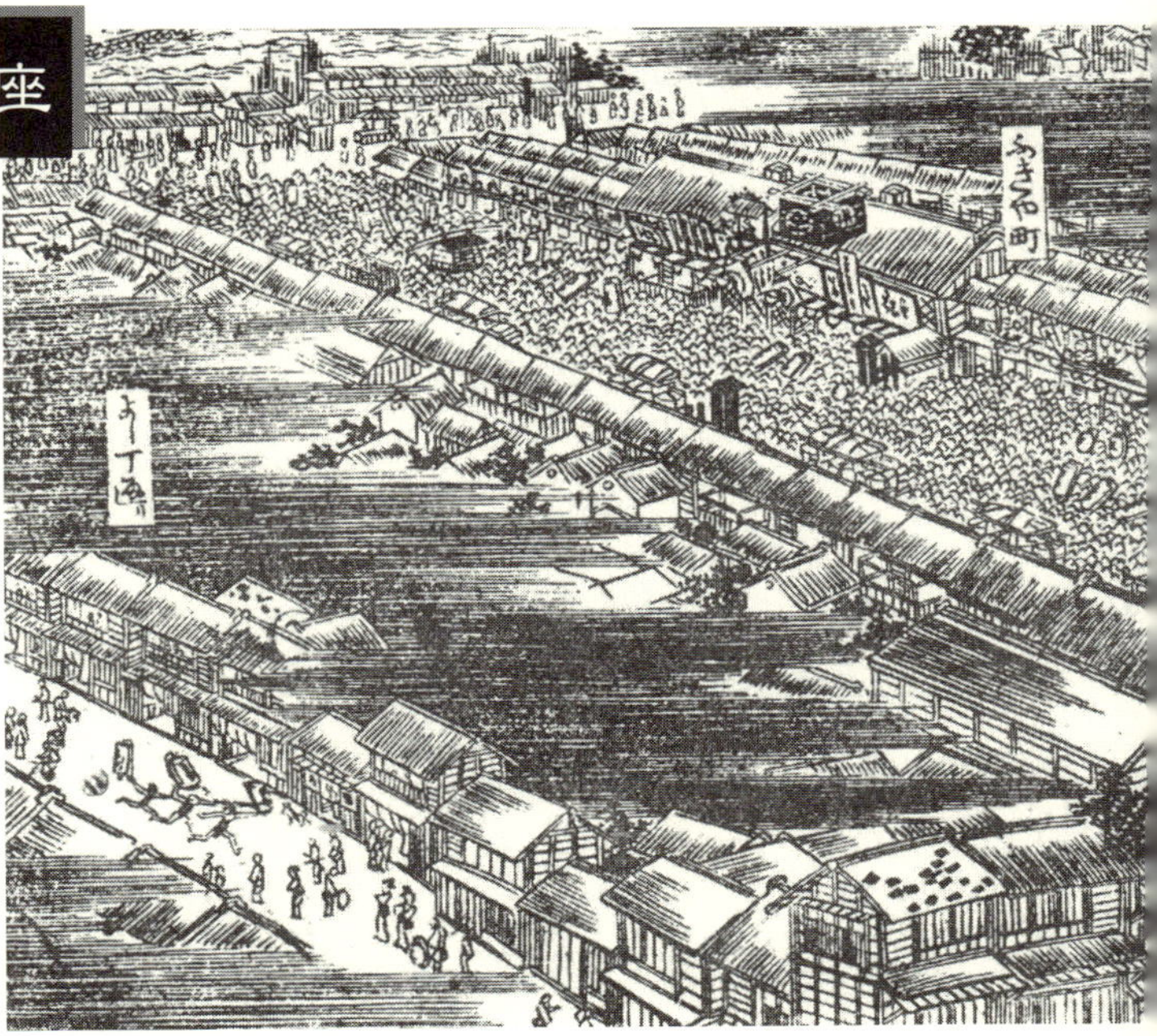

【幕の内外】

●引幕　●揚幕　●黒幕

●本舞台　●二重舞台

●花道

【芝居見物】

●木戸銭

●見物場所の色々

●桟敷 土間 雨落

●番附　●鸚鵡石

幕

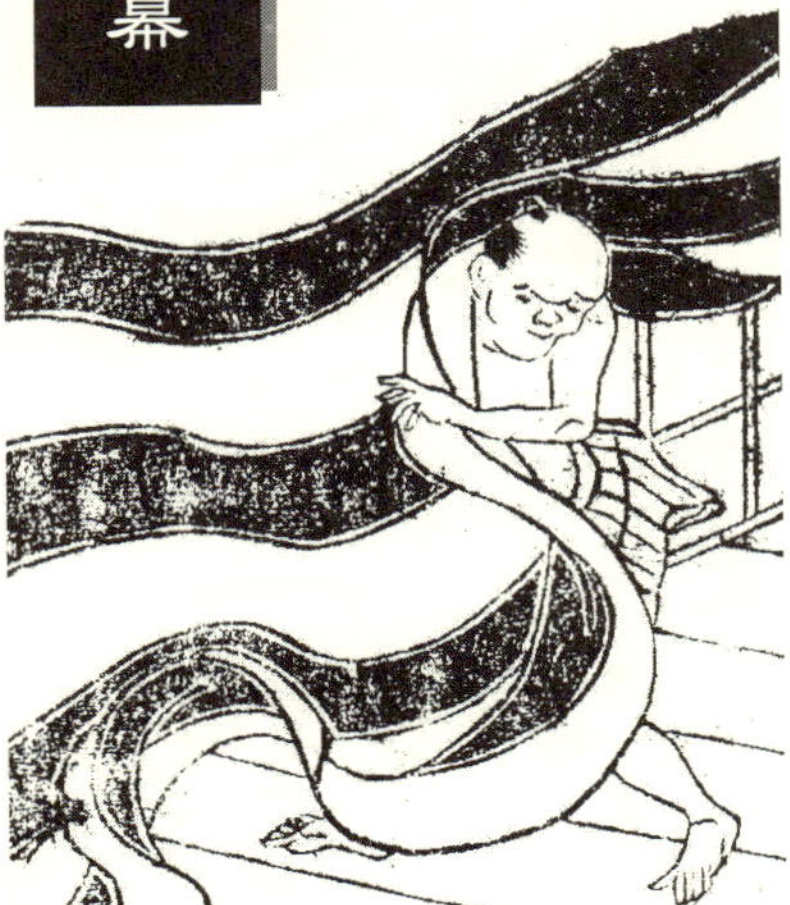

■日本橋堺町の中村座

■江戸三座の起源と見物場所

「天文」に続いてこの章の主題は「戯場の地理」。戯場、つまり芝居小屋のありようを外回りから内へ、客席から舞台へと順を追ってご案内する。まずは江戸の大芝居、三座の地理歴史から。

江戸の大芝居■大芝居とは、お上公認の中村座、市村座、森田座のことで、江戸後期の天保改革《てんぽうかいかく》のあおりで浅草猿若町に移転するまで、この三座は日本橋の二丁町《にちょうまち》と木挽町《こびきちょう》（東銀座）界隈で芝居町を形成していた。中村市村両座の賑わいの様子は前頁の図で分かる通り、町を仕切る木戸から次の木戸まで芝居見物の人であふれている。

　道の両脇に並ぶのは芝居茶屋。ここで席の手配をしたり、幕間や芝居がはねた後に飲食をしたりした。

戯場の風景■小屋の前に立てば、おびただしい数の看板が手を替え品を替えて呼びかけて来る。どんな役者が何を演じているか、文字だけではなく名場面を絵にして掲げているし、人形まで出す。「呼び込み」は看板だけではない。入口脇には掛合万歳よろしく名題の読上げをして客を呼び込んでいる。さて、本日の狂言は評判通りの極上々吉《ごくじょうじょうきち》か否か。

芝居見物■予め芝居茶屋に頼んでおいた人は、茶屋の案内で指定の桟敷《さじき》に赴く。そうでない人は昨今幕見の当日券を並んで買うように、仕切場で札を求めることになる。ただし、あまり良い席はない。

芝居見物の場所は、舞台前に広がる土間《どま》と左右の桟敷に分けられるが、実に細かく名が付いていて、料金もピンキリ。ピンは桟敷のひとつ「内格子《うちごうし》」。高給取りといわれた大工の手間賃が日に五匁《もんめ》の時代に、一軒（一枡）四人から六人の利用で三十五匁。

揚げ代だけでは済まない吉原同様、茶屋に任せて一日遊ぶとなれば結構な額となる。


幕の内外■席が定まって見渡せば、正面には幕があり、その後ろは狂言国。戯場国と狂言国を分ける幕には引幕、揚幕がある。

引幕は大芝居ならではの狂言幕、定式幕。使う色にも約束事があって、中村座と他の二座は異なる。ちなみに、黒柿色緑を用いた当今の定式幕は明治期に森田座の配色、配置順をそれと決めたものだ。

揚幕は花道の取っ付きにあり、ここから先が狂言国になる。

さてどん尻は幕の内側、舞台について。正面が本舞台、舞台上に設営されるのが二重舞台。二重舞台は台を重ねて高さを出すもので、高貴な方がおわす場ほど高く作られるのが決まり。

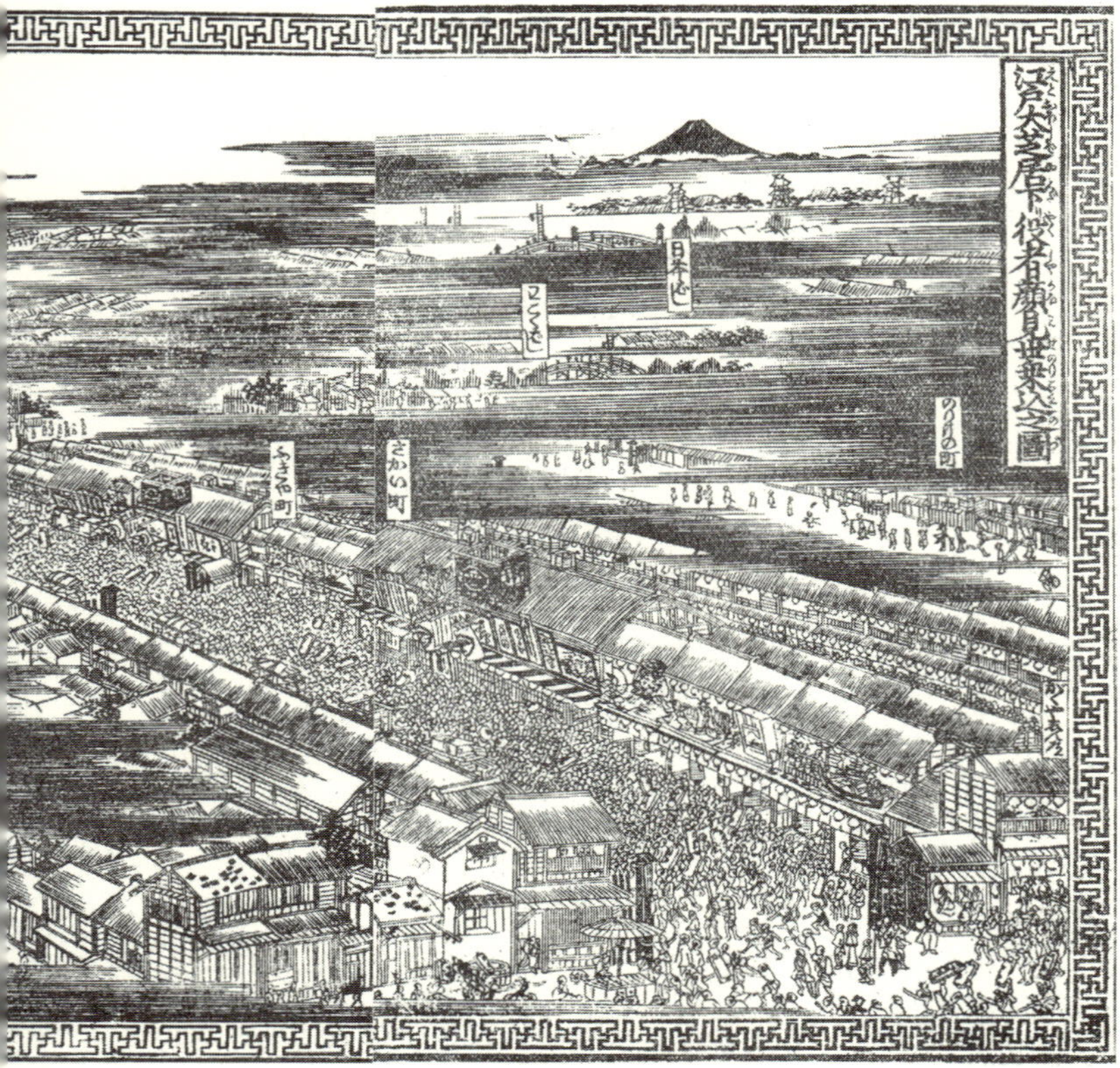

■はるかかなたに富士を見る日本橋の芝居町。手前堺町は中村座、先は葺屋町の市村座。森田座の櫓は画面から外れたずっと向こうにある（歌舞伎年代記）

江戸三座《えどさんざ》

三座はお上公認の印、小屋の正面に太鼓櫓が許された狂言座。寛永元年（一六二四）猿若勘三郎に始まり、その後中村を姓として代々中村座の座元を勤めている。十年後に芝居興行が許された村山又三郎の村山座から座元を引き継いだ市村羽左衛門の市村座が続く。中村、市村の二座は二丁町と呼ばれた堺町《さかいちょう》、葺屋町《ふきやちょう》（日本橋人形町）に櫓を揚げる。

最後は万治三年（一六六一）、木《こ》挽町《びきちょう》（東銀座）に起した森田勘弥《もりたかんや》の森田座。この中村、市村、森田の三座に加えて、江戸には実はもう一座あった。座名は山村座。正徳四年（一七一四）二月八日、ゆえあって

■江戸三座の櫓。手前の銀杏紋が中村座。右奥は森田座、左は市村座。櫓下には役者の顔ぶれを知らせる紋看板が掛る（客者評判記）

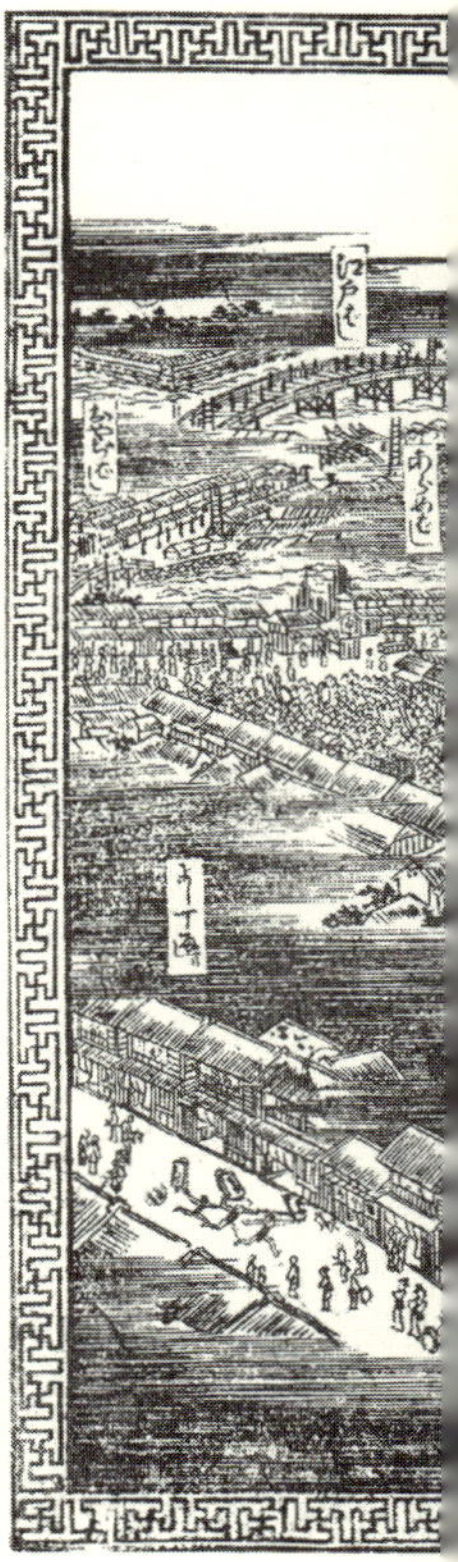

■右は堺町芝居座元、猿若勘三郎。中は木挽町芝居座元、森田勘弥。左は葺屋町芝居座元、市村竹之丞（歌舞妓年代記）

断絶。ゆえとは、大奥の女中絵島（江島）と山村座の役者、生島新五郎との恋愛事件で、俗にいう絵島生島事件の咎《とが》による廃絶のこと。

三座にしても、諸般の事情で休演を余儀なくされ、度々控えの座が代わりを務めるのだが、二百年余り、お城に近い土地で芝居がかかり、吉原と並んで「日に千両」の上がりがあった程の大繁盛は続く。

三座は、天保の改革（一八四二年）の時、浅草寺東の一郭に移され、「猿若町」という名の芝居町になる。

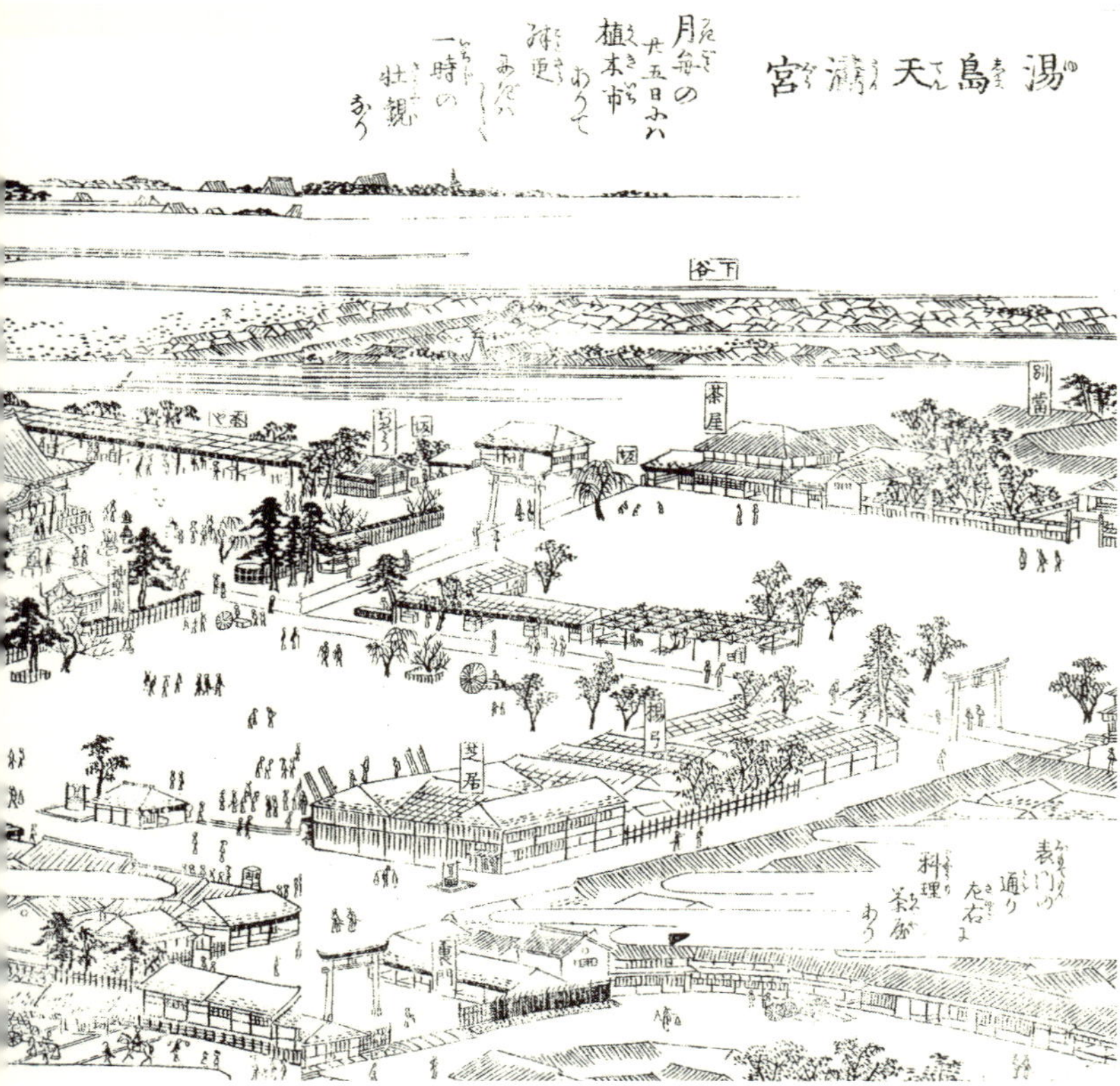

小芝居・宮地芝居

こしばい・みやちしばい

お上のお墨付きを得た「三座」の芝居が大芝居。非官許の小屋掛け芝居が小芝居。主に寺社の境内や門前に小屋掛けをしたので宮芝居、宮地芝居ともいう。

格の違いは役者ばかりではない。太鼓櫓が許されないのはもちろん、花道、引幕、回り舞台なども作れない。緞帳《どんちょう》が引幕代わりに使われたところこから、「緞帳芝居」の名もついた。

見物の醍醐味ともいえる役者の衣裳。大芝居は、あらゆる狂言に応じられるものが揃う「衣裳蔵」を持っているし、名題役者ともなれば自前

■幟が立ち並ぶ湯島天神の境内。右隣は楊弓場（江戸名所図会）

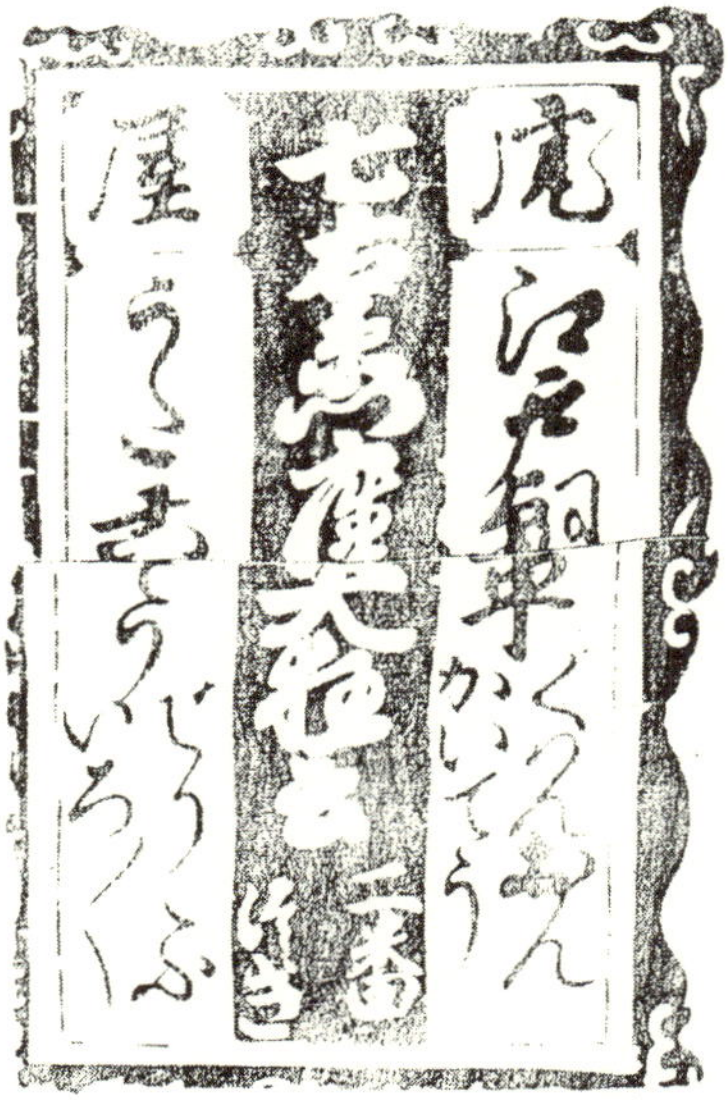

■その昔、浅草寺境内にあった虎屋七右衛門芝居のせりふなどを綴った版木をもとに作られた硯箱。貞享4年（1687）に開帳があり、その頃のものだという（近世奇跡考）

で豪華な拵えをするものだが、小芝居、宮地芝居は総役者上下問わず催主からの貸衣裳。これは催主が蓄えているものではなく、貸衣裳屋が損《そん》料《りょう》（貸出し料金）を取って貸すもので、おのずと粗末なものだった。

役者も衣裳も小屋の作りも、本格とは遠いものだったようだが、近所のおかみさん連中が宮参りを口実にふらりと行けるようなところで、それなりに繁盛したようだ。

なお、初代の中村仲蔵が名題になって最初にもらった役が「忠臣蔵五段目」斧定九郎《おのさだくろう》たった一役。あまりの役不足に気落ちして、「宮地にでも落ちるか」と考えたという。

■中村勘三郎の「猿若」。他にも初期に能狂言から変化した舞がいくつかあり、歌舞伎は能狂言から生まれたと主張した、江戸芝居三座の意気ごみがうかがえる。勘三郎はこの猿若と新発意太鼓を京都の公家邸で舞っている（風流四方屏風／鳥居清信）

猿若座の発起《さるわかざのほっき》

江戸芝居の根本とされる猿若座（中村座）の起源を『戯場訓蒙図彙』から引く。

「江戸の大芝居三座、この大芝居というのは、これ以外に小芝居、宮芝居などがあるのでこ

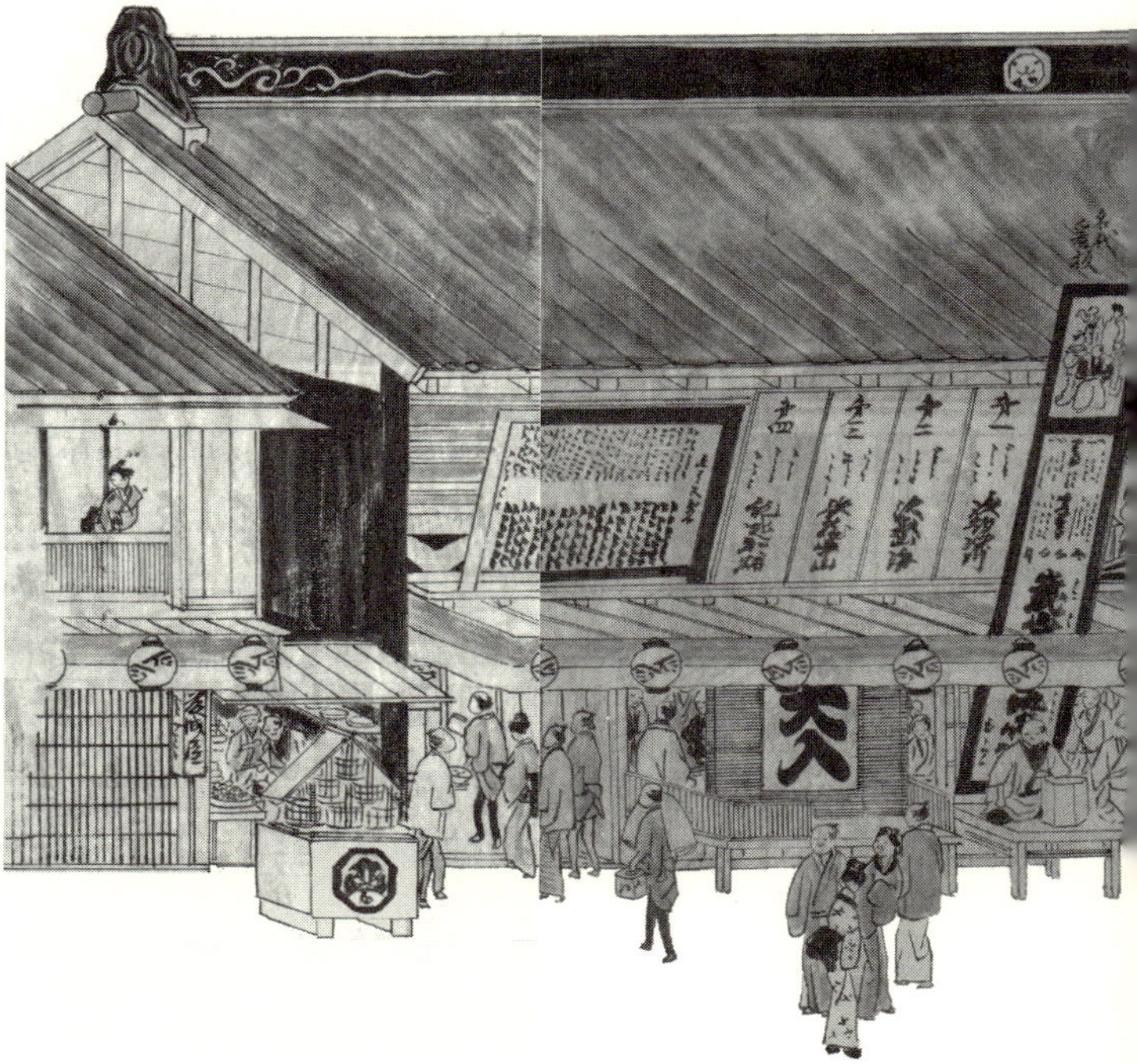

■嘉永七年（一八五四）、「江戸浮世絵師広重所筆三枚ツヅキ錦絵の写」とある猿若町に移ってからの中村座の櫓と芝居小屋。両側にあるのは芝居茶屋。ところが替わっても、見物の姿や名題看板、大入りの幕など外側の景色には大きな変化は見られないようだ（守貞謾稿）

ういうのだが、三座の最初は猿若勘三郎（初代中村勘三郎）が寛永元甲子年（一六二四）二月から中橋《なかばし》で始める。

同九年（一六三二）、伊豆国から安宅丸《あたけまる》という御船が入る時、金の采配を頂き、木遣《きやり》音頭を勤める。この時は禰宜町《ねぎまち》に芝居があった。禰宜町は今の長谷川町横通りのこと。

元来猿若の衣裳は慶安四年（一六五一）正月に銭六貫文と一緒に頂いたもので、この時は堺町で芝居興行をしていた。

明暦三丁酉年（一六五七）正月十八日に類焼して、同五月京都に上り、倅と一緒に上なき御方に召され、新発意太鼓《しんぼちたいこ》と猿若の狂言を勤め、倅に明石という名を頂戴し、丸の内に三つ柏を紫の糸で縫い、金銀の箔を付けたのと、猿若の装束を頂戴したといい伝えている。

それ以来連綿として九代になる。元祖寛永より、享和三年（一八〇三）まで百八十年続

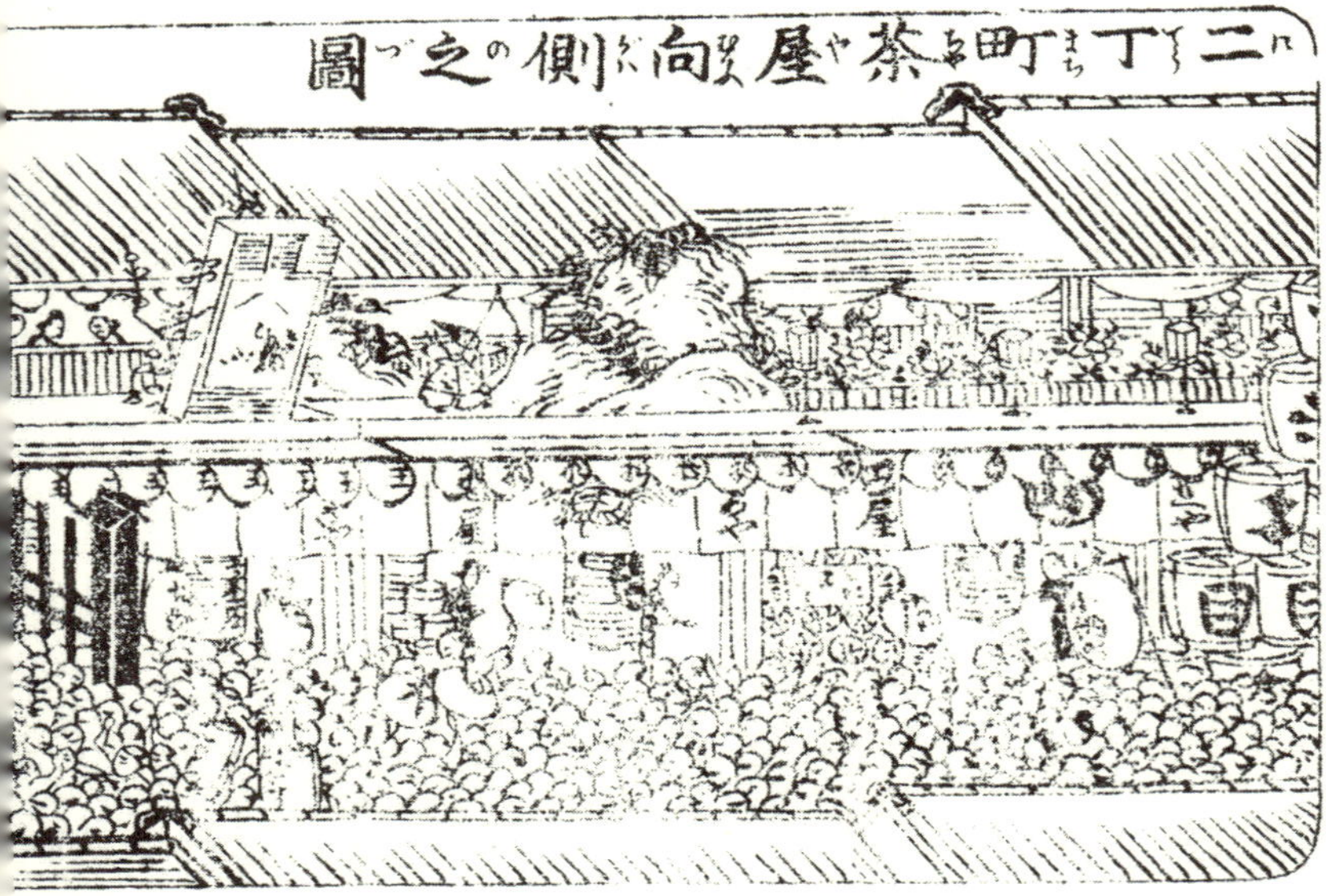

■二丁町と呼ばれた堺町と葺屋町の芝居小屋の向かいに並ぶ芝居茶屋。客はここで桟敷の手配を頼み、幕間には酒食に興じた

いている。去る寛政五丑年（一七九三）、顔見世から休座して都伝内《みやこでんない》という者が櫓を再興して五年。寛政九丁巳年霜月顔見世から中村座櫓再興、今は繁盛している」。

以上のように、寛永の始まりから三馬が記した享和頃までの変遷がよく分かる。発祥の地、中橋は京橋と日本橋の間だが、二度の移転で堺町（日本橋人形町）に落ち着く。明暦に類焼とあるのは江戸時代最悪の明暦の大火の事。寛政年間に一度休座しているが、これは他の二座に比べて極めて少なく、長期に亘って興行が安定していたのだろう。ちなみに、都伝内は中村座の控櫓（83頁参照）、都座の座元。

市村座の権輿《いちむらざのけんよ》

市村座の最初は中村座の二代目明石勘三郎の弟子市村竹之丞《たけのじょう》で、葺屋町に小芝居を建てる。この時中村座から鶴の丸の紋を与えられる。

泉州堺の人で村山又三郎という人がいるが、若い時か

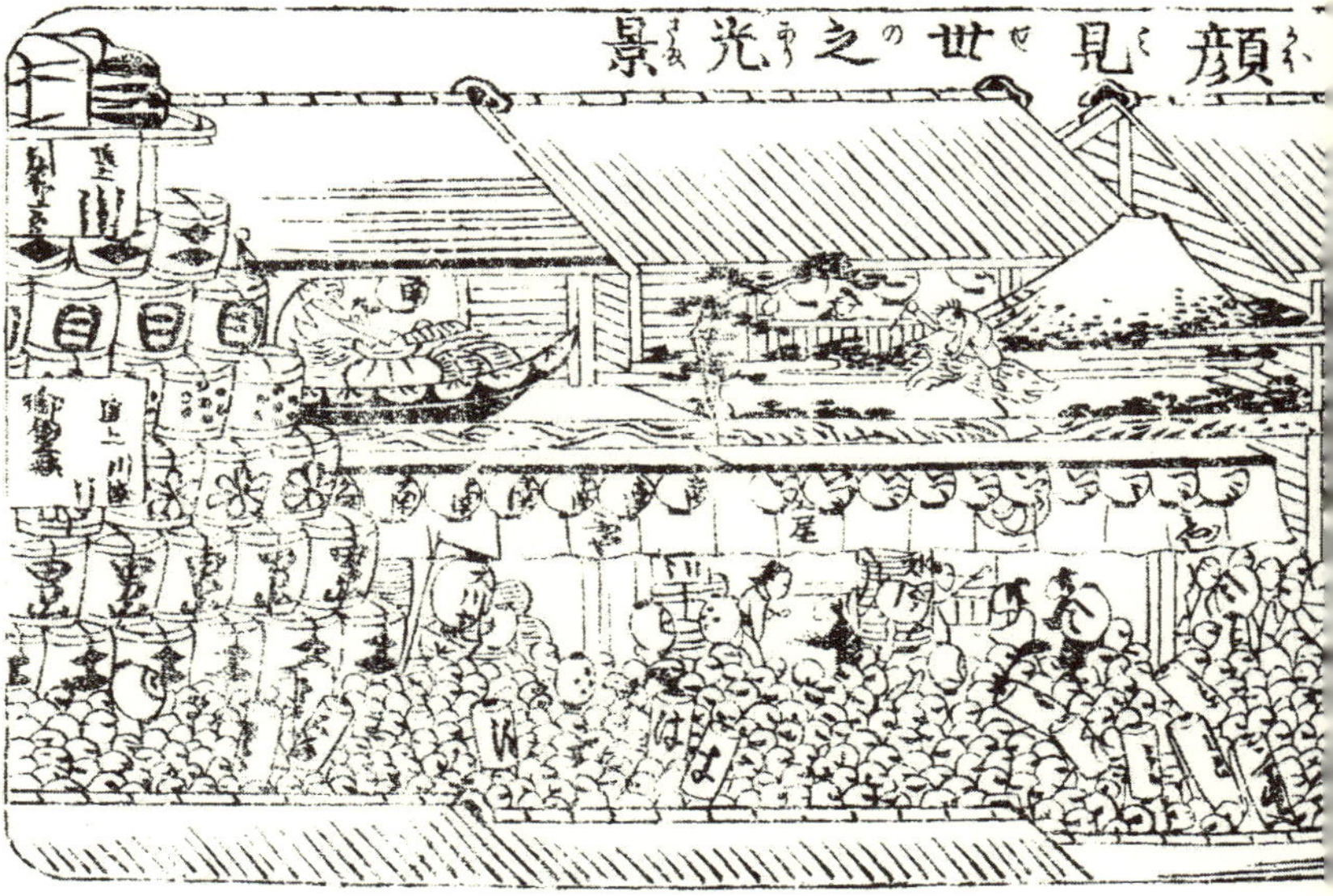

ら歌舞伎をして、芸の指南のために江戸へ下り、寛永十一甲戌年（一六三四）から常芝居を始め、踊り子五、六人で能の間狂言を簡単にしたようなものをした。役者も少し混ぜての興行なので、この又三郎を市村座の先祖とする。三座の中でも続き狂言、引幕、道具立て、切落《きりおとし》は元祖宇左衛門《うざえもん》の工夫で始まったといえる。

先祖村山又三郎の婿、村田九郎右衛門という人が名代を立て、市村宇左衛門と彦作という人と一緒に芝居を続け、この折に上方から踊り、小唄、舞、三味線の芸者などを呼んで一番ずつのはなれ狂言を勤める。（中略）「女形」を交えて狂言をすることは市村座が最初。

猿若座に続いて『戯場訓蒙図彙』から市村座の権輿、つまりは始まりの紹介だが、先祖、元祖、婿等が出て来て、いささか歯切れが悪い。「今の羽左衛門までで、すでに十一代になる」というが、その間に興行権を巡る出来事が多々あったようだ。それはともかく、元祖宇左衛門の工夫の数々や、初めて女形を交えて芝居をしたことなど、市村座の功績は大きい。

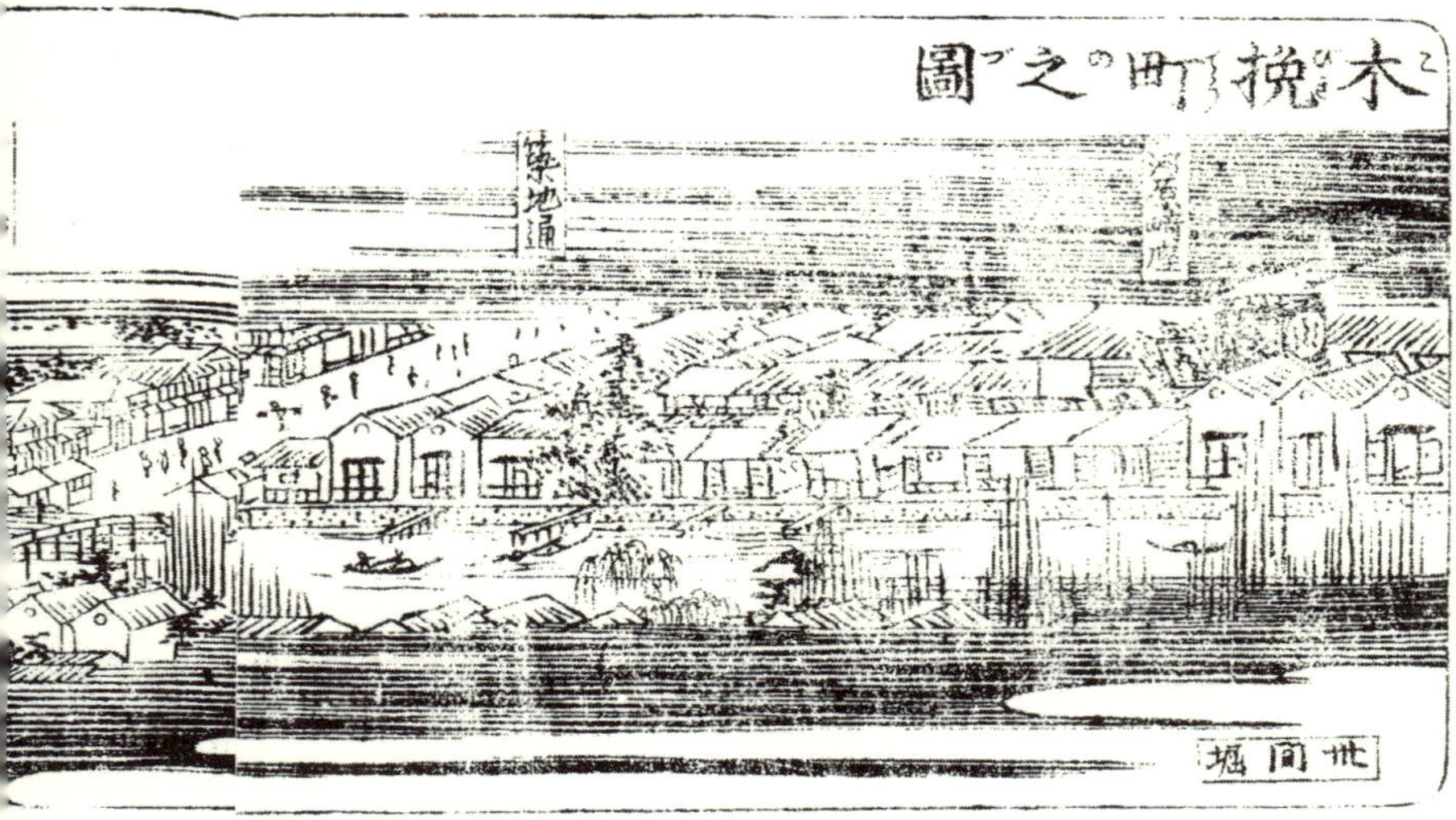

■右隅に河原崎座の櫓が見える木挽町の図。この図が描かれた時代には森田座は休座をしており、控櫓の河原崎座が櫓を上げていた

森田座の来歴《もりたざのらいれき》

森田座の始まりは、万治三子年（一六六〇）から木挽町五丁目（東銀座）で太郎兵衛という人が起こし、元祖から当年まで百四十四年になる。坂東又九郎という人の子、又七を太郎兵衛の養子にして、森田勘弥と改名、芝居興行を続ける。その後太郎兵衛から又九郎方へ座元を譲り、代々森田勘弥を名乗って興行権を引き継ぐ。杜光、残杏、賀尉から連綿として櫱花まで八代続く。

その昔、古権左衛門という人と河原崎権之助という人が芝居の興行権を巡って争い、ついに権之助が権利を握って森田座休座の間およそ十年ほど興行したが、森田座が復活したので昔のようになったと自笑《じしょう》（戯作者・八文字屋自笑）が書いている。八代目になって、天明八年（一七八八）から休座して河原崎と櫓を代わり、九年後の寛政九丁巳年（一七九七）、顔見世からまた森田座になったが、同十二申年霜月顔見世からまた河原崎が座元となり、今は河原崎が盛んだ、とある。

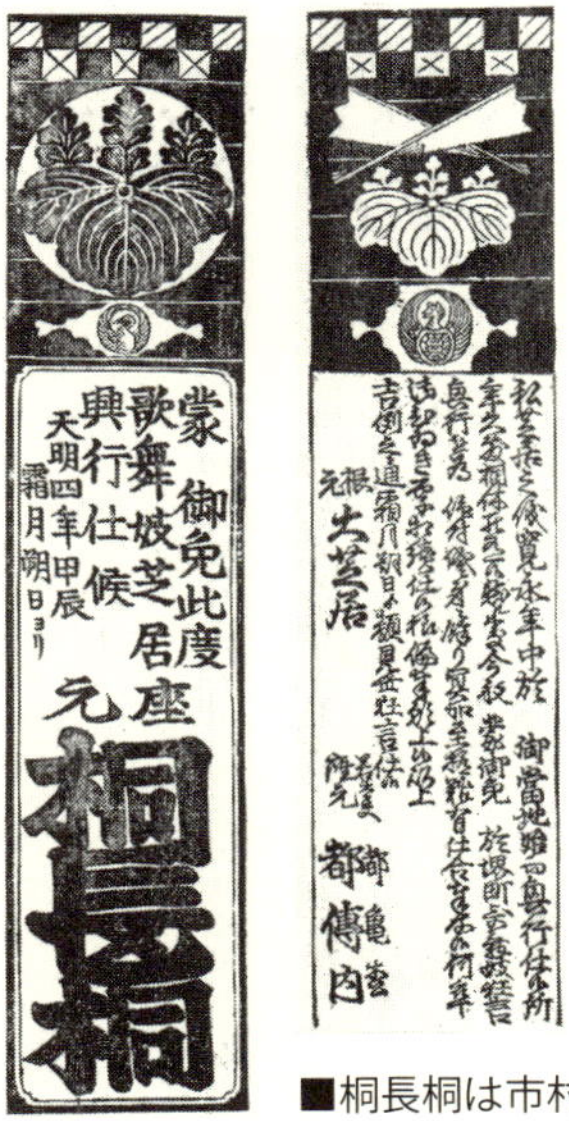

■桐長桐は市村座、都座は中村座の控櫓

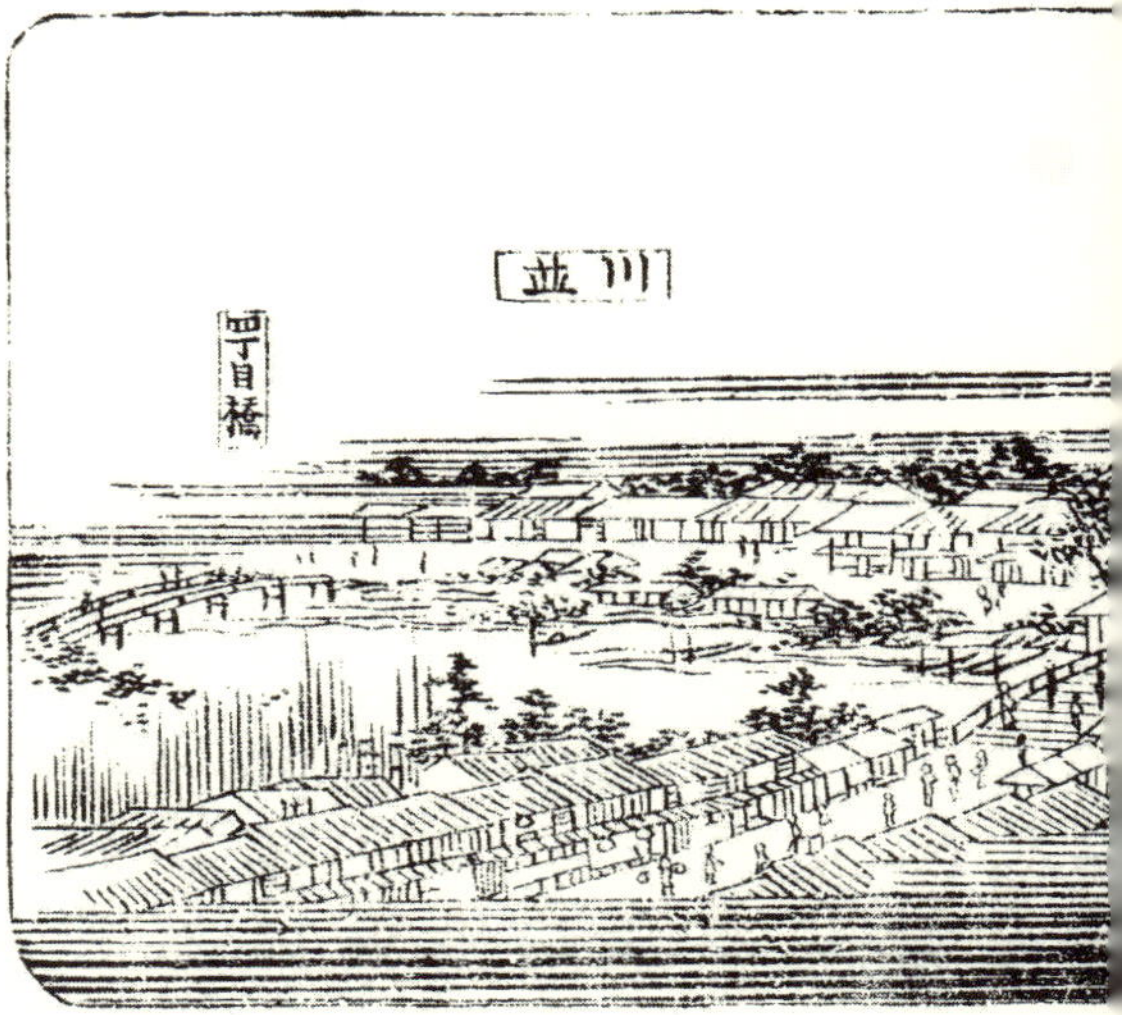

森田座は中村市村と並ぶ三座の一つだが休座続きで、猿若町に芝居町が移ったときも河原崎座が務めている。

控櫓《ひかえやぐら》

江戸三座には諸般の事情で休座した時に預かる控えの座がそれぞれ決まっていた。中村座は都座、市村座は桐座、桐長桐と称している。森田座は河原崎座で、森田座と相座になったこともあり、幕末に隆盛を極めている。

それぞれの控櫓にもそれなりの歴史があり、中村座の控櫓とされる都座は都伝内という方下《ほうか》役が元祖とされている。方下（放下）とは歌舞伎様のことをしたり、手妻とも手品ともいわれる技をやる人達で、僧形が多かったが、江戸期には一座を組み、空き地などで興行もした。

河原崎座はもと能芝居という。元祖は京都に住んだ瓦崎という能太夫で、江戸に下って芝居を始める時に瓦と河原は訓が同じなので改めたという。幕末の権之助で六代目。

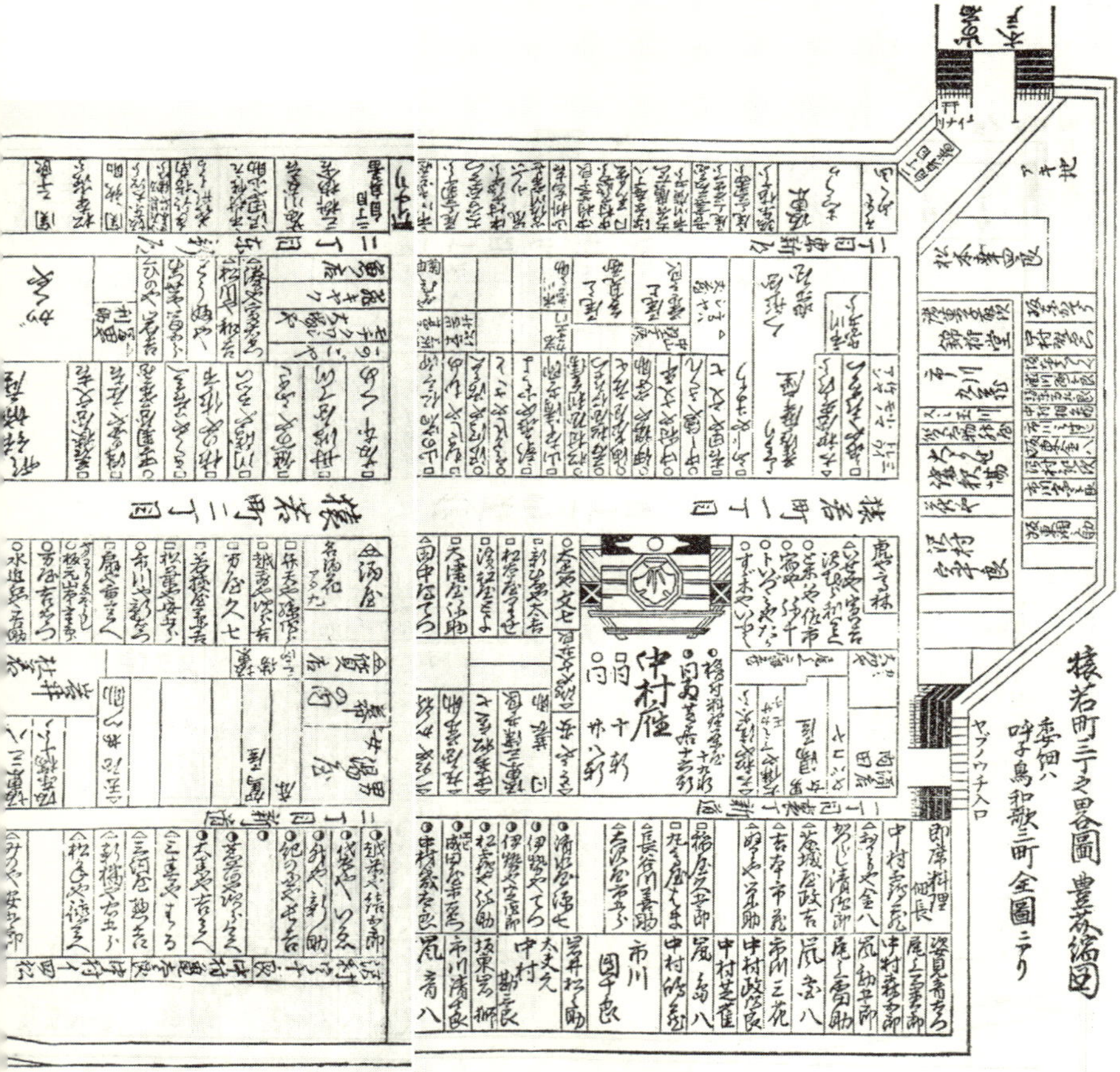

猿若町

さるわかちょう

江戸時代の終わりに吹き荒れた奢《しゃ》侈《し》禁止の政策、いわゆる天保の改革のあおりを受けて芝居の世界にも激震が走る。役者が一般人と同じ地域に住むことを好まなかった幕府が、三座の芝居を一郭に集めることにした。天保十二年（一八四一）十二月晦日に町奉行所に芝居関係者の呼び出しがあり、三座とも浅草へ移ることを命じられる。

場所は観音様の斜め後ろ。そこは小出信濃守《こいでしなののかみ》下屋敷の跡地で、江戸芝居の元祖である猿若勘三郎の由緒により、猿若町と呼ばれるようになる。この町の一丁目に中村座、二丁目に市村座、三丁目に森田座（控えの河原崎座）が移されることになった。

　移転は天保十三年四月から。同年六月には海老蔵がその暮し向きが派手なので、江戸十里四方追放を申し付けられている。なおこの跡地には池があり、埋め立てられたが、その頃の川柳に「古池へ歌舞伎飛込水の音」というのがある。

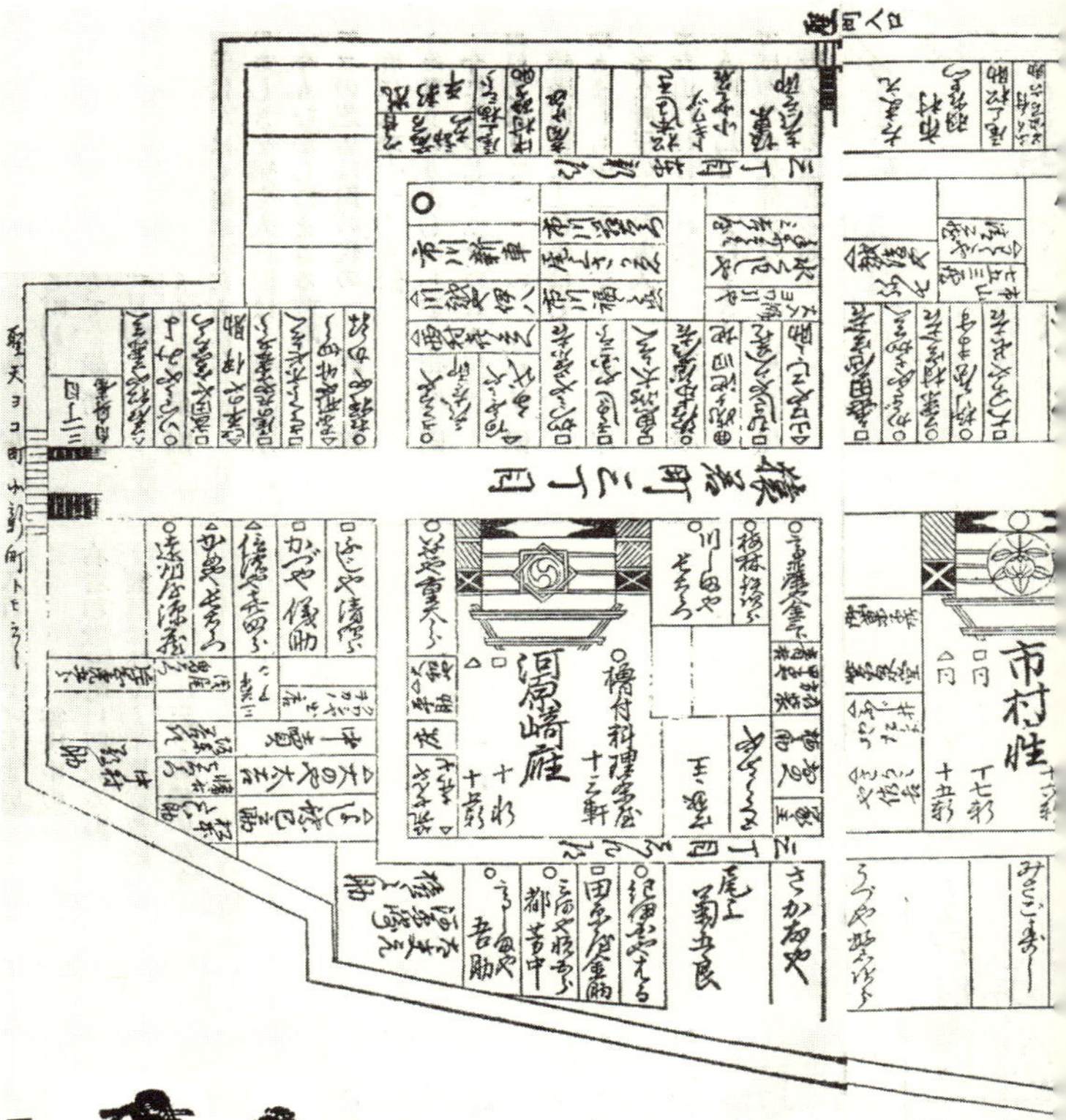

■弘化四年（一八四七）の猿若町の地図。天保の改革で江戸芝居三座はすべて猿若町に引き移り、芝居茶屋も同様に移った。役者も他の町に住むことは認められず、三座のある猿若町に居住することを義務付けられていた。印付きは茶屋、無印は役者宅（歌舞妓年代記）

■おさんどんをつれて芝居見物に来たらしい店のおかみさん。粋筋のご婦人方も芝居には目がない（客者評判記）

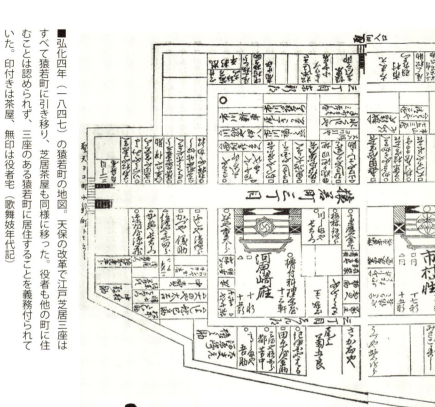

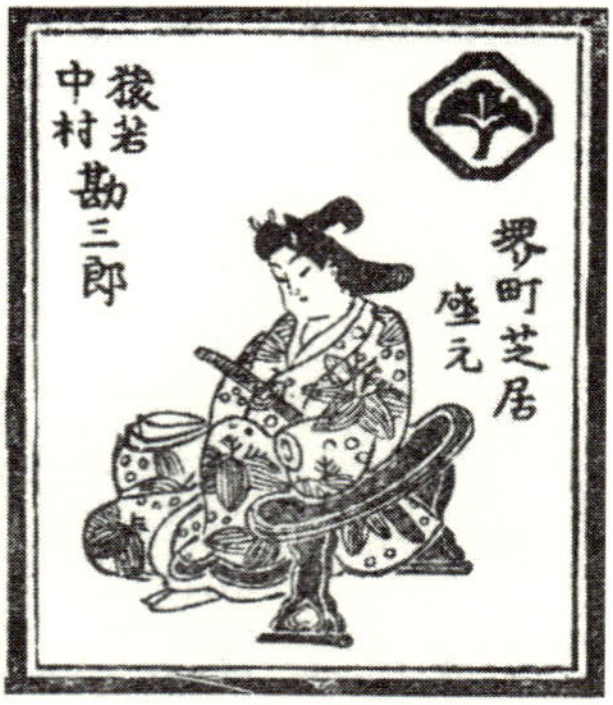

■江戸三座の座元の絵姿。堺町芝居座元、猿若中村勘三郎（歌舞妓年代記）

■江戸三座の座元の絵姿。木挽町芝居座元、森田勘弥（歌舞妓年代記）

■江戸三座の座元、葺屋町芝居市村竹之丞（歌舞妓年代記）

座元・名代・座頭《ざもと・なだい・ざがしら》

座元は江戸では櫓を上げることを幕府から許された者のことで、中村勘三郎、市村羽左衛門、森田勘弥のことをいう。これらの名は代々引き継がれ、芝居の小屋を持ち、興行することを公に認められた家ということになる。

小屋正面の櫓にはその座元の紋が掲げられる。中村座は八角の縁に銀杏。市村座は丸に橘。森田座は多角形に酢漿草《かたばみ》。

京坂では興行主を名代、あるいは櫓主ともいう。江戸では興行権を持つ三家が実際の運営を仕切ったが、京坂では世襲制ではなく、金を持っ

■代々の團十郎も中村仲蔵も座頭を務める名優。右図は天明六年（一七八六）の顔見世で、初代仲蔵、秦の始皇帝の姿で暫のうけ。市川五代目團十郎の暫。得意の演目を名優仲蔵とした白猿は隠居を考えていたか。どちらにしても語り継がれる名場面（歌舞伎年代記）

た人が芝居の興行を行う時に櫓が許された名義人からその権利を金を出して使わせてもらう仕組み。

盲人の位と同表記の座頭は、ざがしら。座の中心的な役者で、名門から出ることが多く、市川團十郎の名を持てば当然のように座頭になった。名門の出ではなく、芝居功者で座頭になった代表例が初代の中村仲蔵。

芝居の一年が始まる顔見世は、初日、二日、三日と、能からきた『三番叟』で祝うのが吉例で、座元が翁、座頭が三番叟に扮して舞う。

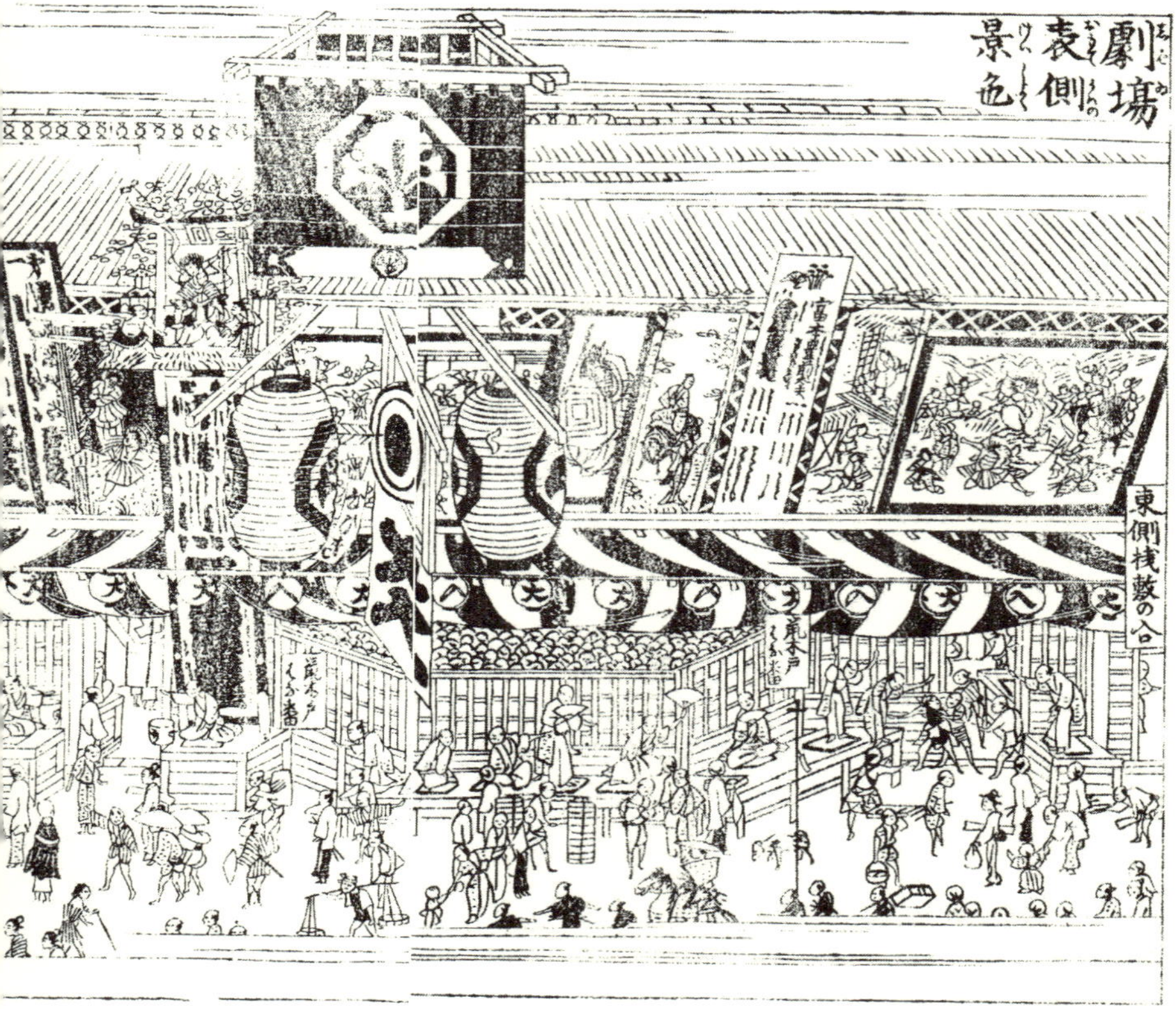

櫓

やぐら

櫓は一つの格式で、櫓を上げる、櫓を再興するというように芝居興行の権利の証で、太鼓を打つためとして許されたもの。その座の象徴として貴ばれたもので、猿若勘三郎が芝居興行を願い出た時、夢の中で富士山の頂上から鶴が山折敷に銀杏を載せて口にくわえ、家に舞い込んだので、これはよい夢を見たというので櫓の正面には紺地に角切角に銀杏をくわえた鶴の紋を掲げたという。ちなみにこの紋は、その後徳川家に鶴姫が誕生したので変えている。

式亭三馬の言葉を借りて作りや太鼓の打ち様を紹介すると、櫓は芝居小屋の表の屋根の上に床を設け、座

■京坂の小屋では江戸とは異なり、幕末まで櫓で太鼓をたたいた。したがって太鼓の上げ下げや、人の上り下りに梯子が常に用意されていた。江戸ではお城の太鼓と紛らわしいというので、櫓太鼓は控えて舞台や楽屋でたたいたりした（戯場楽屋図絵）

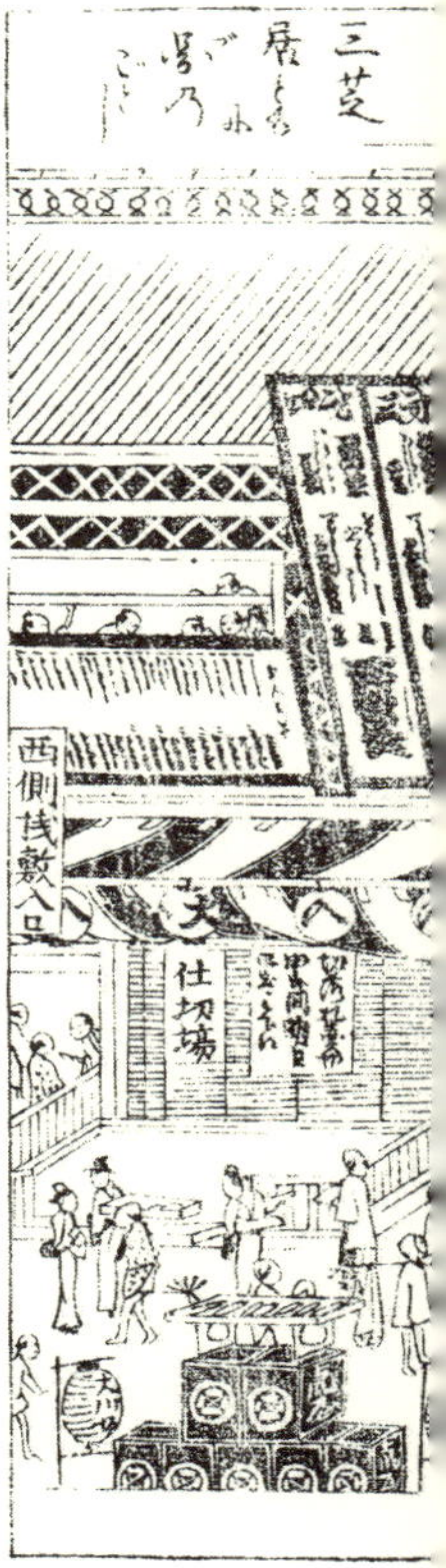

■劇場表側景色。三座とも似たような趣で、まず中央にあるのがその座の権威を示した櫓。櫓の正面には必ず座元の紋を付ける。この図は銀杏が見える中村座の正面。この櫓を上げる、控櫓に貸す、再興するなど、江戸の芝居にとって櫓は欠かせないものだった

元の定紋を染めた幕を掛ける。幕の正面は定紋、左右には丸の中に狂言尽と書き、左右の割書きに座元の名をひらがなで書く。

　櫓下には板三枚を合わせて掲げ、中央には座元の名、左右にはその時出ている女形の名を書く。

　櫓太鼓には決まりがある。正月元日、霜月朔日には囃し方の者が未明に起き出し、麻裃で櫓に上がり太鼓を打つことは昔からのしきたり。

　打ち方にも伝統と秘伝がある。楽屋で朝早くから打つには太鼓の縁から打ち始め、段々に中を打つ。これに反して大切り打ち出しの打ち方は中心から打ち出して縁で打ち止めにする。これは中に客を呼ぶことと客を送り出す理屈。

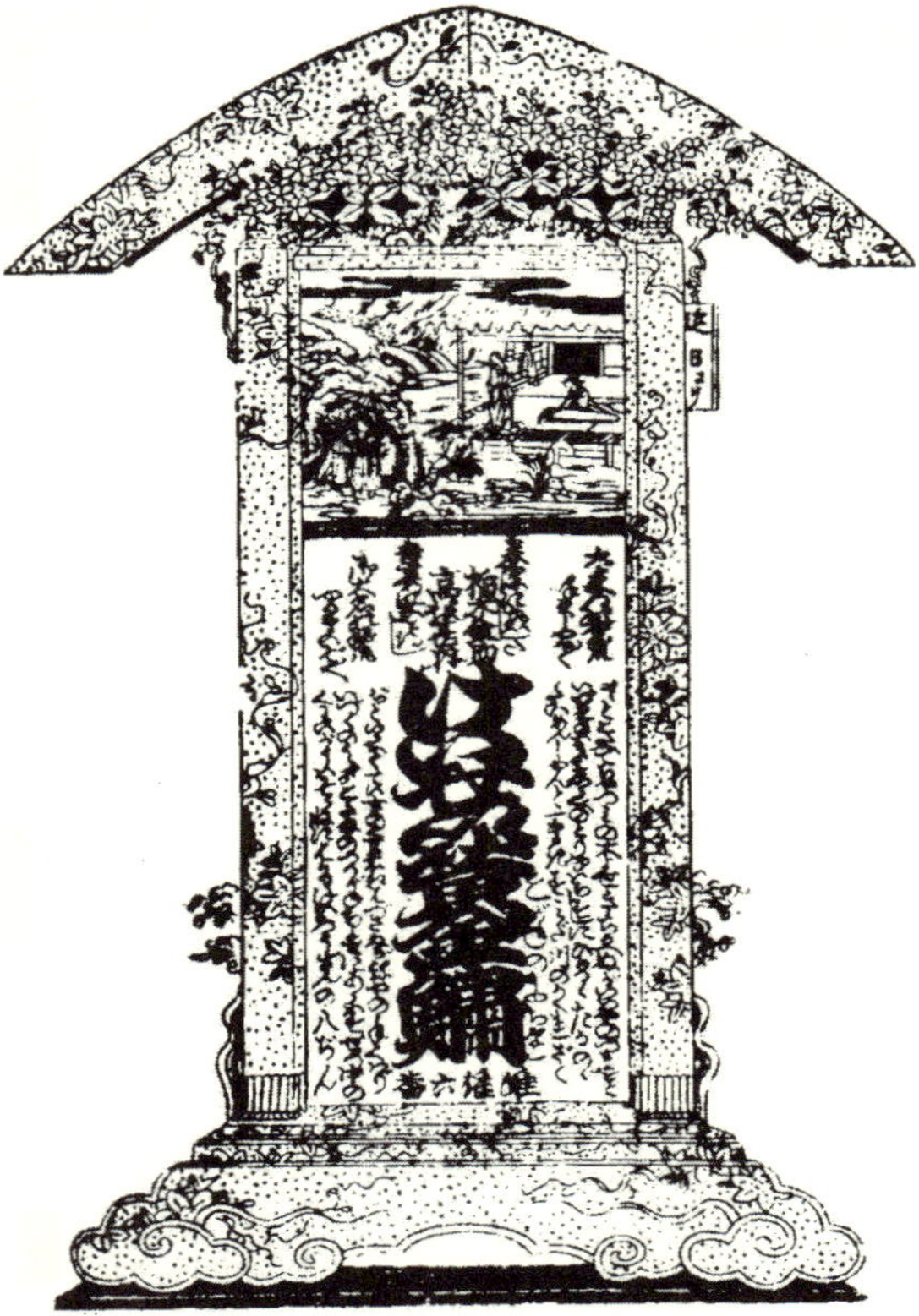

■外題看板。これは京坂のもので芸題看板とも、一枚看板ともいう。江戸ではこれを名題看板という。すっきりした江戸看板に比べると、たいそう賑やかに飾りつけがある（戯場楽屋図絵）

■千軒幟。京坂の戯場では初日から十日間の枡が千いくつ売れたと表の外題看板の前に立てた。数字の末尾にある「軒」は桟敷の枡のこと（戯場楽屋図絵）

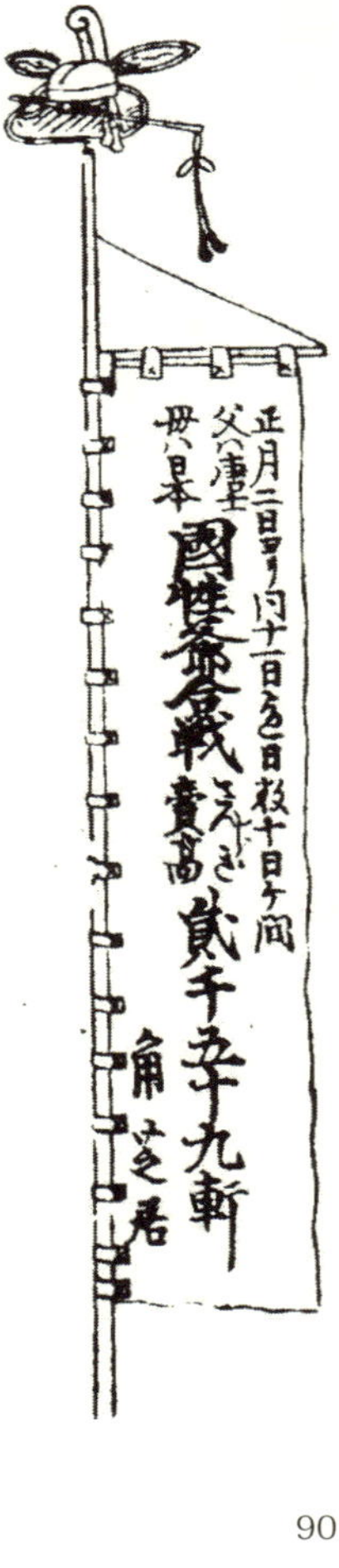

■京坂の芝居小屋ではこうしたものも小屋の入口に飾った。芝居とは賑やかなものだから、景気をつけるためか（戯場楽屋図絵）

■芝居の題名や役者の姿絵が描かれた江戸の名題看板。右頁の京坂のものと比べて造りに装飾はない（守貞謾稿）

看板
かんばん

式亭三馬の『戯場粋言幕の外』に芝居看板にまつわる件《くだり》がある。看板を見ながら、きいたふう（通ぶった男）が連れに講釈を垂れる。「見給え、大名題の上に、鶴が銀杏をくわえているのがここのお芝居じゃ。理屈があることだ。それ、小名題を俗に四枚という。ここの大きな看板を櫓下といって、中頭《ちゅうがしら》まで書く。あちらの大きな看板が通しといって、中役者まで残らず出してある。これにも数の多少に訳があるものだ。あの霜月朔日《しもつきさくじつ》よりと書いた紙の下げ札が日びら。こっちの細い看板が袖看板とも三尺ともいう。道成寺や七変化の時、切り抜きにして櫓の下に出すのが釣看板とも、まねきともいう」。

事情通にあれこれいわれなくても、至れり尽くせりの看板を見渡せば、どんな役者が何

■役者の紋を付けた京坂の招き看板（戯場楽屋図絵）

を演じているかが分かる仕掛けになっているが、以下かいつまんでご紹介。

◆**名題看板**　一日一芝居の題名を勘亭流《かんていりゅう》で書き、屋上に出す。文字の上に座の主用役者の役割姿がある。

◆**小名題看板**　狂言の解説を絵などで見せ、屋上に飾る。

◆**櫓下看板**　役者の役と狂言の筋を見せる看板で、櫓の下に掲げたもの。

◆**役割看板**　役者の役割を書き、木戸側に置く。

◆**翁看板**　通例は仕切場に置く。

◆**袖看板**　顔見世狂言などに暫《しばらく》があると、大名題の脇にシテと「請」を独り立ちで書いたもので、屋上に飾る。

◆**だんまり看板**　屋上に飾るもので、だんまりの絵組。

◆**招き看板**　所作事などを人形を切り抜いて見せるもので、櫓の所へ出す。

◆**紋看板**　紋と役者の名を書いたもの。

◆**庵看板**　大坂から新しく下った役者の紋と名などを書いたもので、上に屋根がついている。このほかにも浄瑠璃看板、大詰看板、二番目看板、口上看板などがある。

■櫓と紋看板が見える図。役者の顔ぶれは芝居の人気を左右するため櫓下に大きく掲げる（客者評判記）

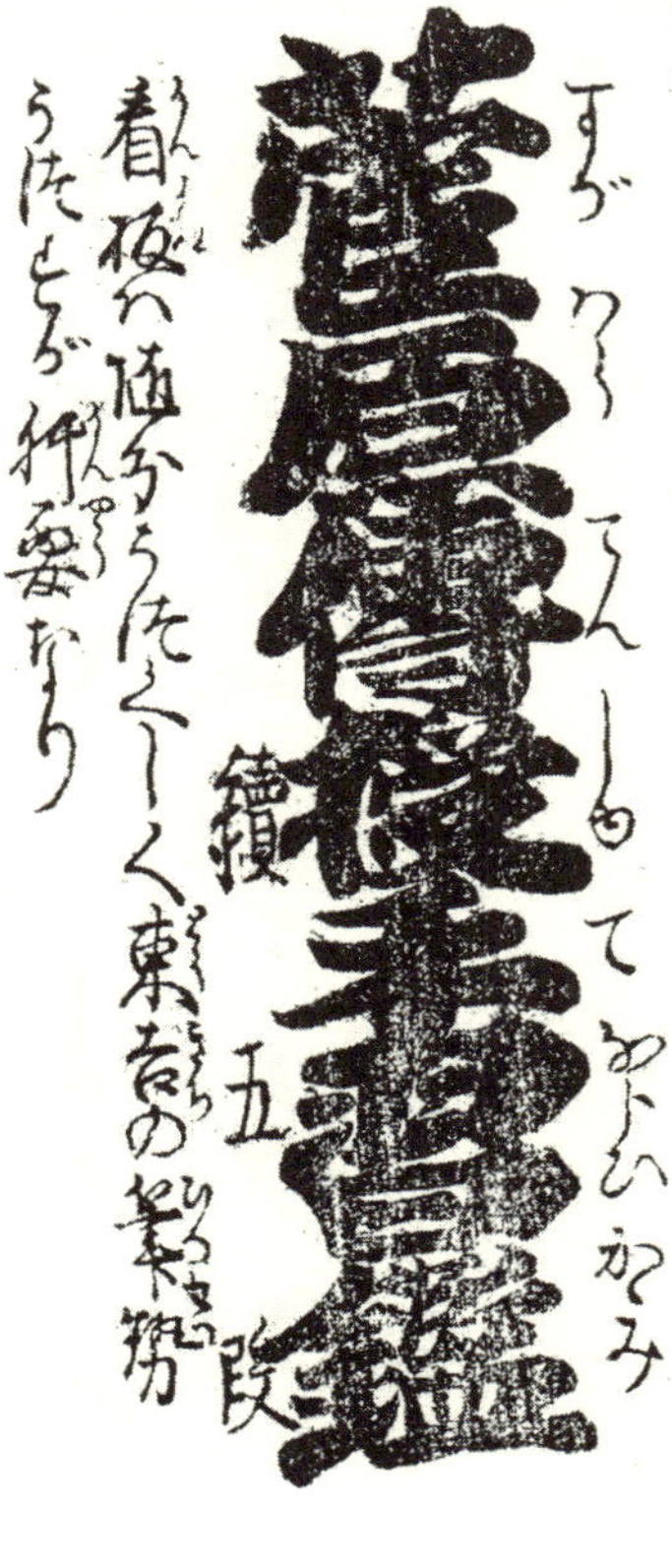

■戯場節用集にある勘亭流の文字の書き方。実際はもう少し丸味がある

勘亭流《かんていりゅう》

芝居の看板や番附、正本《しょうほん》（台本）の表紙などに使われる文字の書きよう、書体のこと。丸みがかった文字で、内へ入るように縁起よく書く。安永年間（一七七二～八〇）に江戸の書家岡崎屋勘六が中村座の狂言名題を書いたのが始まり。江戸の芝居の文字はすべてこの流れの人が書いたもので、この書き方を代々継ぐ家によって書かれ、今も継承されている。

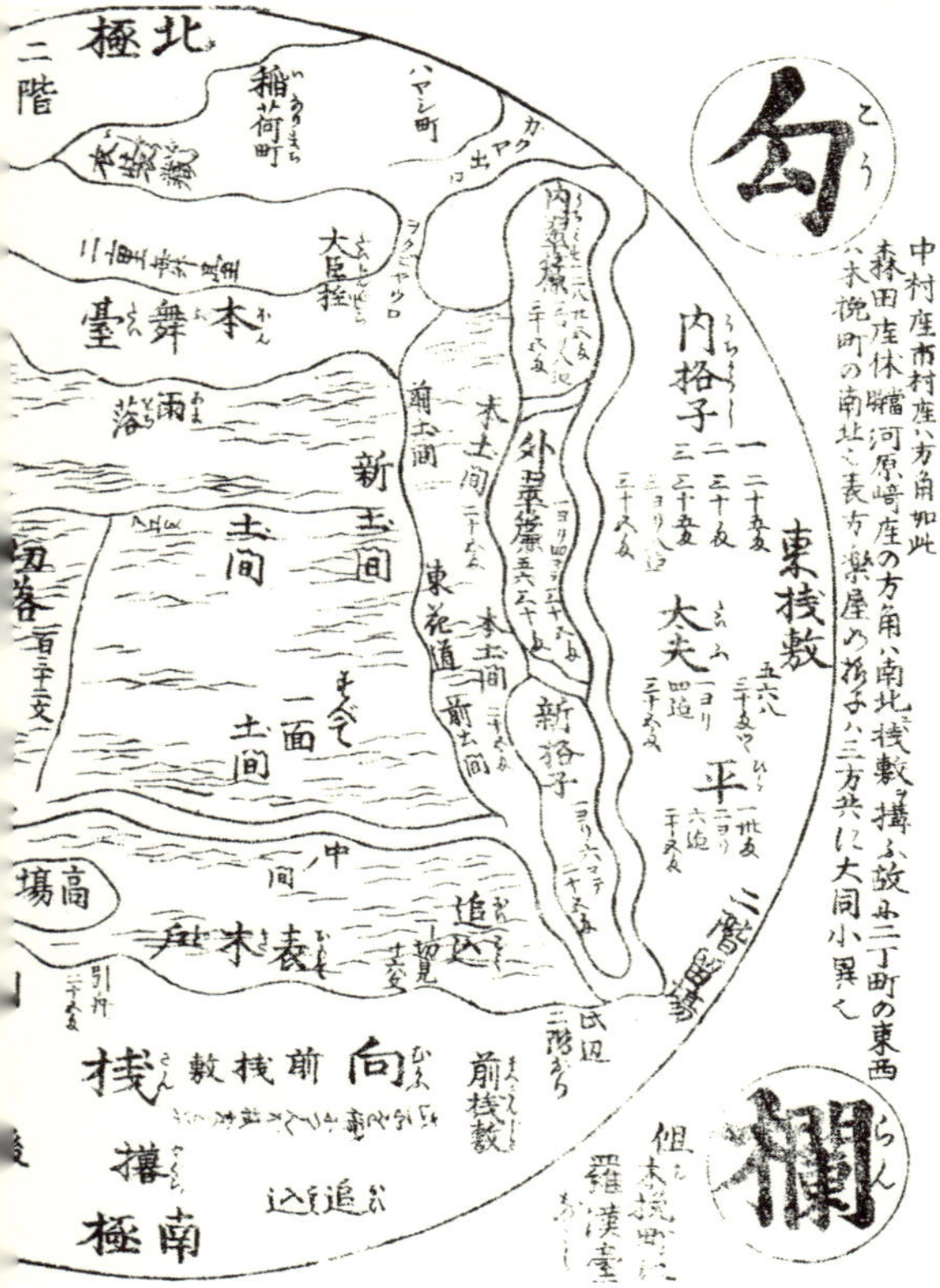

■戯場の様子を地球に見立てた勾欄全図。舞台の正面に土間があり、両脇には桟敷がある。土間の後ろには舞台正面とはいえ、役者の声さえ届かない桟敷もある

勾欄全図《こうらんぜんず》

「勾欄」とは宋の時代の中国にあった戯場のことで、上の図は芝居見物の場所を地図の描きようを真似て芝居小屋の中の様子を絵にしたもの。傍らに、桟敷の定価を書いておくとあり、東の桟敷の内格子、一、二十五匁。二、三十匁。三から八まで三十五匁。太夫と呼ばれる所は一から四までが三十五匁。五、六、八が三十匁。平《ひら》の一が三十匁、二から六が二十五匁。

定価と書いて「さだめねだん」と仮名を振り、大入りだと値段は上がるとしている。また、二十年前には一面に切落《きりおとし》と名付けられた場所があったが、大方は土間になり、切落はわずかに花道の脇にある。

中村座、市村座は図の通りだが、休んでいる木挽町の森田座や控櫓の

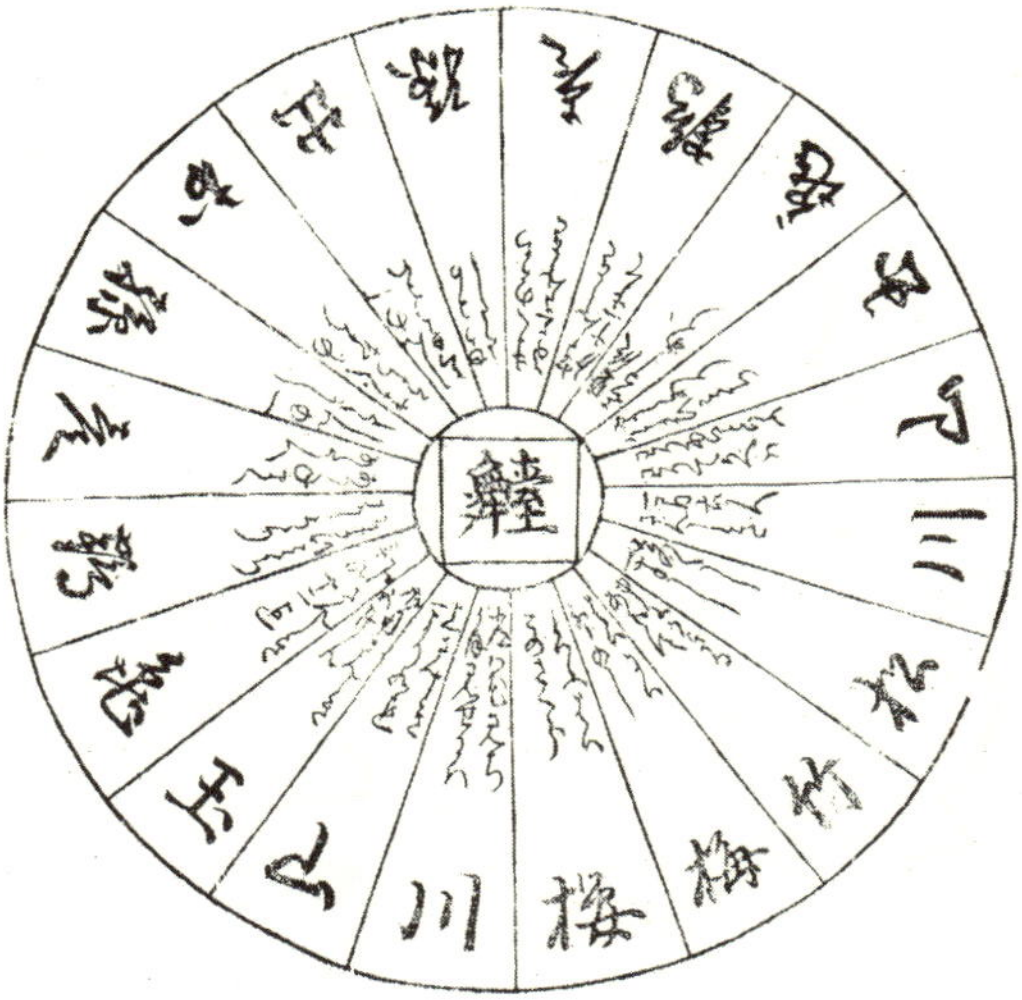

■場仕切図とある。まさか舞台の後ろに桟敷はないので、遊び心で仕切りを考えたか。松竹梅からの名称は実在。客がどこの茶屋から入ったかを記しておく（戯場節用集）

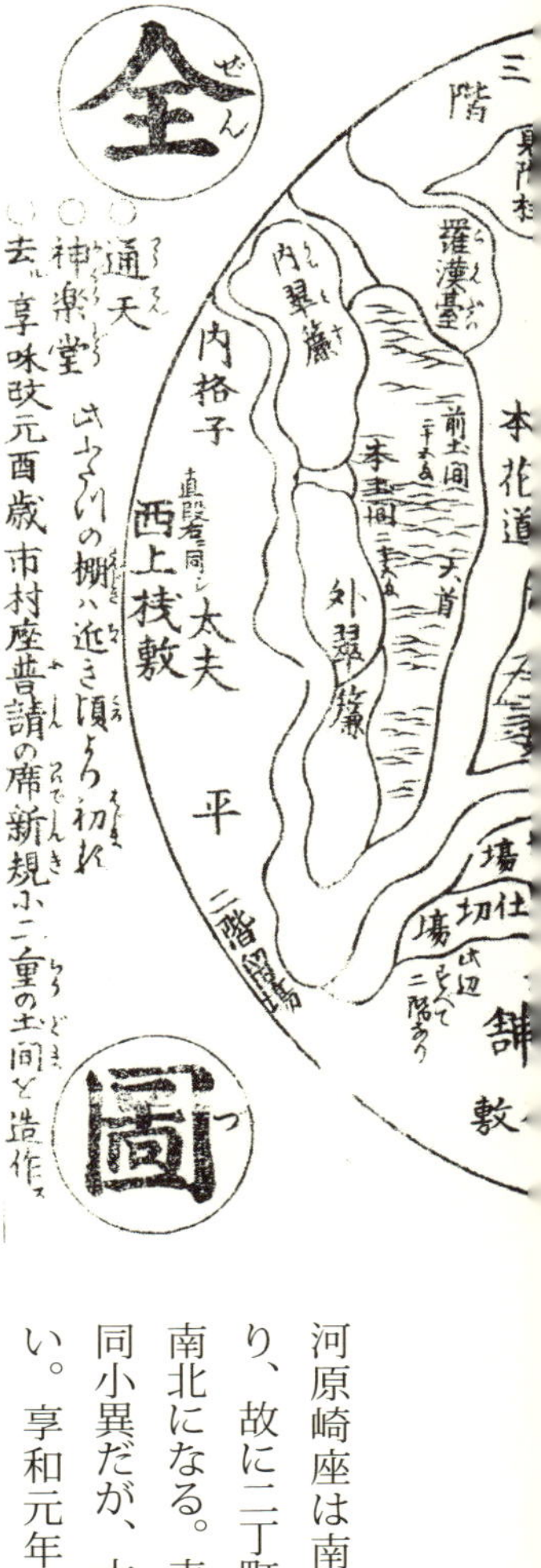

■役者気取り。役者のような身なりをして、役者のようなしゃべり方をする。小僧にからかわれ、女に笑われるそんな役だが人気は高い（役者評判記）

河原崎座は南北に桟敷が構えてあり、故に二丁町の東西は木挽町では南北になる。表方、楽屋の様子は大同小異だが、木挽町には羅漢堂《らかんどう》はない。享和元年（一八〇一）、市村座普請の時から新規に二重土間ができた、とある。

■鼠木戸端番。鼠木戸から入って来る客の枡を示し、どこの茶屋からの見物かをいちいち改める。鼠木戸という言葉は京坂から出た言葉ではないかと式亭三馬はいう

■葺屋町市村座、鼠木戸の格子。市村座の格子は網の目ようだと式亭三馬はいっている

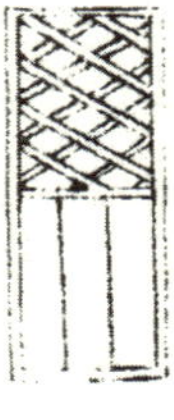

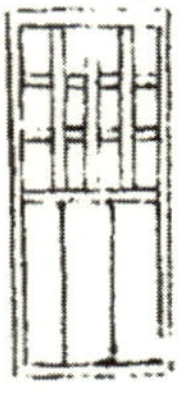

■鼠木戸の格子には違いがある。上図は縦の格子で、中村座と森田座の控櫓、河原崎座のもの。森田座は菱形に組んでいる

鼠木戸・仕切場

ねずみきど・しきりば

◆**鼠木戸**　江戸の芝居場の入口は四か所あるが、木戸番の左右にある小さな入口を鼠木戸口という。そのいわれは芝居場に入る時、人は背をかがめて鼠の穴に入るようだからだ。一説に不寝見《ねずみ》城門ともいう。木戸の入口には案内役の端番《はなばん》がいて、一日交代で役を務めた。

この鼠木戸の格子は座によって違

いがある。中村座、河原崎座は右図のように縦の格子。市村座は網の目のようになっている。木挽町の森田座は、享和二年（一八〇二）の冬に普請をしてから菱形に組むようになった。

◆仕切場　芝居一切の勘定方といったところで、小屋の正面から見て、鼠木戸の左の方にある縁側に簾が掛っているところをいう。入場券に当たる切落札はここで売る。あるいは、切落売り切れの札はここに出る。

曽我祭りの時季には、仕切場入口に御祭礼の大幟を立てて、飾り物の提灯や、語呂合《ごろあわせ》の洒落た文句を絵にした絵行灯《えあんどん》が表と裏にたくさん吊るされる。

■左が仕切場、右に曽我両社の神輿が祭られている。切落という安い一番前の場所はここで札を買う。また芝居一切の勘定もここで引き受けているので、いわば芝居小屋の総会計場所

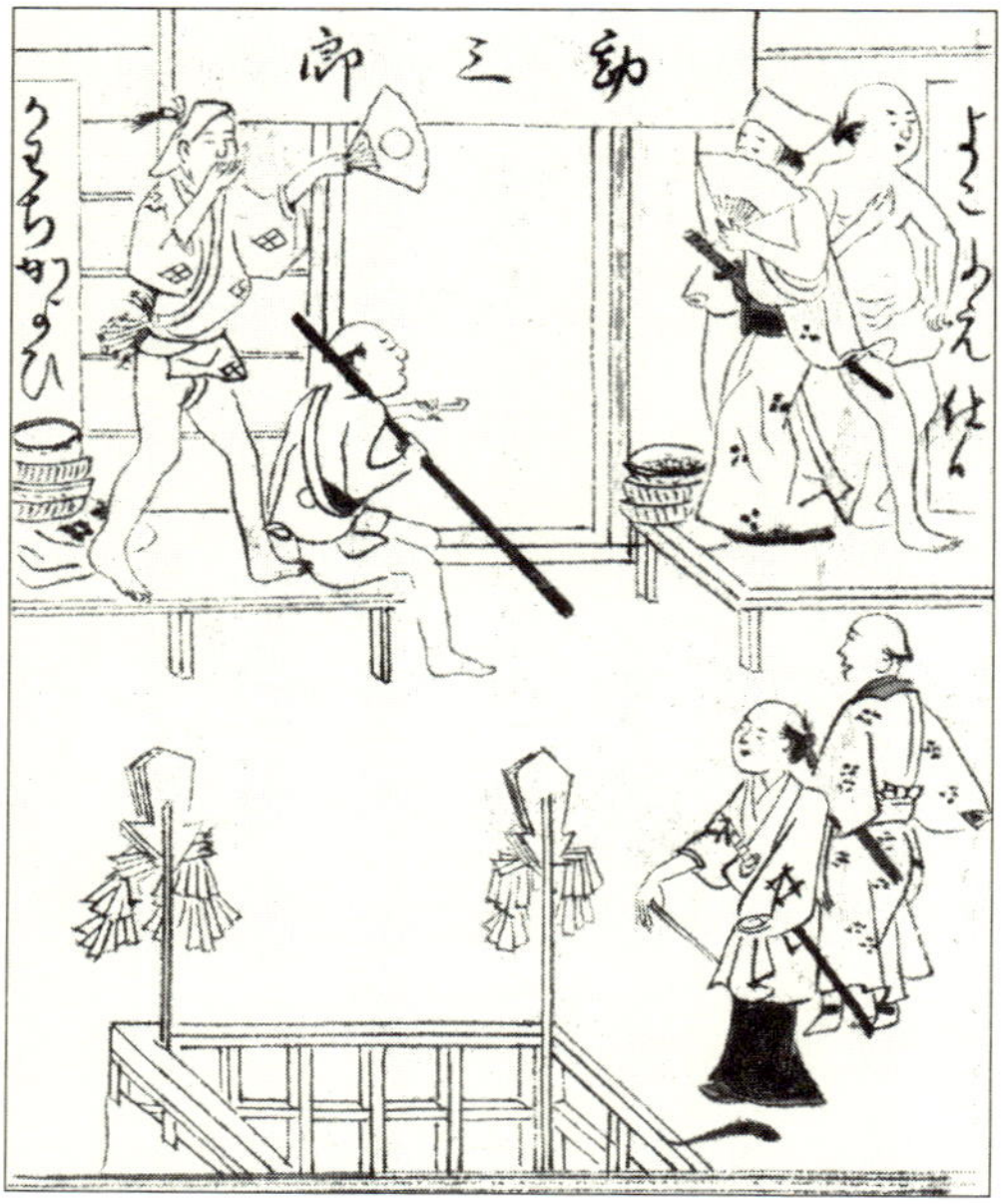

■寛文延宝（一六六一～八〇）頃の芝居小屋入口の図。入口の幕に勘三郎とあるので、中村座と思われる（守貞謾稿）

■芝居好きの姿。隣の芝居の幕間にこちらの幕を見ようというのだから、これはもう大変な芝居好き（客者評判記）

札・木戸銭《ふだ・きどせん》

芝居に限らず、相撲や見世物の見物に要る入場料が木戸口で払う木戸銭。

銭と引き換えに木札か紙札が渡され、小屋を出るまで持っていなければならなかった。ただしこうした札は、下等な場所で見る人達が手にしたもので、仕切場で売っていた切落の札などをいう。

商家などで芝居見物といえば、通常前日までには芝居茶屋にいいつけておく。当日は早朝から出掛けて行って自分の見物場所を確かめ、悪ければ気に入った場所に変えさせて決める。こうした見物は札を持っていない。あるいは、芝居の関係者の客も札は持たない。

芝居好きに限らず、ちょっとした商人の家にはいつも使う芝居茶屋があり、見物の時は場所を取らせるだけでなく、食事など一切の世話を見させることになる。

見物場所には桟敷番《さじきばん》がいて、どこの茶屋がどの場所を客に用意しているかを常に確認して、無銭入場を防ぐ。不届き者が札も持たずに役者の知り合いの体で潜り込もうとしても、桟敷番につまみ出されるのがオチ。

■観劇の手配を前もってする芝居茶屋

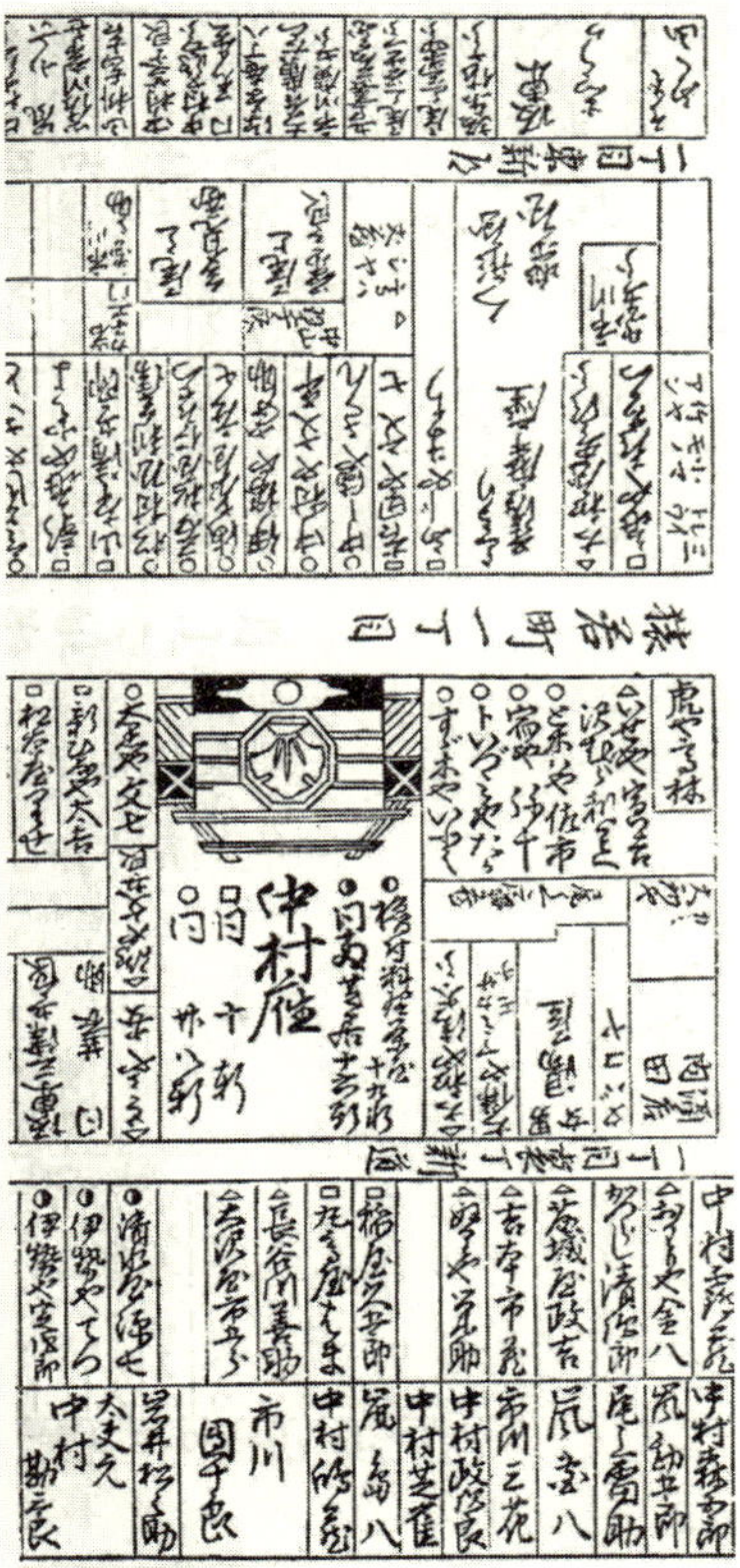

■猿若町一丁目の中村座界隈。大通りを挟んで芝居茶屋が軒を連ねる。○□など、印付きが皆茶屋で、無印は役者の住まい。図の左下隅に座元、中村勘三郎の名が見える（歌舞妓年代記）

■桟敷をはる人。これは芝居見物より客の女の品定めに余念がない御仁のことで、あれはまだ青いの、顔が長過ぎるのと御託を並べている（客者評判記）

■贔屓伏して地理を察する図と題が付くが、これは客の入りを記録する「びら」。一枡六人が定員なら、三人でいれば後三人入れ込まれる。そこで三人分を追加すると、この紙に丸を書く。三人で六人分を払ってゆっくり見るのを「まるで見る」という

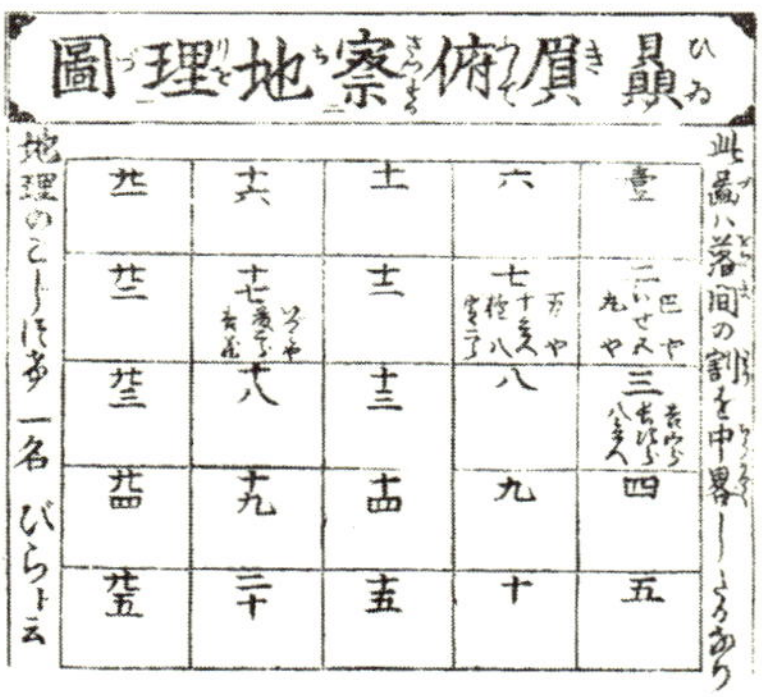

見物場所の色々

けんぶつばしょのいろいろ

芝居小屋には舞台を中心に様々な見物場所があり、それぞれ名前が付いている。舞台の見やすさや席の塩《あん》梅《ばい》で観劇料が異なるのは当今と同じ。

場内には桟敷番《さじきばん》がいて、上図のような「びら」を持ち、客が茶屋の手配通りの場所にいるか、桟敷が正しく使われているかをいちいち確認する。桟敷番は、どこの茶屋の客はここ、あちらの見物はここの茶屋とびらを見ながら、割込といって相席にできる桟敷の空きなども調べる。

◆**桟敷**　舞台に向かって左右の一段高い所に設けた見物しやすい場所が桟敷。たいがいは茶屋からの客が占

■「うれしい場を見る見物の体」。泣いているご婦人もいれば、絵本番附に夢中の子供もいる。うれしい場だから悲しかろうが、茶屋の男はのんきなもので、芝居とは関係なく注文を取りに来る。手前が西の高土間で、その後ろの一段高くなっている所が通称鶉。役者の出入りが見える（客者評判記）

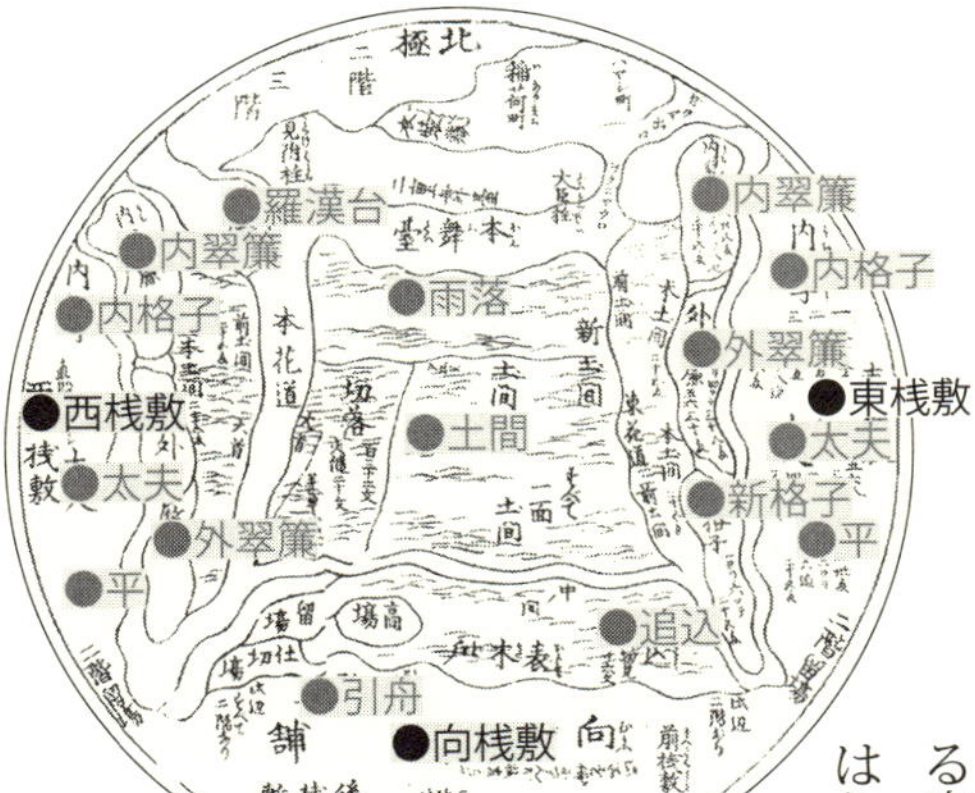

有したが、桟敷番が通行人を引っ張り込み、木戸銭を猫ばばすることもあったようだ。舞台に向かって右側を東桟敷、左側を西桟敷、正面を向桟敷といったが、時代や芝居小屋によって桟敷の位置や名称も変わっている。桟敷には桟敷の女性を物色する客もいて、桟敷はりと呼ばれた。

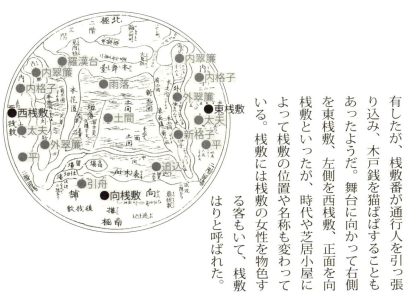

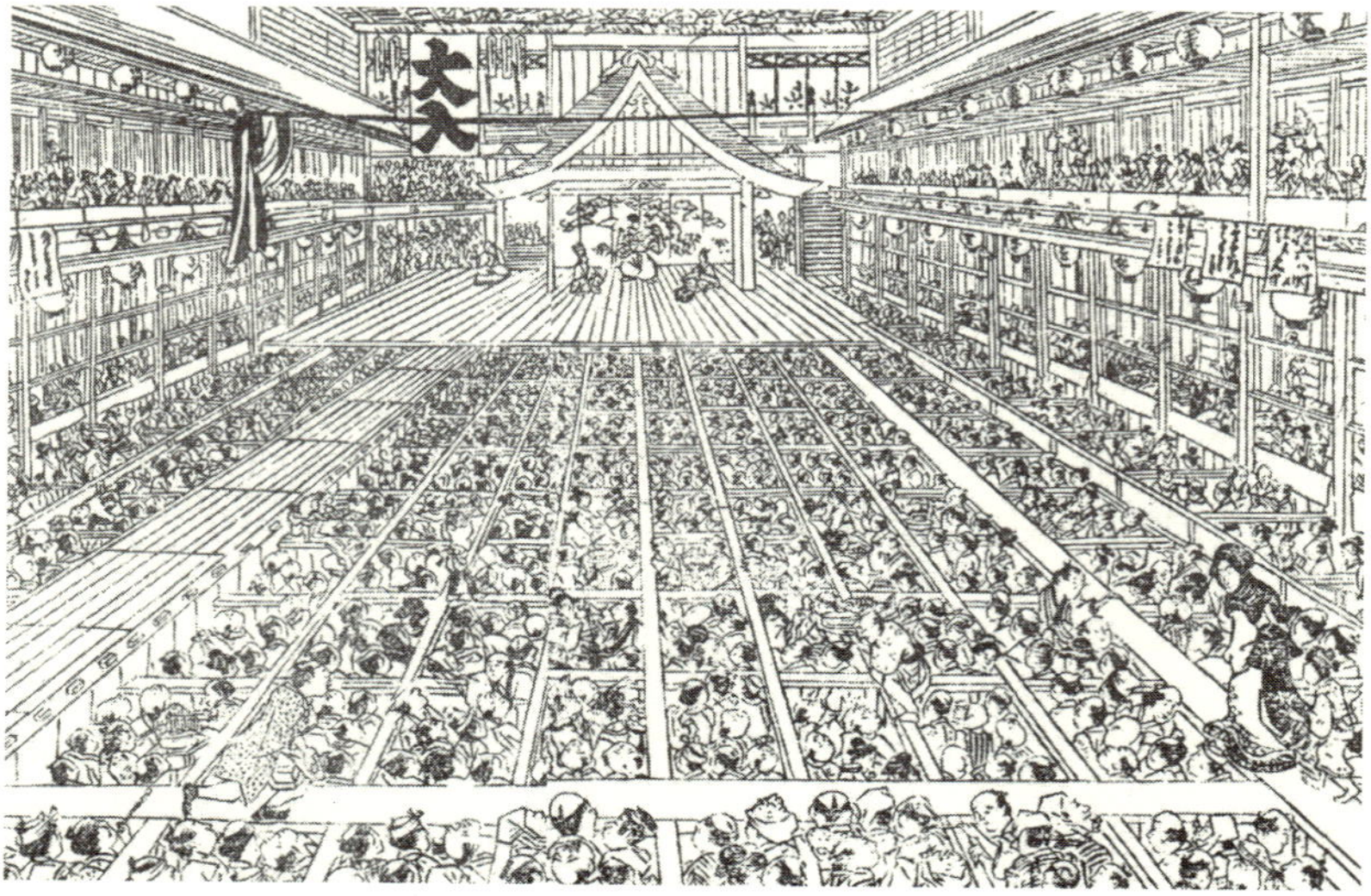

■江戸時代初期の芝居小屋内部。正面には能舞台を設えた本舞台が見える。左右が桟敷、中央の低い部分が土間（歌舞妓年代記）

◆土間　舞台正面のもっとも広い所が土間。平土間《ひらどま》とも、略して平ともいった。土間は馬塞《ませ》という細い丸太が渡されて四角く区切られた区画がいくつもある。一区画、一桝は小屋や時代で異なるが、四人から六人を定員とした。土間の中でも格が落ちるのが雨落《あまおち》という場所。

◆雨落　本舞台の前の土間、かぶりつき。ここは本当の水、「本水」を実際に使う芝居で、その水を落とす所なのだが、本水を使わない時は板を敷き、ここにも見物を入れる。江戸中期でなくなったようだが、土間の一部に切落《きりおとし》といって見物を詰め込んだ最下等の場所があった。

◆羅漢台《らかんだい》　本舞台の下手奥にあり、舞台の上に張り出したような場所で、土間から見るとそこの見物客は羅漢様が並んだように見えるのでこう呼んだ。この外、神楽堂、通天などと呼ぶ所もあって、それぞれ舞台に張り出すようになった見物場所。通天は京都東福寺にある橋の名で上から舞台の紅葉が見られるところからの名。神楽堂は形からこう呼ばれる。

◆引舟《ひきふね》　舞台の正面にある向桟敷の前通りに張り出して

■向桟敷でぬれ事場を見る体。舞台に相対している桟敷で、初期にはここで船を引いたところから引舟などの名がある（客者評判記）

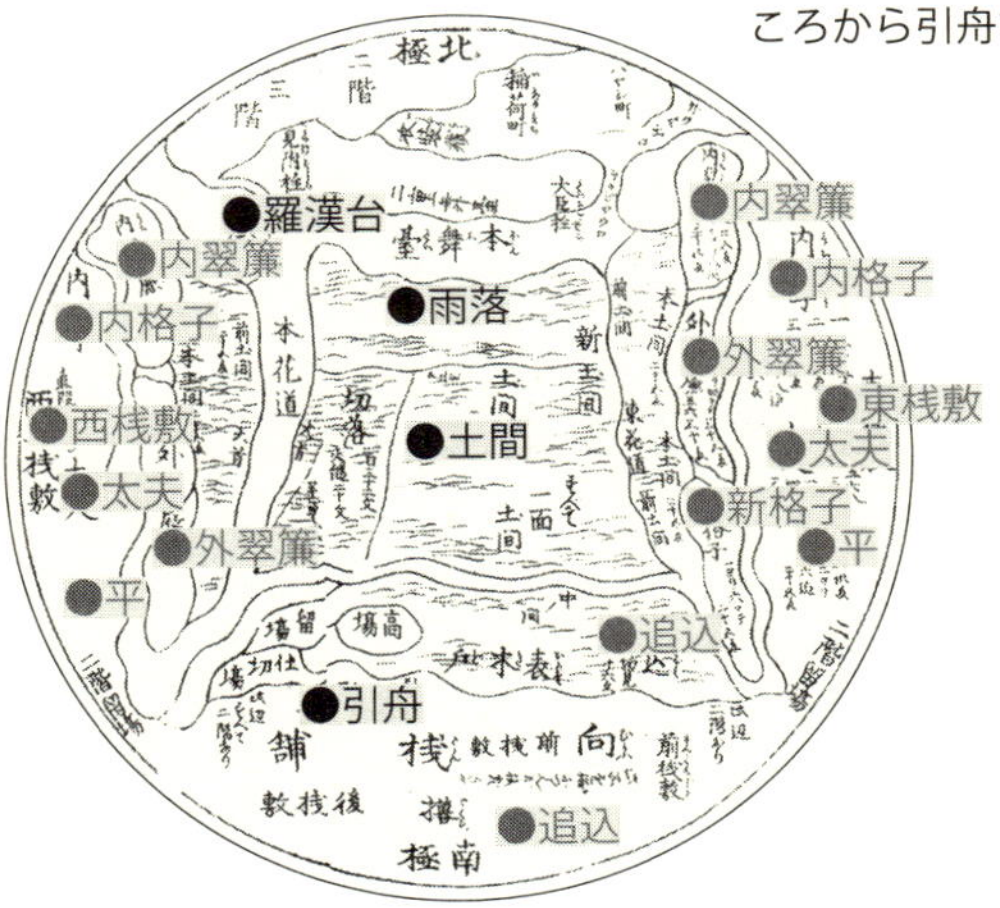

いる部分を引舟という。その昔、義経千本桜の操り芝居をした時に、渡海屋の幕でこの場所をはるかかなたの海に見立て、軍船を並べて入り乱れて戦うさまを見せて大当りを取ったという。その後、舟を引いた後なので引舟と呼ぶようになったという。遠くの合戦の様子などを見せる時は、この引舟で提灯《ちょうちん》、松明《たいまつ》、旗、馬印などを引き道具（168頁参照）で移動させ、見せることがよくある。

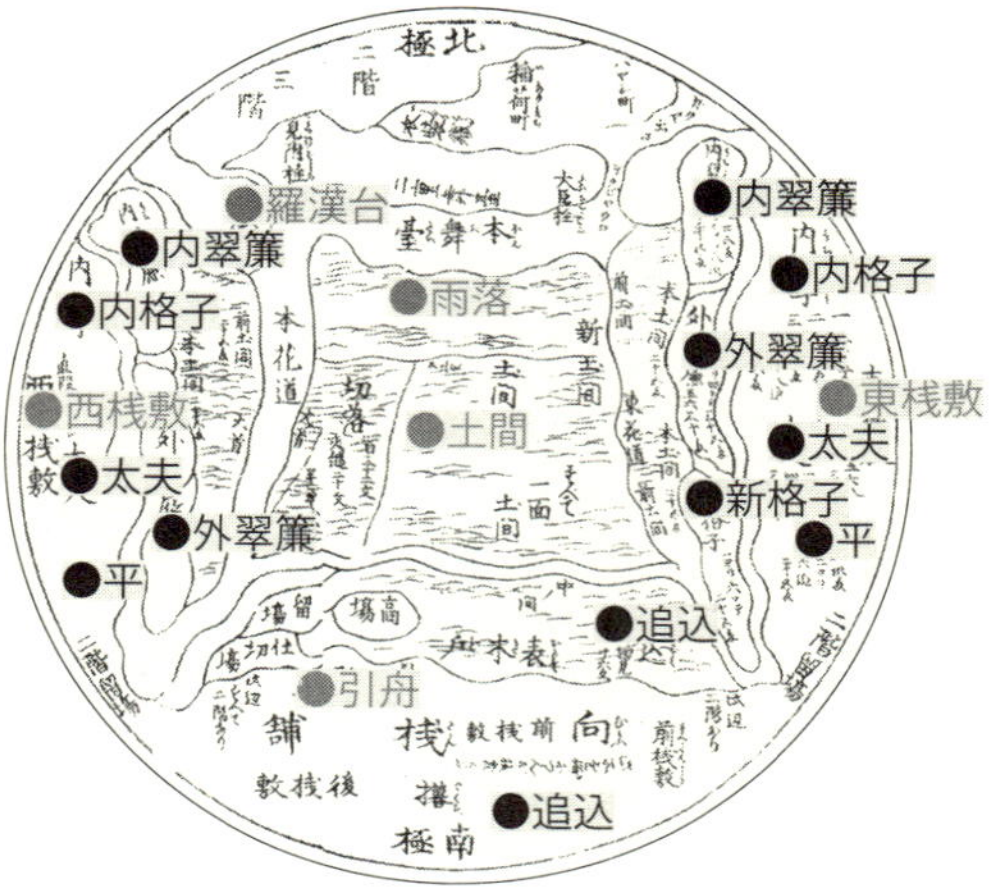

■せりふなどとんと届かない栈敷もある。役者が何かをやっている事は分かるが、はっきりしないし、せりふが聞こえないから退屈する。それでは大きなあくびも出ようというもの。中には想像してにやにやしているのもいるが、ほとんどはただ戯場に来たというだけの見物（客者評判記）

◆**二階追込**　追込はどんどん人を押し込む意味で、引舟と太鼓櫓の間としてある。舞台から遠く、芝居小屋はそれほど大きくはなかったのだが、役者のせりふがほとんど聞こえない場所だったので、江戸時代に耳の不自由な人のことを呼んだ言葉がここには付けられていた。

◆**内格子**《うちごうし》　東西の桟敷にはいくつかの場所がある。内格子は舞台寄りに六軒ある。一軒とは一区切りのことで、時代や小屋で異なるが、四名から六名までがその枠の定員だった。料金は一が二十五匁。二が三十匁。三からは三十五匁。

◆**太夫**《たゆう》　内格子に続いてある場所でここも六軒。料金は一から四までが三十五匁、五からが三十匁。

■音の聞こえぬ桟敷からだと、どんな話が進行しているのかはとんとわからぬ。立体絵が動いているかのようだ（歌舞妓年代記）

◆平《ひら》　太夫のつぎで決まりは六軒。料金は一が三十匁。二からは二十五匁。

◆内翠簾《うちみす》　下の桟敷でこれも六軒あり、料金は一と二が二十五匁、三から三十五匁。

◆外翠簾《そとみす》　内翠簾のつづきでやはり六軒。料金は一から四まで三十五匁。五、六が三十匁。

◆新格子《しんこうし》　外翠簾のつぎで数に決まりがないとしてあるが、料金は二十五匁。

　匁は通貨の単位で、銀六十匁が金一両に相当する。比較的稼ぎが良いとされた江戸の大工の手間賃が日に銀五匁というから、桟敷の観劇料は日当では賄えない額だ。

■楽屋番の働く図。楽屋番は文字通り楽屋の番をする。部外者の侵入を防ぎ、立役の入る風呂の番もする。入っている役者は気持ちよさそうだが、火加減を見ているのは楽屋番で大変そうに見える（戯場楽屋図絵）

戯場の諸役《ぎじょうのしょやく》

芝居小屋の中では様々な人達が活躍していた。その主な役を御案内する。

◆**留場**《とめば》　二階と下とにあって、見物の人を改めるのを仕事としている。無銭の人がある時はひとつかみにしてつまみ出す。

◆**舞台番**　代わりあって勤める役。常に舞台の脇に控えていて、狂言の最中に起こる妨げを防ぐ。この役は、留場と兼ねて行う。

◆**楽屋番**　名前の通り楽屋の番をする役。この役には付き物があって、楽屋風呂もこの役の係。

◆**火縄売り**　煙草呑みのための火として、火縄を売り歩く。

◆**半畳売り**《はんじょうう》　席に敷く半畳程の敷物を売るのだが、これは火縄売りと共に切落の人に売る。

◆**中売り**　弁当、茶、おこし、松風、饅頭、

■桟敷で働く人々。右の男は煙草盆とござを持って、自分のところの見物に持っていくところだろう。左は料理を運ぶ茶屋の男衆（客者評判記）

狂言番附、浄瑠璃、鸚鵡石《おうむせき》（名せりふの抜き書き）、この外、蜜柑《みかん》、九年母《くねんぼ》などを売って歩く。

売り声は「おこし松風饅頭はよしかな。あぁべとよしかな、弁当よしか。新狂言絵本番附よしかな、この幕の出語り絵本鸚鵡石よしかな」といったもの。

これは遠国の好事家にそのありさまを伝えるために書いておくとある。

ちなみに九年母というのは蜜柑に近く皮の厚い柑橘類で、江戸期には紀州、駿河、伊豆産が良いとされていた。

◆**高場**《たかば》　下の留場の傍らにあり、役割は留場と大同小異。

◆**桟敷番**　二階の上がり口に居場所があり、桟敷一切のことを仕切る役。

◆**呼び込み**　これは小屋の外での生業で、俗にいう引っ張り。町のはずれの方から芝居の表まで立ち並んで、往来の人を誘う。通る人の服装から合羽、羽織、傘、お寺などと往来を指して声を掛ける。

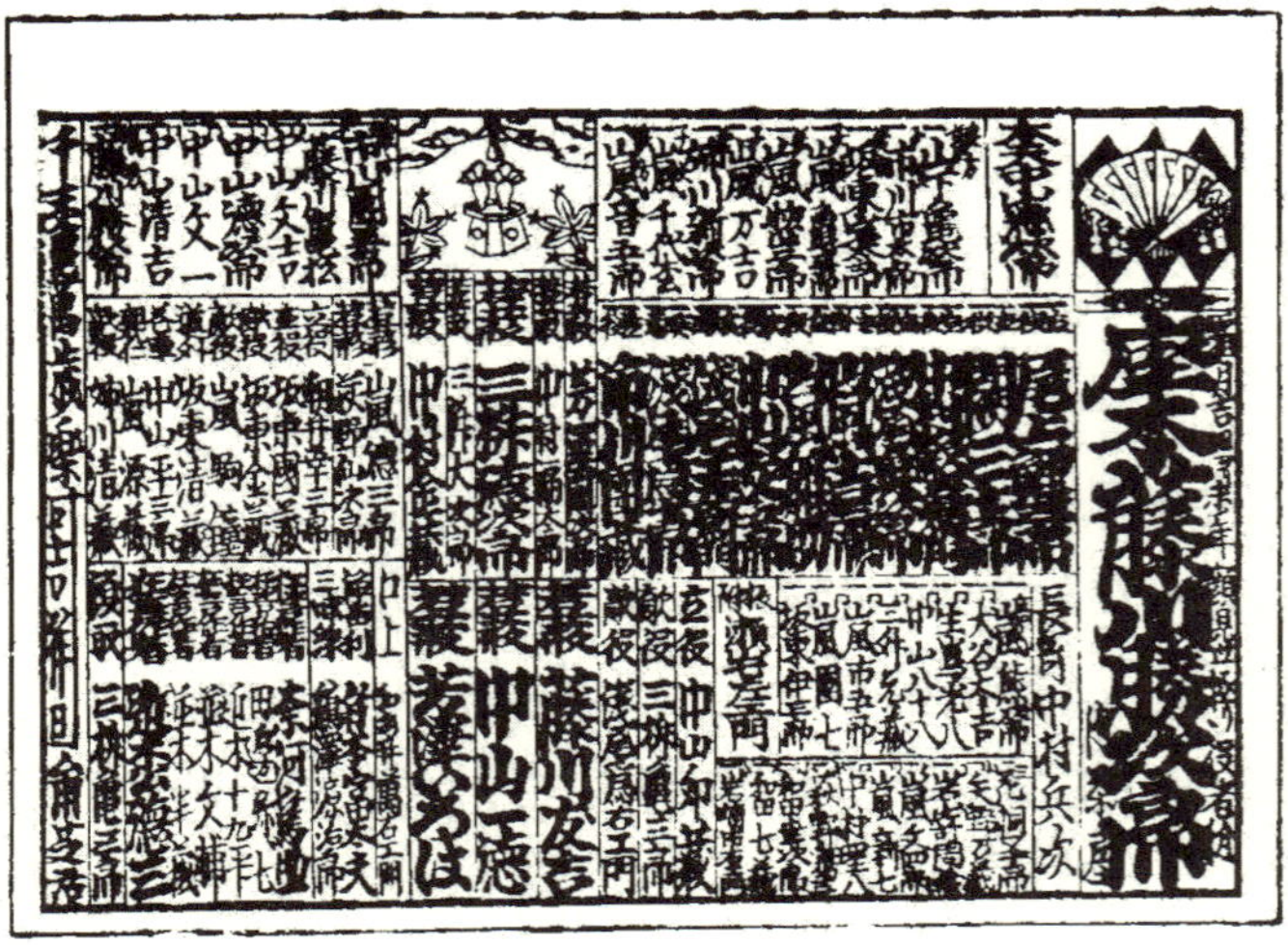

■京坂の顔見世番附。向こう１年間出演する役者の名を１枚に刷った番附で、大きく書かれた座元名の脇に極まり番附、役者附とある。江戸ではこうしたものを芝居茶屋からお得意に向けて人を出し、配って歩いた（戯場楽屋図絵）

■「声色使い古風の体」と題が付いた声色を使う年配の人（客者評判記）

番附

ばんづけ

番附は、興行内容を知らせる刷り物のこと。芝居の一年が始まる顔見世に出すのが一枚刷りの顔見世番附。これは向う一年間出演する役者を知らせるもの。

個々の興行ごとに作るのが辻番附。名題と配役を書き、絵で芝居の内容を見せるもので、狂言の内容が決まるとすぐ出される。初刷りは数十部。上質紙で作り、座元、作者、与力《よりき》、町役などへ配る。これができると、茶屋を通して得意先へ配ったり、市中に貼ったりもした。

こうした配る番附とは別に、役者名の頭に紋が描かれた紋番附というのがある。こちらは数枚仕立てに

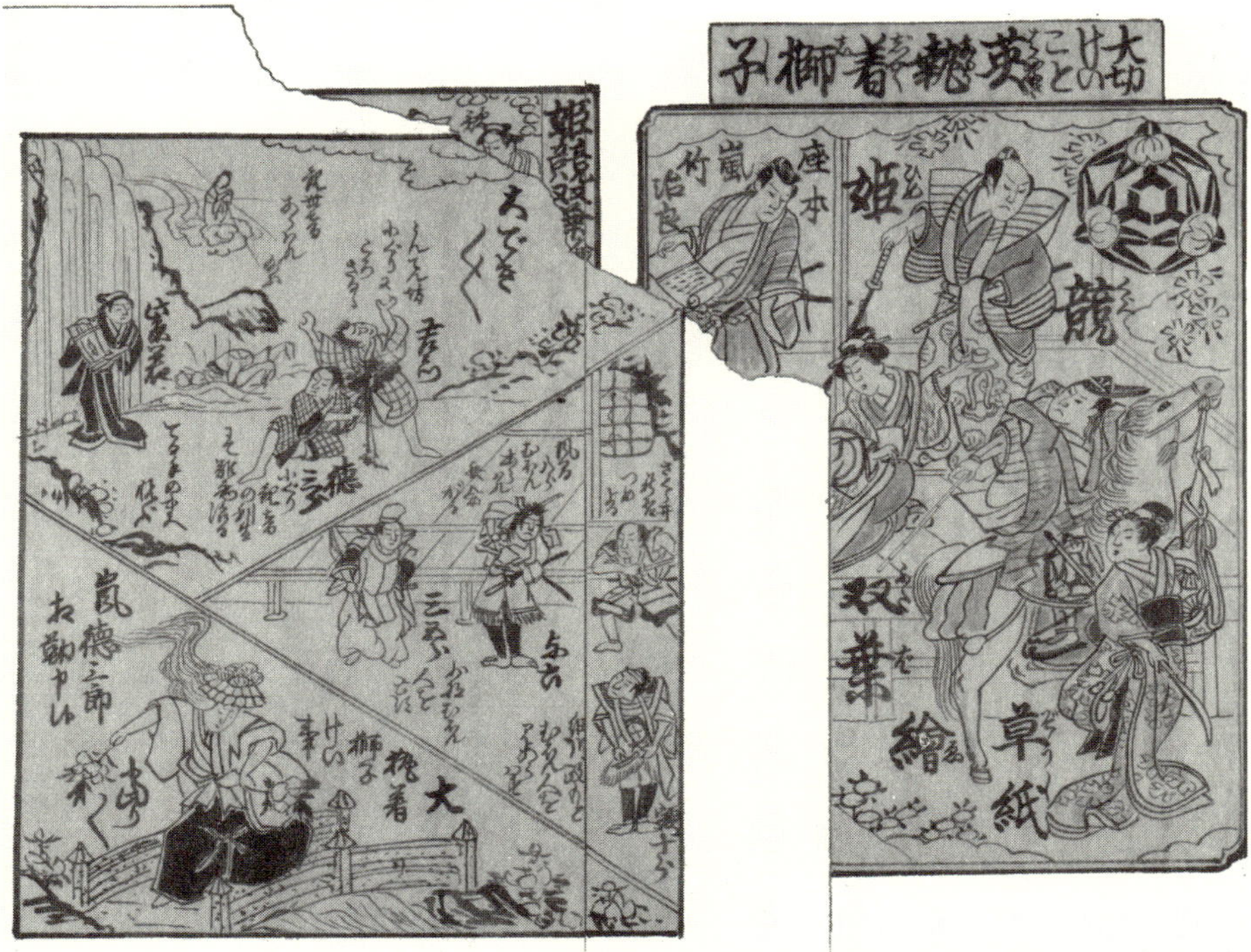

■大坂中之芝居の絵本番附。右側が表紙。右肩は座元の紋だが、この紋の位置は決まっていない。左側が各幕の見どころを絵本よろしく紹介している頁で、これに出演役者の役割が付く（守貞謾稿）

なっていて、座元の紋が付き、出勤している役者の名前が中通り（その他大勢の稲荷町の一つ上の位）にいたるまで、位順に並べてある。役割番附ともいい、茶屋で売ったり、客にただで渡したりした。

　絵本番附は表紙に名題、裏表紙に作者名があり、一枚目から狂言の順序にしたがって主な役者が見せ場で演じている姿を次々に絵で見せていくもの。絵描きは初期には鳥居派が受け持ち、後には歌川派も描いた。

　番附は小屋で芝居を楽しむためのいわば実用の冊子なのだが、持つことに喜びを感じてもいたようだ。年寄りが古いものを取っておいて、昔自分が見た芝居のことを話す材料にもなったのだろう。

■各々が好きな役者の身ぶりをしてみる見物（客者評判記）

■二人して贔屓役者の声色を掛け合いでやる芝居好き（客者評判記）

鸚鵡石《おうむせき》

名の通りの大きな石が各所にあって、何か語りかけると答えるように響くという。鸚鵡返《おうむがえ》しをするその石にちなんで、声色《こわいろ》のための冊子をそう呼んだ。

芝居の鸚鵡石は、出ている有名役者がいう名せりふを声色好みの人のために抜き書きしたもので、狂言が変わるごとにこれを作り、絵草紙《えぞうし》店、あるいは芝居の中で売った。

おおよそ紙の数は五葉。表には名のある浮世絵師が役者の肖像を描くこともあった。評判になった芝居はむろん刷られたが、そうでなくても贔屓《ひいき》の多い役者の出る芝居には付き物だったようだ。

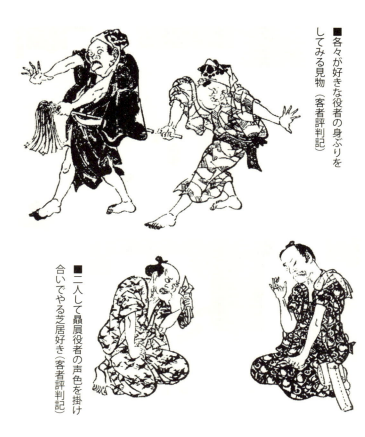

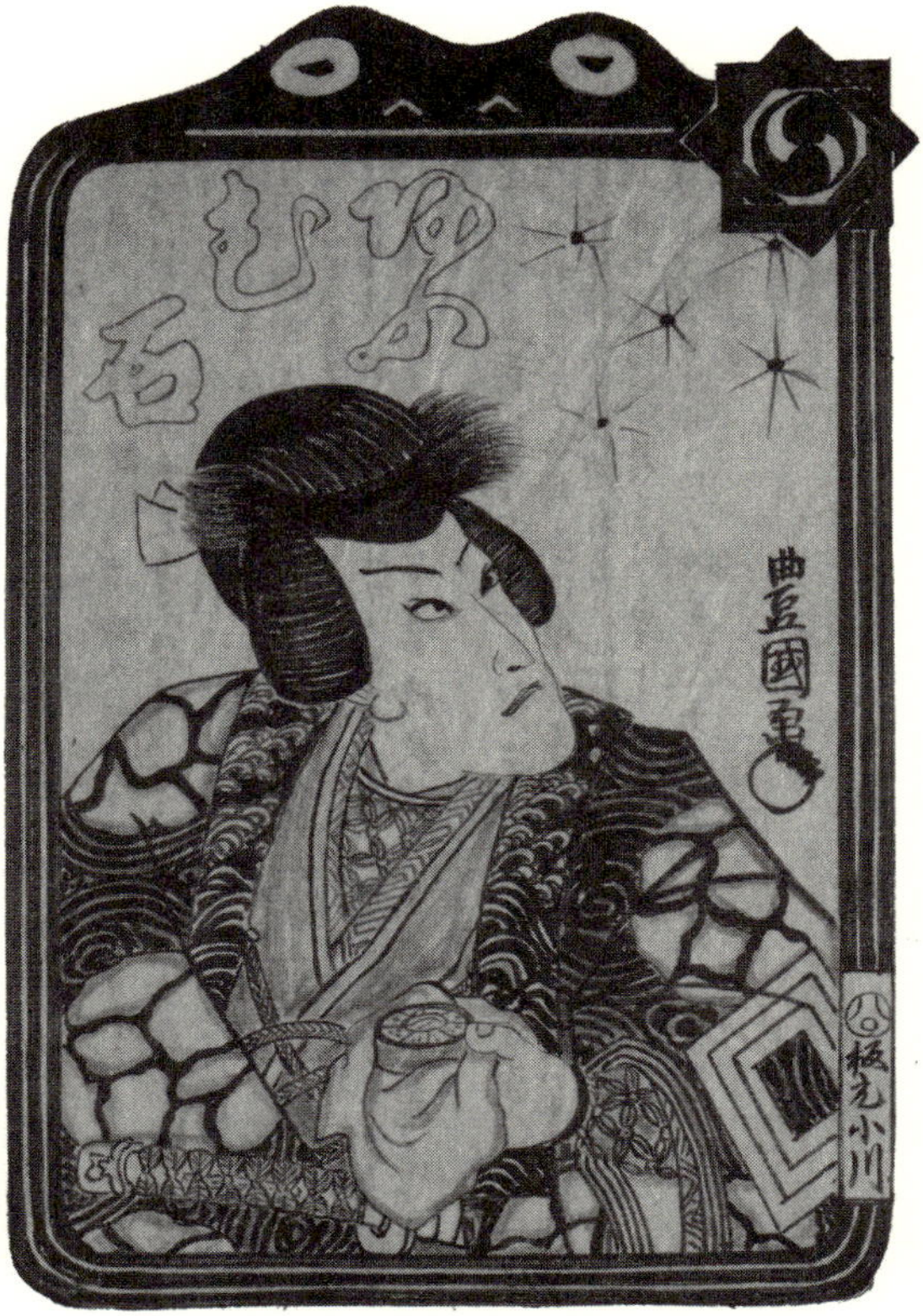

■鸚鵡石の表紙。頁をめくるとせりふのやり取りが書かれている。声色を楽しむ芝居好きには欠かせない（守貞謾稿）

■遠くで声色をする人を聞いている芝居好き（客者評判記）

この役者の声色を真似るというのは江戸の中頃には特に目立ったことのようで、以降弘化年間（一八四四～四八）まで、様々な鸚鵡石が版行されている。声色を真似るのが仕事の人もいたが、大方は素人芸で、芝居通の一つの見本のように見なされていたようだ。『客者評判記』には、声色好きと身振り好きというのが登場していて、いかにもそれらしい姿を絵として載せている。芝居がはねてからも、役者の所作や声音を思い出しては繰り返し味わう。芝居に通って生まれる遊びといえようか。

■初期浪花の操り人形芝居の舞台。人形の遣い手は右手の幕から出入りをした（戯場節用集）

幕《まく》

戯場国と狂言国、つまり見物場所と舞台を分ける役を担ったのが芝居幕。引幕に揚幕、この二つの幕は、いってみれば仮想世界と現実を引き分けている。『守貞謾稿』によると、かつては能のように舞台に幕はなく、京坂は定かではないが江戸では寛文年間（一六六一～七三）に市村座が引幕を始めたとある。

◆**引幕**　舞台の上を横に針金を渡して左右に引き渡す。引き明ける時は、左の上の方に絞って止めておく。上方の幕は布目を横につなぎ合わせてあるが、江戸では布目を縦につなぎ合わせてある。春狂言、顔見世ともに贔屓連からの進物の引幕があり、その時その時の模様があるが、通常は三色の布を縫い合わせて使っている。

◆**染色の異同**　引幕の布は、堺町の中村座は紺色、柿色、白色。これに対して木挽町の森田座と河原崎座、葺屋町の市村座は紺色、柿色、緑色で白は使わなかった。
当今「定式幕《じょうしきまく》」と呼ぶ正式とされる引幕の三色は黒、柿、緑。

■顔見世の舞台はまだ開かない。胸をときめかして芝居小屋にやって来た娘も男達も、今や遅しと定式幕が引かれるのを待ち焦がれている。幕には決まりがあり、中村座は、黒、柿色、白。市村座は黒、柿、緑。森田座は市村と同色だが並び順が異なる（戯場粋言幕の外）

■世を渡る技は何によらず難しい。芝居の幕引とてもそのしようがあり、うまく幕が引けると見物から色々と幕引へ声が掛った、とある（戯場節用集）

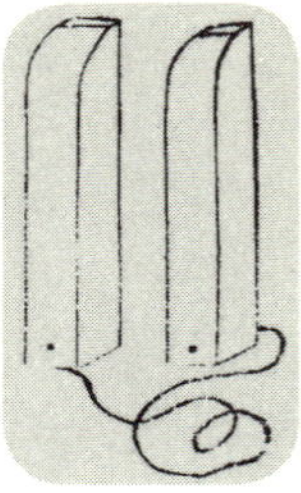

■附拍子を打つ柝。役者の演技の引き立て役

◆**幕引**　幕を引いて芝居を終える幕引は、専門に務める人がいて、こちらも幕引と呼ぶ。

◆**附拍子**《つけびょうし》　ツケともいうし、カゲともいう。役者の出入りや立ち回りがある時に、拍子木で板の間をたたいてこの拍子を合わせる。名付けて附拍子。たいがいは幕引役がこれを受け持つ。

◆**揚幕**《あげまく》**・切幕**《きりまく》　花道の出入り口に掛っている幕で、花色（薄い青）の地に白で座元の定紋を大きく染めてある。いわば戯場国と狂言国の境で、ここから出れば役者はその役の人物になり切らねばならない。

◆**黒幕**　舞台全体に引き下げる黒色の幕。初期の芝居では場面転換に使われていた。また、黒幕を背にして

■鳥屋番。役者が花道へ出るところに揚幕があって、これをあずかるのが鳥屋番。脇に覗窓があり、ここへ見物を入れるのを役得とした。京坂の風習だったようで、鳥小屋のようなのでこの名がある（戯場楽屋図絵）

■京坂の芝居小屋の定式幕。「大手」「笹せ」、この二つが並ぶ幕を本幕といった（守貞謾稿）

山や林を背景にする時は、その世界が闇であることも表した。

　黒幕は演出上の工夫にも使われた。例えば「胴切り」の時に黒幕を使って胴役の役者を後ろに隠しておき、本来の役者は舞台の下に落ちる。きっかけの合図で黒幕を取ると、胴がばったりと転ぶ仕掛け。

◆浅黄幕《あさぎまく》　浅黄（浅葱）は水色で、黒幕とは逆に昼を表す幕だったが、現在は大道具の扱い。吊った幕内に舞台の道具立てや役者を隠しておいて、幕を切り落とすと全容が現れるなど、色々に使われる。

■右は江戸の湯屋の石榴口。奥が蒸し風呂になっているのだが、入口の屋根も破風。舞台の破風は 102 頁の図を参照（守貞謾稿）

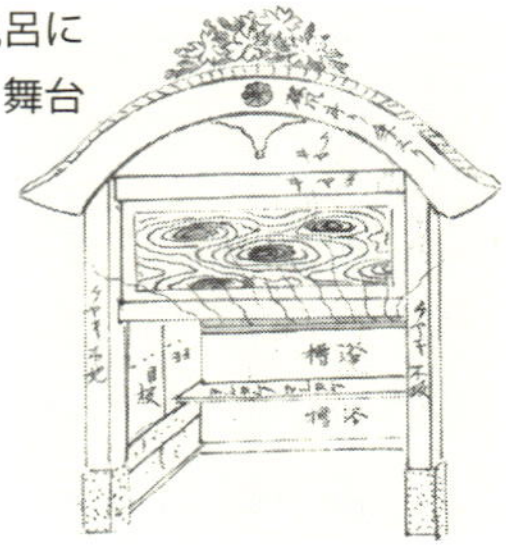

舞台《ぶたい》

◆**本舞台**　花道を除く正面の舞台が本舞台。能の舞台にならって、中央には破《は》風《ふ》造りがあった。これはその昔、上なき御方へ召されて芸尽を御覧に入れた時に賜ったものだと伝えられている。能舞台から出発したものの、能舞台風では芝居がし難いので、ある時期から改められた。その後に引幕などができたりして様変わりするのだが、破風のつづきには、能の橋懸りが残されている。また、破風の御幣《ごへい》などが置かれている所には所々の神が勧請されているという。

◆**三間の間**　江戸時代に芝居の筋を書いたものには、冒頭のト書きに必ず「本舞台三間の間」と書くことが決められていた。もっとも重要な場所で、役者はここで主な演技をしたり、主要な背景もここに置かれていたので、その後、この間が五間になり八間になっても、間口には関係なく本舞台三間の間という言葉が最初に書かれる習

■総稽古の図。作者も立ち会うのが総稽古で、すでに大道具も出来上がっている。衣裳はつけていないが、本当の舞台と同じように動き、作者はその時にその形はおかしいなどの注文を出す（戯場楽屋図絵）

慣になった。

本舞台三間とは、能舞台の様式にしたがっていたその昔、屋根（破風）の四隅に四本の柱を立てた頃の名残。破風造り御免の後は柱を大臣柱と名付け、ここを鏡の間というようになった。後ろの板を鏡板といい、ここへ松梅を描く。これすなわち、能の舞台をそっくりかたどっているわけだ。

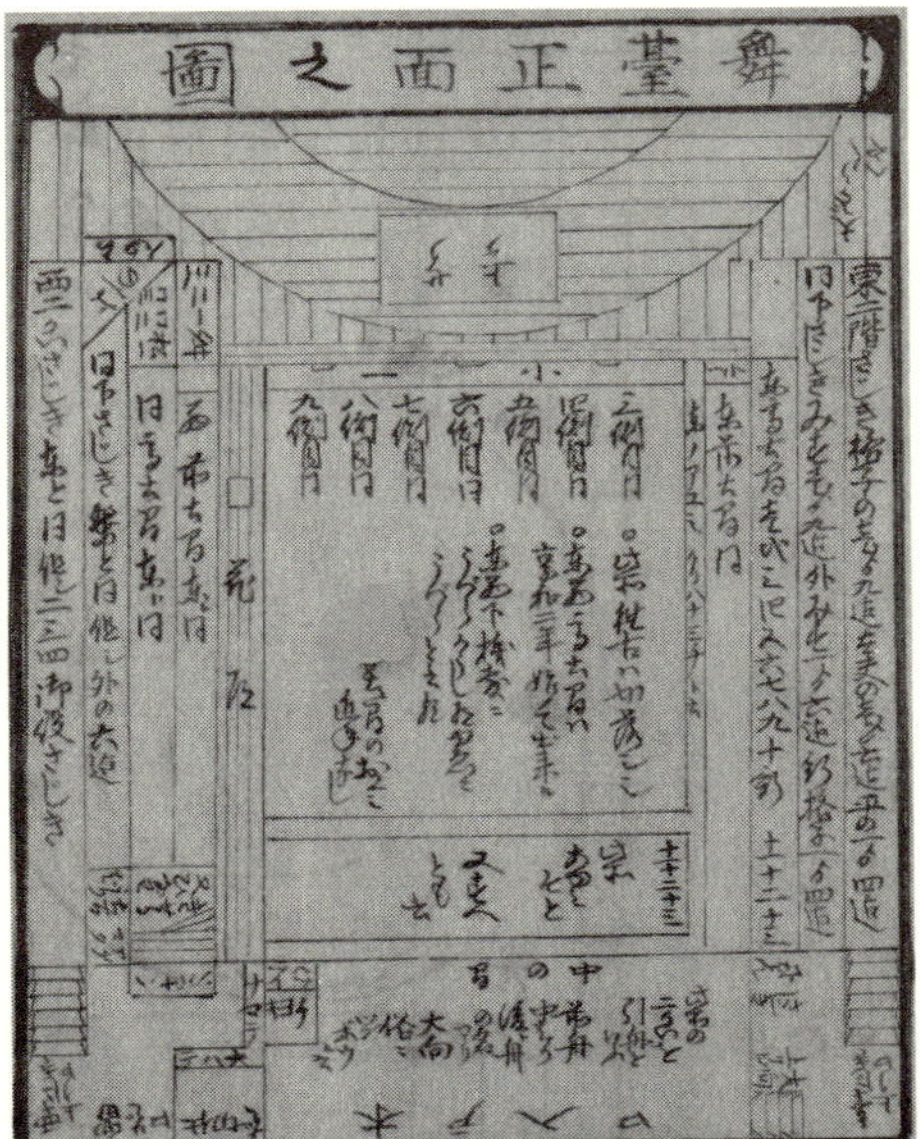

■舞台と見物場。中央が土間で、左右に高土間、桟敷、二階桟敷がある。舞台は回り舞台で、下から役者が登場するせり出しがある（守貞謾稿）

◆**臆病口**《おくびょうぐち》　上方とは違って、江戸では本舞台下手の下座の方の出入口をこう呼んでいる。京大坂では、江戸の操り座の舞台と同じで、たいがいは左右から出入りをする。したがって左右をいうことになる。一説に、臆病口ではない、大首の形に似ているから大首様口だろうという。この呼び方は上方から起こったともいう。

◆**大臣柱**《だいじんばしら》**・見附柱**《みつけばしら》　本舞台の左の方にある柱を見附柱、右の方の柱を大臣柱という。この柱には常に一番目から四番目までの小名題を書いた聯《れん》をかけておく。

聯は細長い板のことで、多少の飾りがつけてあり、通常は左右二枚で、書などを記して飾りのようにしてあるもののことをいう。この二つの柱には桜や紅葉などの花を飾る。

◆**せり出し穴・ぶん回し**　これらはいずれも演出上の仕掛け。穴は花道の近くに作られ、注目の人物が下から徐々に現れる。ぶん回しは回り舞台のこと（163頁図参照）。

◆**二重舞台**　舞台上に一段高い場を作るための台で、これは大道具。たんに二重ともいう。家の床を作ったり、土手や山を作ったり、河岸を飾る時などに土台となるような木製の台のこと。高さ一尺四寸を常足《つねあし》の二重、二尺一寸を中足の二重、あるいは中高の二重ともいう。高さ二尺八寸を高足の二重という。中足と高足は常足の下に足を付けて組み立てる。

尊い方々がおわす御殿は、当然最も高い高足の二重とする。

■延享３年（1746）市村座の舞台。この芝居は浦島太郎七世の物語で、324年間のことを１日で見せたというので評判になった。二重舞台は高足の二重だろう（歌舞妓年代記）

■大坂芝居の幕開け前の風景。本幕の「笹せ」に伸びる花道はまだ見物が歩いている。本花道は芝居が始まれば歩けないが、脇はいつでも通れる（戯場楽屋図絵）

花道

はなみち

『戯場訓蒙図彙』では、花道を橋懸《はしがか》りともいうとある。横幅一間余、長さにも決まりがあるが、今は略式になっていて幅三尺（半間）余、長さは定まりがないとしている。

古く橋懸りがなかった頃は、見物の人が贔屓の役者に思い思いの造花を飾って贈ったという。そのための道として作ったので花道という。その頃は幅は狭く、両側に竹で高欄《こうらん》（欄干）のようなものを作っていたともある。

花道は役者の登場する道、舞台までの道筋として使われるが、幕切れの盛り上がりにも欠かせない重要な役割も果たす。

「暫《しばらく》、暫」と声を掛ける暫は、花道がすべてともいえるし、舞台から引き揚げる時の六方《ろっぽう》は、むろん花道が見せ場。俗に花道の七三と呼ばれる舞台から三分の所では見得を切ったり、大切なせりふをいったりする。

どちらにしても花道は重要な舞台といえ、江戸期には脇花道というもう一本の花道すら常設であったという。

■打たれているところを見る人達。やられている人は今し方花道から出て来たばかりで、殴られに来たようなもの（客者評判記）

両方の花道を活かす芝居も生まれて、いつもは見物が席につく道が芝居に取り込まれている。

■昼過ぎに木戸前に出て芝居の内容や役者が何をやるかなどを声色を使って案内する、惣名題読誦。確かかよう申されました、どうでんすなといいながら見物を呼ぶ

惣名題読誦《そうなだいよみあげ》

四季おりおり、昼の八つ時《やつどき》頃（午後二時頃）になると、木戸の前で名題の読み上げがある。

木戸番の中には芸者といわれる役者の声色を真似るのがことのほかうまい者がいる。一つの芝居の幕開から木戸の正面に高い台を置いて、この芸者といわれる人が二人台上に立ち、その時々の狂言、大名題、小名題、役割などを掛合で読み上げる。読み終わると、そのあとは役者声色芸尽をして見物を招き寄せる。もっとも、一幕終わって楽屋でしゃぎり（下座音楽の一つ）を打つのを合図に二人とも台から下りてしまう。

これは平日はやっていない。新狂言の当座や跡狂言の前日、その外、替り目替り目ごとに行う。

これは大変おもしろいもので、江戸っ子はたいがい知っているが、遠国の人に知らすため、三馬がここでその物真似をいたすとして、ありようを書いている。

「確かかように申しされました」「どうでんすな」

■堺町の中村座。櫓下には芸達者が並んで役者の声色で道行く人を呼込む（絵本続江戸土産）

■町触太鼓。芝居の始まりを告げる京坂の触れ太鼓は、まず銀主のところへ出向いてにぎにぎしく芝居の触れを申し上げたという。江戸ではこうした事はしなかったようで、ただ芝居小屋の前で役者の真似をした（戯場節用集）

「こうでんす」「して、その大小の名題を読み終わって、役割はなんと読まれましたナ」

「鬼王新左衛門《おにおうしんざえもん》、女房月さよと、祐《すけ》経《つね》奥方絹傘御前と以上二役相勤めまするは、だれでござりましょうぞや、是こそ三ヶの津の稀者、櫓三枚《やぐらさんまい》の大立者、おやま、若女形、娘形の仕り人にては、これこそ瀬川路考《せがわろこう》でござい」「なかよ、なかよ、なかよ、なっかなか、なっかなか、なっかなか、よまれたりな、よませられたりな、そうじゃぞや」以下略す。

　同じことを三度ずつ繰り返し読む。右役人読み立ての次第、その身そのままそこへ出られたようでんす云々。是読み立ての詞くせなーりと、このような次第。

まねき

終幕を告げる鳴り物「しゃぎり」とともに、木戸中大勢立ち上がって、一斉にありゃ、ありゃ、ありゃ、ありゃと掛声を掛けて扇を開き、隣の芝居の方へ向かって差し招くことがある。これをまねきと名付けているが、このことは近頃はなくなってしまったと三馬はいう。

木戸前で演目や配役を掛合万歳のように語る名題の読み上げも、往来の人びとを招くものだが、芸はいらないこうした騒ぎも面白そうだ。

舞台野郎　ぶたいやろう

左頁の図のように、木戸の側に長

■芝居の櫓が見える町。旗本も通れば番附売りも通る。荷車も通れば犬もいる。こうした界隈に暮らす人達は自然と芝居好きになり、役者気取りになる。この辺りには、俺は声色だ、俺は見ぶりだ、という御仁が必ずいるものだ（戯場粋言幕の外）

■舞台野郎の図。芝居小屋の前で景気をつける、声色自慢に身ぶり自慢。札をもらうくらいの礼で役者の真似事をする。今度の芝居はこうだ、ということを皆に知らせる人達

い台を構え、その上に三人から五人ほどの人が上がって「舞台舞台ぶたいー」と語尾を長く引いていう。また、「舞台野郎舞台野郎ぶたいやろー」と扇を開いて大音声で差し招く。先の「まねき」にも似ているが、これをやるのは春狂言の時。平日はもちろんない。

舞台野郎の詞は声番のようだともいえる。声番は舞台近くの揚幕の際にいて「おやまさま」「おやまさィまィ半四郎ーさィまィ」「また操座にて」「お出やったァーィ」などと役者の出入りに声を掛ける役。

それと同じようなもので、それほど貴ぶことではないだろうが、昔の名残とでもいうのだろうと書かれている。

第三章　楽屋の人事

鳴物

【鳴り物の色々】
●囃子方　●本神楽
●祝詞　●ドロドロ
●三重　●すがかき
●ぬめり

仕掛

【舞台の仕掛け】
●道具方　●せり出し
●回り道具
●がんどう返し
●引き道具

作者

【狂言作者】
●近松門左衛門
●鶴屋南北
●桜田治助
●正本
●卜　●ムり升
●よろしく

楽屋

【楽屋の面々】
●楽屋　●稲荷町
●衣裳蔵　●床山
●若い衆

■作者の構想を実現する戯場の人びと

この章では「人事」と題して楽屋の諸役をご案内するのだが、できる限り分かりやすく、芝居を作り上げていく段取りに沿って愉快に述べていきたい。幕が開いて華麗な狂言の世界が出現するには、実に多くの作り手が各自の持ち場で仕事をしている。いわば芝居の根底にうごめいていた人達について、式亭三馬が描くところの『戯場訓蒙図彙』を通して見ていく。

その前に、江戸時代の芝居の約束事にふれておかなければならないので、「曽我祭り」や「曽我狂言」について三馬が語っているところに耳を傾けておきたい。脇狂言とは一体なんだったのかも聞いておきたい。

狂言作者■そもそも芝居が出来上がるにはその世界を定め、話に仕立てる作者がいなければ何ごとも始まらない。作者が創る正本《しょうほん》（脚本）こそが芝居の世界を作り出す根本といえる。正本とはどんなものかは「正本の写し」を見ていただきたい。

正本を手がけた作者についても、西の近松門左衛門、東の桜田治《さくらだじ》助《すけ》、鶴屋南北《つるやなんぼく》、この三人の大立者《おおだてもの》が残した偉業についてふれておく。

■狂言を創る作者

近松が活躍した元禄頃（一六八八～一七〇四）は、芝居に限らず文芸でも絵画でも上方が隆盛の時代で、江戸で熟すのは数十年後の文化文政期（一八〇四～一八三〇）といってよい。東を代表する二人は作風に違いはあっても、ともに江戸っ子をわくわくどきどきさせる術を心得ていた天才作者だろう。

鳴り物・道具方■作者の役割は物語を書いて終わりではない。浄瑠璃に始まる音の世界も作者の考えに合わせて作曲されるし、舞台上に作者の描こうとする世界を実際に作り上げるのは大道具、小道具の道具方だ。これでもかと知恵を絞って考え出された仕掛の数々は図解を眺めるだけでも楽しい。

こうした聞いて楽しく見て楽しい舞台は、担い手が工夫を凝らして作り上げる。その上で舞台に立つ役者が見事に演じれば、芝居は大当りが取れるというもの。

楽屋の面々■作劇に直接関わる以外にも、名もない多くの人達がいて、江戸の芝居好きが夢を見るために活躍していたことも知っておきたい。というわけで稲荷町《いなりまち》、床山《とこやま》から若い衆といった楽屋の仕事をつかさどる人達にもご登場頂く。揚幕の際で役者の出入りを知らせる声番も幕引も、皆一丸となって守り立ててこその大芝居。

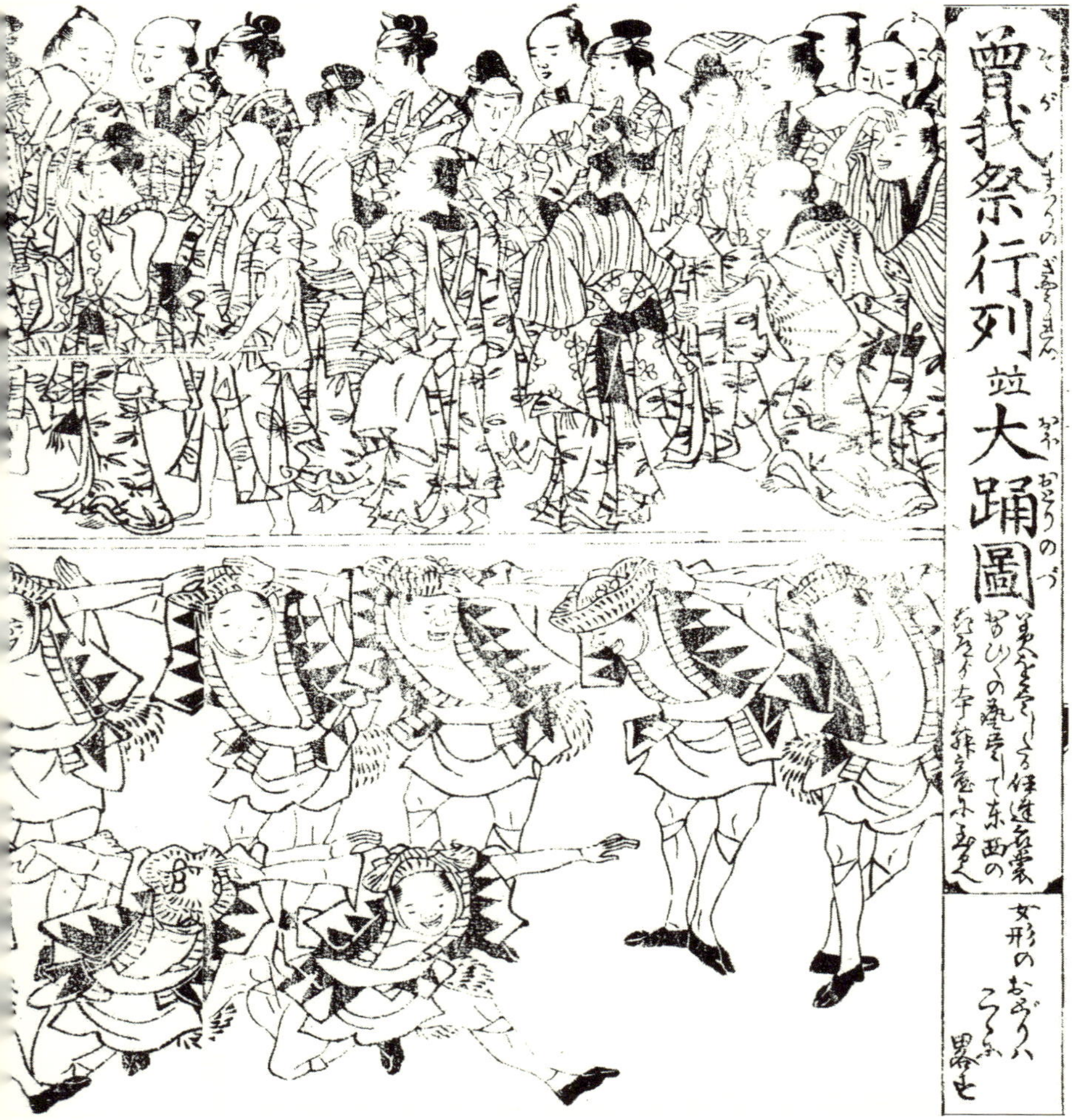

■揃いの衣裳を着込んで賑やかに踊る、雀踊りや花笠踊り。作者から木戸番までが入り交じって、曽我狂言の当りを祝い、一緒に楽しむのが曽我祭り。「神おふる皐月を曽我の世界かな」左交。この左交というのは狂言作者、桜田治助のこと

■美をつくし、伊達を決めて東西の花道から本舞台に向かう曽我祭りの行列。思い思いの衣裳に合わせて、好みの芸を披露する。役者ばかりでなく、芝居関係者が総出で祝う賑やかで楽しいお祭り。五月末のこの祭りは当初は楽屋でやっていたが、本舞台でやるようになった

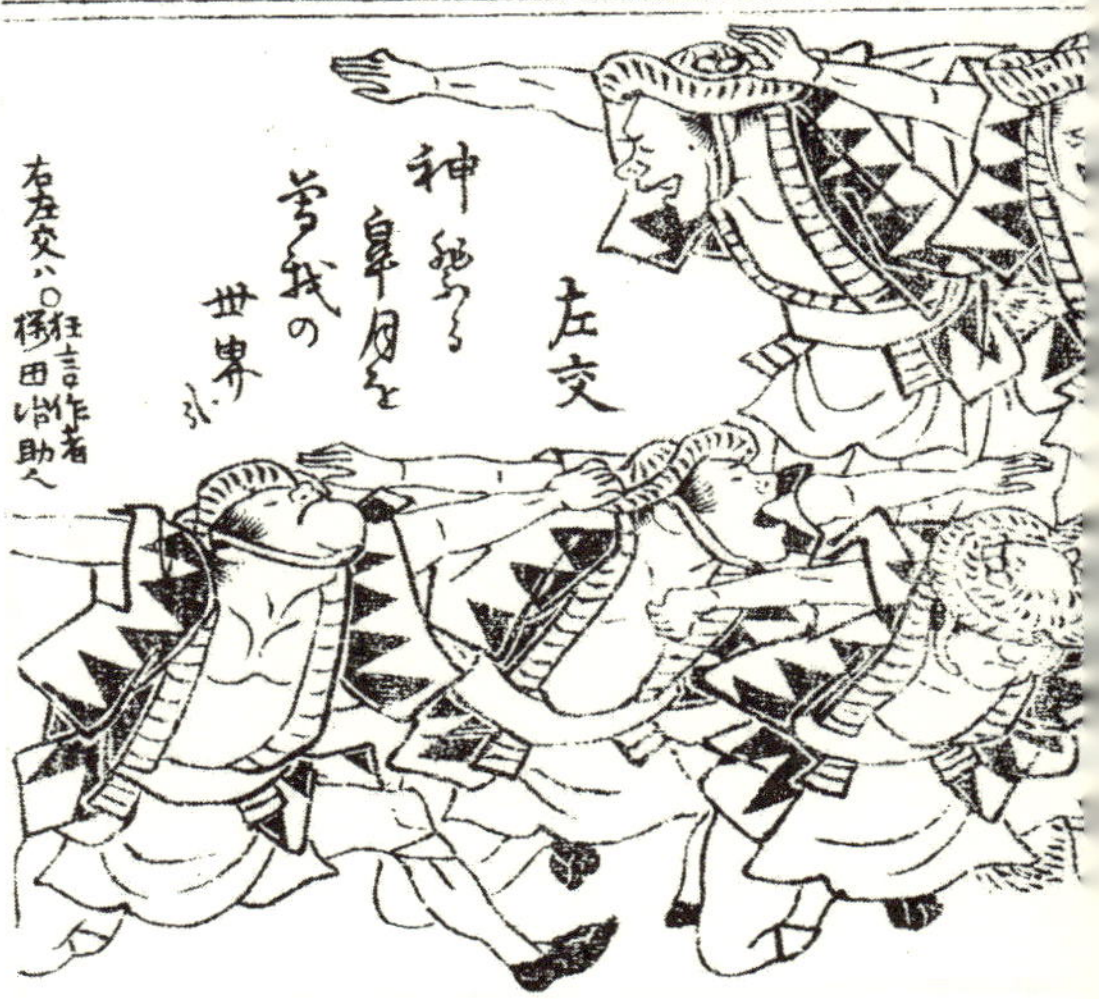

曽我祭り《そがまつり》

曽我祭りの由来は、その昔春狂言の評判が良くて、大入り大当りで続けられた時に、楽屋で祭礼をして座の人全員で酒宴をして祝ったのが始まりという。享和三年（一八〇三）の今は、曽我狂言を舞い納めたあと、楽屋で祭るのを影祭りという。

また、大当りで芝居が続く時は、例年曽我両社の神輿

■すべてが終わった時、主だった役者が並び座頭が前に出て口上をいう。こうした舞い納め口上を述べるのが千秋楽といわれる締めくくり

を仕切場に鎮座させて四方に注連縄《しめなわ》を張り、神前に数々の供え物をして花を活け、毛氈《もうせん》を敷き、辺りが煌めくばかりの様は書き尽くせない。

仕切場の入口には御祭礼の大幟を立て、飾り物の灯籠《とうろう》や口合（語呂合）の洒落た文句を絵にした絵行灯が表と裏にたくさん掛けられる。芝居に関わった人びとは、役者に限らず思い思いの伊達衣裳に蝶と千鳥を染め出し、あるいは散らし縫いにしたのを着て、揃いの手拭をしたり肩にかけたりして、東西の花道から本舞台へ練り込む。花山車《はなだし》の練りものには囃子がついて、華やかなことといったら言い尽くせないほどのものだ。

本舞台に残らずそろうと、長唄で雀踊り、花笠踊りなどの惣踊りをやる。立役、女形とも同じように派手な姿をして幾組も惣踊りをする。これが終わると大勢入り交じって、見立狂言や俄茶番《にわかちゃばん》、物真似芸尽など色々やってこの面白いことは例えようがない。

この曽我祭りを舞台上で行った始めは、宝暦六年（一七五六）の市村座。春狂言名題「梅若菜二葉曽我《うめわかなふたばそが》」並

■曽我祭りの俄狂言。誰かに見立てておかしみのある寸劇を舞台の前方で演じる、おかしみを求めた早芝居

びに「大踊三日宴《さかもり》」、つけたし「男色吉屋踊」。また、二番目に菊次郎、亀蔵二日替わりで「おちよ半兵衛夢路の毛氈」「小女郎権三夢路の浮橋」、これが大当りで芝居は続演。「五人男狩場首途《かりばのかどいで》」を跡に出して、市松、亀蔵、菊五郎、助五郎、廣治の五人大評判。廣治、あんこう無間、菊五郎掛け物の鯉抜け出て水試合中、役者大勢が出て大立ち回り。これが論外の大当りで、「二葉曽我」の狂言はその年の十月まで同じ狂言を興行。前代未聞の大当りで、これはひとえに荒人神の神慮にかなったこととして、ありがたく感じ、今まで楽屋で行っていた神事を改めて、舞台に神を慰める大踊り、芸尽を興行した。それ以来舞台で神事を行うようになった。

もっとも三座とも吉例になった始まりは違うが、市村座が舞台で祭礼を始めたのが最初。五月二十八日は格別の祭日。大踊りは毎日行うが、誰でも知っていることなので略すとある。

五月二十八日は曽我兄弟の仇討ちの日。ちなみに、伊達衣裳の柄は蝶が弟の五郎、千鳥は兄の十郎の模様。

曽我狂言《そがきょうげん》

江戸三座の芝居は正月の曽我狂言から始まり、半年の間曽我で明け暮れる。

曽我狂言が三座の吉例になったのはかなり古いことで、元禄元年（一六八八）には、その頃四座あった江戸の芝居小屋ではすべての小屋で曽我物をやり、それぞれが当りを取っている。元禄十年（一六九七）初代團十郎作「兵根元曽我《つわものこんげんそが》」が空前絶後の大当りで、その後初春の芝居は曽我の世界と決まったようだ。

曽我狂言には色々な決まりごとがある。序幕は鎌倉に近い神社や寺が背景になる。ここでは下位の役者が主に登場する。一番目の大詰が曽我兄弟と仇の工藤祐経の「対面」。五月の再会を約して別れるところで初春の芝居は終わる。

二番目は初午《はつうま》を初日にして、世話場を演じる。三番目は三月三日初日で、ここでも曽我の芝居は継続されている。「助六」などが登場し、刀改めなどの曽我に関係した物語になっているが、兄弟の出番はない。

二番目の世話場は例えば曽我の家老鬼王新左衛門の侘び住まいの場となって、鬼王が中心の悲劇が展開する。場合によってはその頃起こった事件を話の筋に取り入れたりもする。

■元文五年（一七四〇）中村座の「姫飾錦曽我」。和事の名人、初代澤村宗十郎と荒事の名人初代市川團蔵の掛け合いが大評判大当りを取った（歌舞伎年代記）

■享和３年（1803）中村座の「松春壽曽我」。坂東三津五郎と尾上榮三郎の扇尽しのせりふが評判を取る。せりふを書いた鸚鵡石も出たという（歌舞妓年代記）

■脇狂言は各座に伝わる古い狂言で、長唄で舞う。名題芝居が始まる前の早朝に下位役者によって毎日行われた。図は中村座の「大江山入」。修業中の役者の卵は、こうしてその座の家の芸を身につけ、出世の手掛かりをつかもうと励んだのだろう

脇狂言《わききょうげん》

江戸の芝居は朝が早い。毎朝一日の始まりに、まず「三番叟《さんばそう》」を舞い、続いて脇狂言が演じられて本狂言となる。江戸三座には家の狂言として古くから伝わる脇狂言があり、修行中の下位の役者が勤める。役者の子供や茶屋の子供なども演じる。

◆**堺町中村座**　脇狂言は酒呑童子《しゅてんどうじ》。堺町には「猿若」、本名を「太平の綱引」という古代（古風）の狂言がある。「ほうろく売」というのもある。一説に、ほうろく売、酒呑童子は中村伝七の作。

◆**葺屋町市村座**　七福神。葺屋町には「海道下り」という古い狂言がある。「竹生嶋《ちくぶしま》」という前狂言もある。

■中村座の脇狂言、酒呑童子（歌舞妓年代記）

■市村座の脇狂言、七福神（歌舞妓年代記）

■森田座の脇狂言、仏舎利（歌舞妓年代記）

■中村座脇狂言「ほうろく売」。古くは芝居に狂言の流れがあったことが、この図から想像ができる（戯場楽屋図絵）

■脇狂言は古代の芝居の面影を残していておもしろかったが、今は席取の丁稚に愛想をしている、という（戯場節用集）

短い幕だが引き返し三幕で古風なものだという。

◆木挽町森田座　七人猩々《しょうじょう》。この座にも「しゃり」という古い狂言があり、「しゃでん」という前狂言もあるが、これらは絶えてないという。

三座ともに脇狂言には大踊りがある。「梅が枝」や「早咲」といった題名が付いていて、その時その時に付けられて、これが続くうちに例となったものだろう。

■市村座の家の狂言、壽萬歳と街道下り。どちらも早朝下位役者によって演じられる脇狂言。芝居の基本的な芸がここにはあり、それを覚える意味もあったのだろう（歌舞妓年代記）

■惣稽古の図。作者の仕事は書くだけではない。仕上がると、まずは本読み。主だった役者に作者が芝居の内容を話す。続いて、読み合わせや立ち稽古などの過程を経て、惣稽古になる。作者は始めから付き添い、惣稽古では注文を出し、聞いて仕上げる

作者《さくしゃ》

芝居の正本（脚本）を書くのが狂言作者、これが詰まって作者という。専業の作者は上方の巨星、近松門左衛門が嚆矢《こうし》。古くは役者が兼ねる事が多く、初代市川團十郎は三升屋《みますや》兵庫の名で作者としても活躍した。

作者にも役者同様に位があり、最高位の立作者《たてさくしゃ》は芝居興行の企画者ともいえる人物で、その座の作者の最上位に立つ。各座とも座付きの作者は数人から十人くらいはいたようだ。立作者の次が二枚目作者、次いで三枚目作者。さらに狂言方がいて最後が見習と厳しい序列があった。

◆**立作者**　上演が決まった狂言の重要部分を書く。また、下位の作者が

書いた部分に手を入れて芝居を完成させる。

◆**二枚目**　大詰（最終幕）前の五建目などを書く。

◆**三枚目**　序開、二建目に続く三建目などを書く。

◆**狂言方**　拍子木を打ったり、稽古に立ち会ったりする。初日から数日、黒衣《くろご》を着て小さな声で役者にせりふを伝える役も果たした。

◆**見習**　序開二建目の稽古に立ち会い、雑用もする。

■惣稽古をからかう図（戯場節用集）

■作者というものは髪もきちんと結ったこともなく、それほど屈託をするでもなく、青表紙の借り学問に趣意のつかぬ和歌の引用、などと悪口をいわれている。そうはいっても、そもそも作者がいなければ、芝居はできない（戯場節用集）

近松門左衛門《ちかまつもんざえもん》

近松門左衛門は、江戸前期の浄瑠璃作者であり、歌舞伎狂言作者。もともとは公家に仕えていた人で本名は杉森氏、武士の流れという。始めは古浄瑠璃の太夫、宇治加賀掾のために浄瑠璃を書いていたが、元禄（一六八八～一七〇三）の初め頃、京都都万太夫《みやこまんだゆう》の芝居狂言の作者を務めている。その後大坂に移り、竹本筑後掾（竹本義太夫）の座付作者となる。

その後、浄瑠璃から歌舞伎に軸足を移し、歌舞伎役者坂田藤十郎と組んで歌舞伎狂言の傑作を書く。坂田藤十郎は傾城買い芝居の名人とされた役者で、代表作は三番続きの時代物「傾城仏の原」。元禄十二年（一六九九）都万太夫座初演。

藤十郎は近松門左衛門の作に役者の我が儘で手を入れるようなことはしなかったので、

■本読み。作者が主だった役者に芝居の内容、筋などを語り聞かせて、手を入れるべきところや注文を聞いたりする。これでよしとなれば、役者別の抜き書きを作って役者に渡す（戯場楽屋図絵）

近松は自由な気分で狂言を作ることができたという。藤十郎が座元の位置からはずれた時に近松門左衛門は狂言の世界から遠のいて、再び浄瑠璃を手がけるようになり、数多の名作を残している。「曾根崎心中」元禄十六年（一七〇三）、「冥途の飛脚」正徳元年（一七一一）、「国性爺合戦」正徳五年（一七一五）、「心中天網島」享保五年（一七二〇）、「女殺油地獄」享保六年（一七二一）。いずれも大坂の竹本座初演。

■承応二年（一六五三）～享保九年（一七二四）。

鶴屋南北　つるやなんぼく

「鶴屋南北」は三代目までは役者で、狂言作者の南北は俗に大南北《おおなんぼく》と呼ばれる四代目を指す。初代桜田治助に師事。享和三年（一八〇三）に立作者になり、文化八年（一八一一）に南北を襲名する。

文化文政（一八〇四～三〇）という江戸文化が最後の華を咲かせた時代に多くの作品を手がけていて、生世話《きぜわ》の創作者ともされる。生世話は、世話物のなかでも写実に力点をおいた狂言で「東海道四谷怪談」「三人吉三」「鼠小僧」など、怪談物や白浪物が際立つ。

明治期に鶴屋南北を評して、「血生臭い人殺しや、ものすごい妖怪変化、神変不可思議な早変わり、あるいは男女の恋情痴態の際どい写実など行っている」という言葉が残っている。

代表作は通称「四谷怪談」「天竺徳兵衛《てんじくとくべえ》」「お染の七役」「女清玄」「五十三次の怪談」などが挙げられる。

■宝暦五年（一七五五）～文政十二年（一八二九）。

桜田治助《さくらだじすけ》

初代は江戸の人で、俳名左交《さこう》。曽我祭大踊図（133頁）の「神祭る皐月を曽我の世界哉」は桜田治助の作。

宝暦七年（一七五七）頃に市村座の作者となり、芝居の世界に入ったといわれる。その後四年ほど京大坂で修業をして帰り、明和五年（一七六八）立作者。顔見世興行などでは独特の工夫を凝らし、世話物ではより写実的な世界を広げた。人情を穿ったものも多い。

代表作の一つが天明四年（一七八四）中村座の顔見世狂言「大商蛭小島《おおあきないひるがこじま》」。一番目の時代狂言で伊豆に流された源頼朝は二番目の世話で寺子屋師匠に転じるという趣向。師匠、実は頼朝の役は三代澤村宗十郎が演じて、江戸っ子やんやの喝采。この外「伊達競阿国戯場」「御摂勧進帳」などの作がある。

■享保十九年（一七三四）～文化三年（一八〇六）。

桜田治助は数代続き、二代は初代の門人で文化五年（一八〇八）に襲名、同十四年（一八一七）立作者。三代は二代の門人。天保六年（一八三五）襲名、立作者。この名の作者は代々舞踊曲にも見るべきものがあり、三代治助には「乗合船」「どんつく」「粟餅」などの作がある。明治期以後に三代の門人が四代を襲名している。四代の中でも初代が際立っていて、世の中の動きに注意深い目を持っていて、その深層を見事に芝居に見せたといわれている。

■鶴屋南北の「天竺徳兵衛韓噺」。文化元年（1804）7月、河原崎座の興行。徳兵衛の尾上松助が3役を務める（歌舞妓年代記）

■楽屋稽古。役者は各自抜き書きを手元に置き、それを見ながらせりふのやり取りを覚え込む（戯場楽屋図絵）

正本《しょうほん》

正本は、役者のせりふとト書きなどで狂言内容を表した芝居の脚本のこと。作者は、まず始めに横二つ折りにした半紙に草稿を書き上げて、これを主だった役の人達に読み聞かせる。そこで修正を加えて完成させると、今度は半紙を縦に折って清書した。これが正本で、最初のを横本といった。

正本のせりふの頭には役名ではなく役者の名を書く。その他たくさんの約束事が正本にはある。

◆一　この下に役者の狂言せりふを書く。

◆ト　ト書きという。これは詞書のかたわらに割書きをする。狂言の趣や心得をここに書いて示す。

◆○　おもいれ。大きな丸を書く。これは言葉を切って思案をする形。互いに目と目を見合わせるなど、銘銘の心持ちでする形なので、作者は印だけで指示はしない。

◆ムり升　「ムり升ふ」などと書く。ございますの言葉

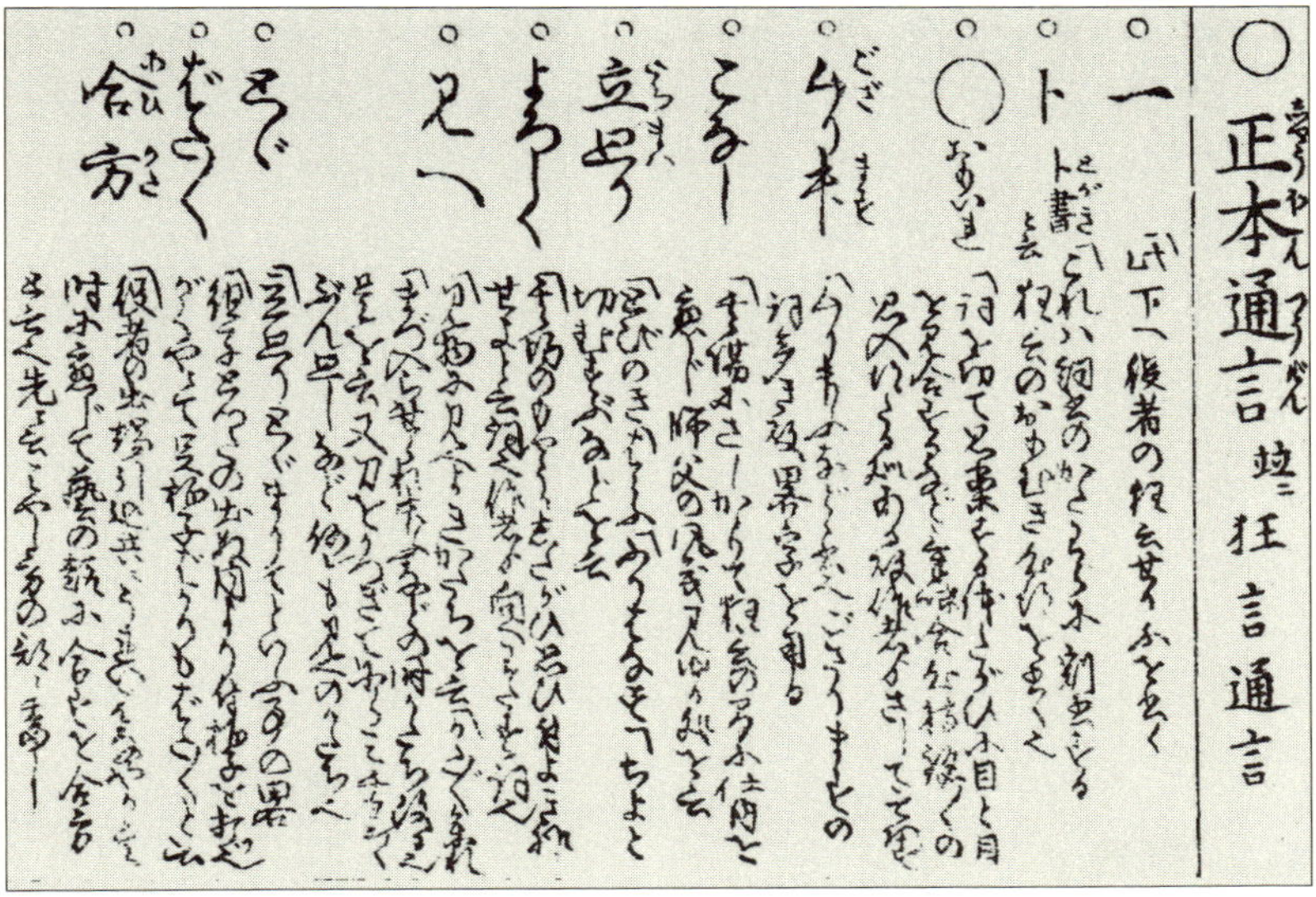

正本に書かれている約束のしるし。「ト」とあれば、そこには狂言の趣が書かれている。ここで大きく声を上げて、などとある

が多く出るのでこう書く。

◆**こなし** 狂言のある場面で、表情や動作で役割上の感情を見せること。

◆**立ち回り** 飛びのき、はらう、振り放す、一寸切り結ぶ、などのことをいう。

◆**よろしく** その場の加減でよいようにして下さいといった作者から役者への頼み。

◆**見得**《みえ》 見物が見て惚れ惚れするような形をいう。「かたがた参れ」「まず入らせられましょう」などという時に形を改めることをいう。また、刀を担いでのにらみ、回り舞台で登場する時も見得の形。

◆**とど** 立ち回りとどまりて、の略。

◆**ばたばた** 大勢の人が一斉に出る前に附拍子《つけびょうし》を打つ。楽屋で足拍子ばかりをするのもばたばたという。

◆**合方** 役者の出や引込、あるいは憂いの場、華やかな様子の時、その時々に応じて三味線でその感じを盛り上げることをいう。

◆**鳴り物** 笛、太鼓、三味線、鼓、これらはすべて鳴り物。

◆**唄**「つなぎ」とも「うしろ」ともいう。長唄、めりやすなどで役者の出入りの時に奏でられる。こうした場面を唄になるなどという。

はき舞台、つまり舞台に役者がいないときに、後から出て来るまでの唄を「つなぎ」という。舞台に役者がいる時に唄うのを俗にうしろを付けるという。

◆**かえし** 早幕ともいう。引き返し幕のこと。

◆**チョンチョン** 拍子の幕のことをいう。見得で幕になるところ。拍子木が二度鳴る。

◆**しらせ** 幕の内の拍子木。支度のしらせを打つこと。

◆**留拍子木** 幕を開ける時のしらせ。

◆**きっとなる** ちょっと決める。

◆**こころいき・いろいろ有て・ささやく** どれも正本の言葉。

◆**仕出し** にぎやかなる仕出し、などとある。幕開きに大勢並んでいることをいう。

◆**ならび** 右に同じ。並び大名など。

◆**出** 出場、出るとき。出があるという。

◆**引込** 役者が楽屋に入ること。

◆**はき舞台** 皆が奥に入って道具建てばかりが舞台にあるさまをいう。

◆**たて** 太刀打ち、立ち回りに同じ。その他数え切れないので詳しくは載せず、とある。

◆**愛敬**《あいきょう》 立役、女形ともに向こうから出て、花道の中ほどで止まり、ぐっとにらむか、一つ決めるかするが、必ず落間、下の方に向けてする。これを愛敬をくれるという。

◆**捨せりふ** 花道や奥からの出入りに、一人つぶやきながら歩くのをこういう。

◆**押戻** 本舞台から花道の中ほどまで来ると向こうから出てきて、本舞台の方へ戻すこと。

◆**早幕** 黒幕や浅黄幕などで、チョンと柝《き》が入ると、ぱったりと下へ落ちて、道具が変わることをいう。

◆**一夜附**《いちやづけ》 今日あったことをすぐに考えて翌日には看板を出す、これを一夜附という。

正本の写し《しょうほんのうつし》

左の図が表紙。右隅に墨付とあり、中央に「けいせい優曽我《なとりそが》」とある。これは名題。その脇は第二番目二日目序幕。左に作者瀬川如皐《せがわじょこう》とある。

天明八申春狂言二番目

瀬川菊之丞　岩井半四郎　二日替四幕づつ

お染久松浮名の初霞　浄瑠璃　冨本豊前太夫

お梅粂之助世噂翌雪解　浄瑠璃　常磐津文字太夫

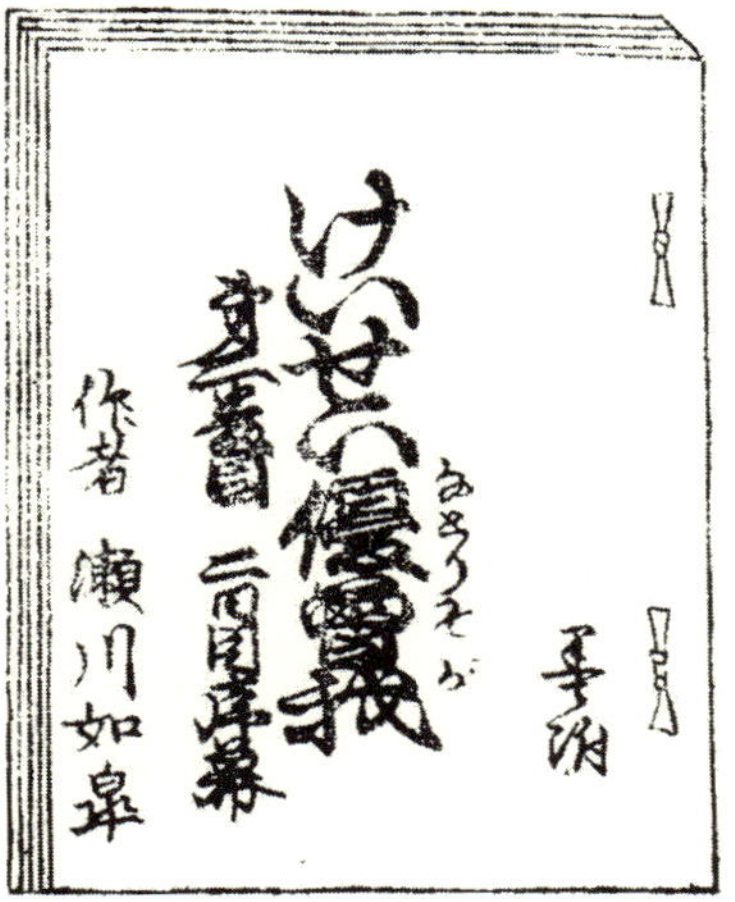

■「けいせい優曽我」は天明八年（一七八八）桐座の春狂言。二番目狂言、二日替り初日はお染を瀬川菊之丞、久松に岩井半四郎。二日目、お梅を半四郎、粂之助は菊之丞。当時市村座が休んで桐座が控えを務めていた

三馬の説明では、この狂言は大入り大当りで、作者の如皐に贔屓連から引幕一張の進物があった。これは古今にないことで、作者に引幕の進物は旧記にも見えない。ここに記して故人の徳を表す。また、その頃は高名な狂言作者が多くいたので、甲乙はつけ難い。そこで故人の表した狂言の筋を出して楽屋鳶《がくやとんび》の耳目を防ぐ、としている。

次頁の上図は、右にその幕の役割が書かれているが、これは略してある。左は一名筋書、俗に大帳という。

この正本の本文を一人一役に書き取って持つことを「かきぬき」という。俗にいう、せりふ書きのことだと解説をして、正本の部分を図版として見せている。

初　其

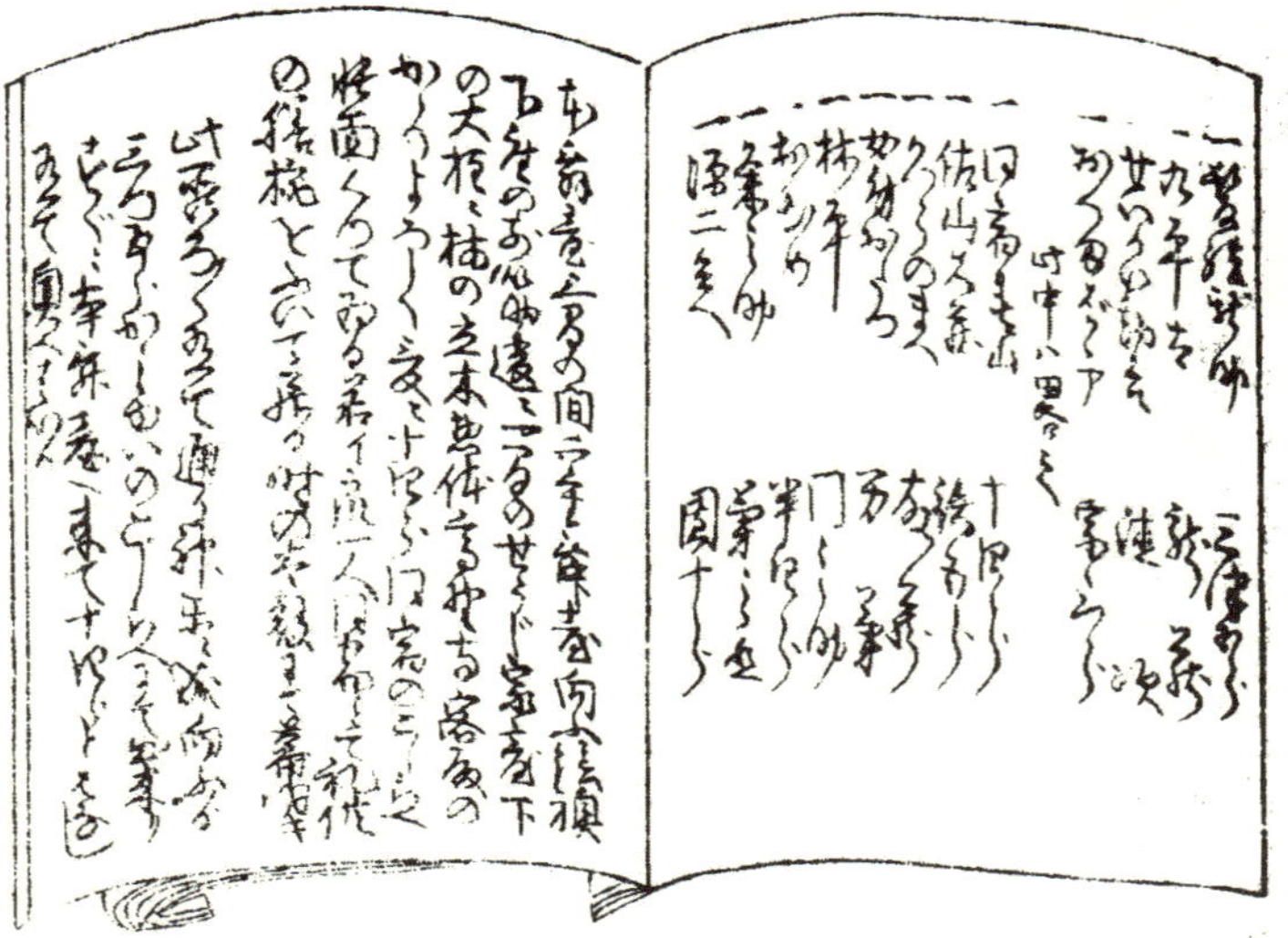

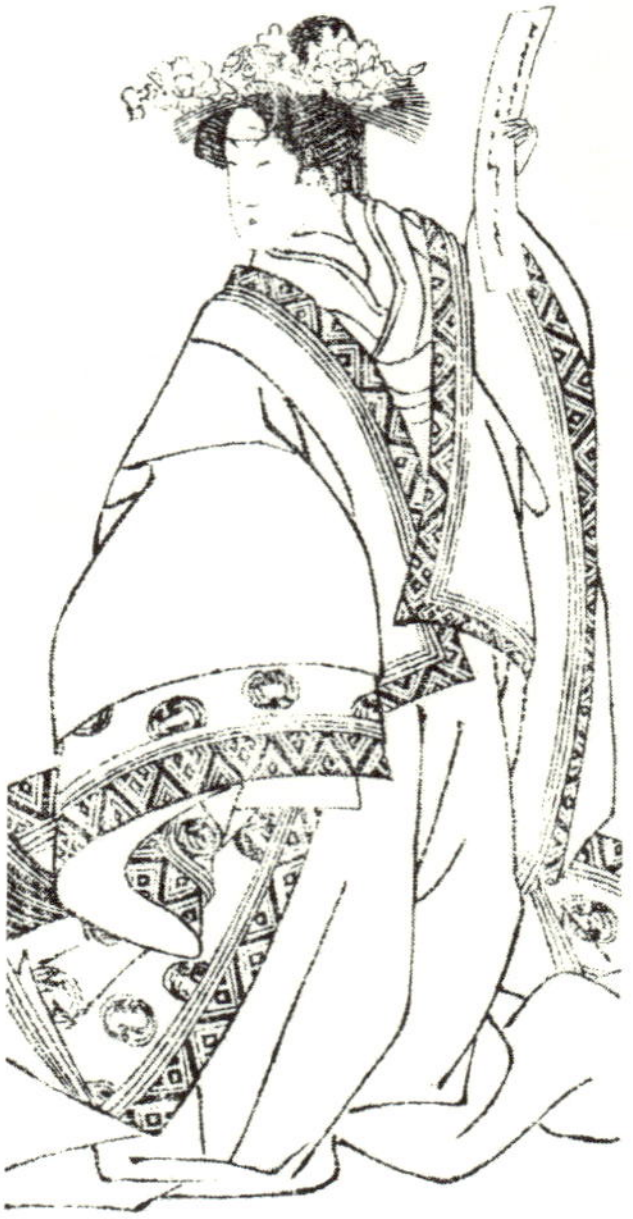

■当狂言の瀬川菊之丞は三代目、作者瀬川如皐の実弟

■正本というのは、芝居のすべてが書かれているものといってよい。これによってすべての準備は進行する。役者は自分の名があるところの、書き抜きを手にしてせりふを覚える。正本には役名はなく、それを演じる役者の名が書かれていたので、書き抜きは下位の作者が正本から各役者用に作る。衣裳方、小道具方、大道具方もそれぞれの部分を正本で知り、書き抜く。初期の頃は完成された正本というのはなく、何度も訂正があったようだ

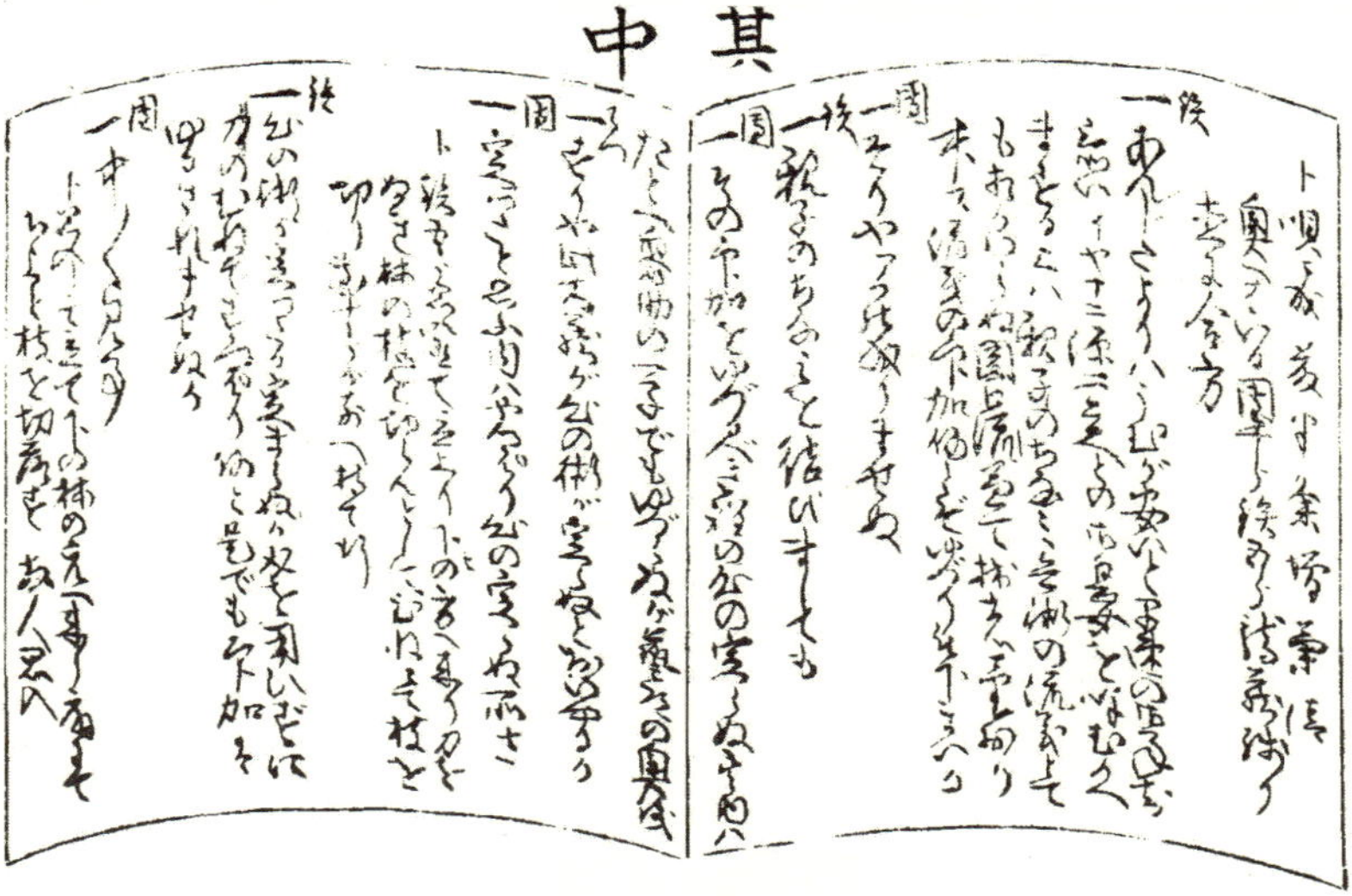

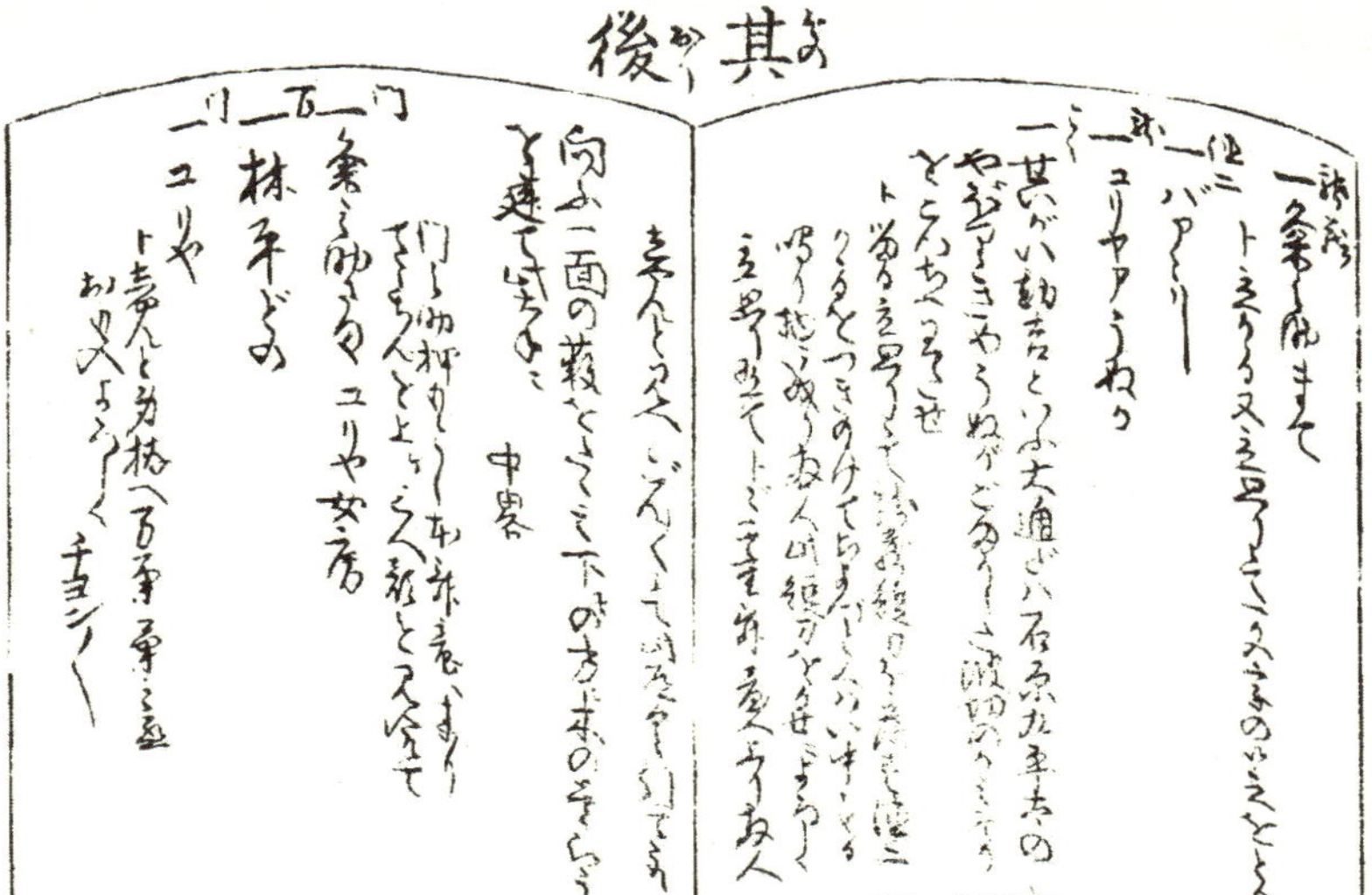

■「一」とある右脇に役者名の略、團十郎なら一文字「團」。
その下にせりふが続く

■囃子町の図。三味線や太鼓など、音曲にかかわる人達の居る部屋で、音の具合を見ている者もいれば、弁当を使う人もいる。武士の副業から始まったからだというが、初期にはここに刀掛けがあった

囃子方《はやしかた》

囃子で芝居を引き立てる役が囃子方。囃子方の演奏する楽器や演奏そのものを鳴り物といい、囃子があることを鳴り物入りという。

囃子には笛、小鼓、大鼓、太鼓があり、これを四拍子《しびょうし》という。もう一つの重要な楽器は三味線。浄瑠璃に三味線は欠かせない。また歌舞伎本来の付随音楽として発展してきた長唄も、伴奏楽器はやはり三味線が中心になる。

江戸歌舞伎の始めの頃に、上方長唄の言葉があり、それに対して江戸で作られた長唄には江戸長唄の名が与えられた。その後冠ははずされ、単に長唄とされるが、義太夫《ぎだゆう》が「語る」のに対して、長唄は「唄う」ところにその特徴がある。それゆえ、歌舞伎舞踊の世界に多く使われたり、情緒を表すところで使われていた。

■大坂芝居の錣打（しころうち）。正月芝居の打ち出し頃、振袖姿のおかめと頭巾に羽織姿の塩吹が仕切場に来て「評判々々」の掛声につられて踊る（戯場節用集）

鳴り物の色々《なりもののいろいろ》

◆本神楽・宮神楽　神前などの幕開け、神事などの時に舞う。

◆岩戸神楽　卑近な例でいえば、忍びの者、忍者の出などにある。

◆通り神楽　春だけの鳴り物で、大神楽の出場、松飾りがあって正月の挨拶に来る者の出場に使う。

◆天王建　公家の出場に鳴る。

◆下り葉　三弦、つまり三味線入りもある。公家の引込みなど。

◆大拍子　神楽堂などにある。三弦入り。

◆白囃子　しない打ちの時か、相撲か、または奴二、三人が水を打つ幕開にある。

◆肥前節　大小の合方、物語などに使う。

◆祇園囃子　祇園囃子を江戸風にして使う。

◆ショチリ　行列の時、ハイホウ、ハイホウの後ろに使う。

◆**祝詞**　神職や行者に使う。

◆**管弦**　雅楽。御殿の場面などに使う。

◆**あばれ丹前**　なまず坊主にあり。

■三味線弾きも長唄も鼻つき合わせて毎日会っている、まるで五百羅漢のような人達だというが、十六羅漢くらいではなかろうか（戯場節用集）

◆**楽**　神々しさを出す鳴り物。

◆**禅の勤**　禅ばやしという。近い頃では、雛助が、五三の桐、山門の場であった。一名、おうばく。

◆**唐楽**　化身などに使う。

◆**ドロドロ・寝鳥**　これが鳴ると幽霊が出る。

◆**はやめ合方**　吹き水などの場面、舞台が緊張した時に使う。

◆**らいじょ**　狐場に使う。

◆**テンツツ**　ぢぢ、ばばの出場に使う。

◆**三重**　曽我兄弟が出てくるような対面の場、寂しさや凄みを出す「しのび」。引き込む役者が徐々に足を速めて退場する時などの「おくり」などがある。

◆**トテチリ**　一名さはぎ。茶屋場の幕開出端など。

◆**すががき**　傾城、男達などの出端に使う。

◆**山おろし・雪おろし・波の音・風の音**　この四つは同じ方法。喧嘩などの荒れ場などに使う。

◆**つっかけ**　暫など時代物の中心人物の登場の時、ヒッピウリウリウ。

◆**かけいり**　右に同じ。狂女の出など。
◆**竹笛入の合方**　腹切場にある。
◆**音楽**　天人などに使う。
◆**はや笛・ドンドン・ながし・大太鼓入りのたて・和歌**　どれも話の結末に使う道具。「かたがたさらば」という時は和歌を使う。
◆**辻打・寄・みを**　大太鼓、笛を使う。辻打は見せ物小屋や広小路の情景に、寄は勧進帳などで使う。
◆**だいひょうし・時の太鼓**　ドドン、ドドン。
◆**捨鐘**　ガンガン、引き返しの幕に使う。
◆**遠寄**　太鼓、貝、銅羅を使う。
◆**対面三重**　中村座と市村座では多少異なるが、曽我兄弟の登場時に鳴らす。
◆**早三重・うれい三重・六部三重**　六部の登場に使う。
◆**大どろどろ・ウスドロ**　太鼓ばかりを使う。
◆**出うた・引込うた・田舎うた・琴うた**　すべて二上がり。
◆**雪の音**　風の音などと同じ。
◆**そうは**　念仏、鐘、太鼓、ジャンジャン。
◆**揚弓の合方**　カチリ、ドン。
◆**葛西念仏**《かさいねんぶつ》　鐘、太鼓、三味線。
◆**水うち**　鼓大小、タッ、ポンポン。
◆**片しゃぎり**　大太鼓、笛。これも、かたがたさらば。
◆**トヒョ**　鳥のなく音。
◆**虫の音の類**　春は鶯、夏は郭公、秋は虫か蛙の音。
◆**篠入**《しのいり》**の合方**　竹笛入りと同じ。切腹場に使う。
◆**大小浮拍子・くち込**　二番目が始まる時に使う。
◆**ぬめり**　五人男の出場。
◆**小太鼓の楽**　雲気の現れる時。
◆**あつらえ囃子**　時々の狂言によって、役者の好みに合わせる。
◆**しゃぎり**　一幕が終わった時になる。
◆**雨車**《あまぐるま》　雨の降る音を出す車をいう。天文のところに出ている。
◆**助六のたてに使う琴**　六段に限るという。このほかにも合方は様々あるが略すとある。

■道具方。大道具は幕の内の仕掛けや、建物の組立などを扱う。舞台上の立ち木や城の遠景などもこの大道具方の仕事

道具方《どうぐかた》

道具方は、幕の内の仕掛けや切組みを担う大道具方と小道具方がある。大道具には常に用意している二重（舞台）、格子、壁、障子、藪畳《やぶだたみ》などがあって、その芝居によって作者から注文が出るものを組み立てる。水、雪、畳も大道具方が用意。また、遠くの景色や山川などを描く張物というのがある。布に描いて下げるのもあるが、これを書割という。

小道具は硯蓋、盃、手水鉢《ちょうずばち》、煙草盆などの類をつかさどる。立っている樹木は大道具の係だが、それを折ってお姫様に一枝あげる時の枝は小道具の係。

また、口にするものも江戸時代に完成していて、例えば饅頭をやたらに食べる場面では紙の饅頭を用意する。役者は前の紙のかすをさりげなく手で受けてから次のを口にする。蕎麦などは本物を用意していたという。

煙管《きせる》も小道具で用意するが、役者によって凝《こ》る人は、自分の特製を用意する。

■小道具方。数々の身の回りの道具を用意して、舞台に据える仕事をする人達。左の人物が持つのは商家の必需品、帳箱

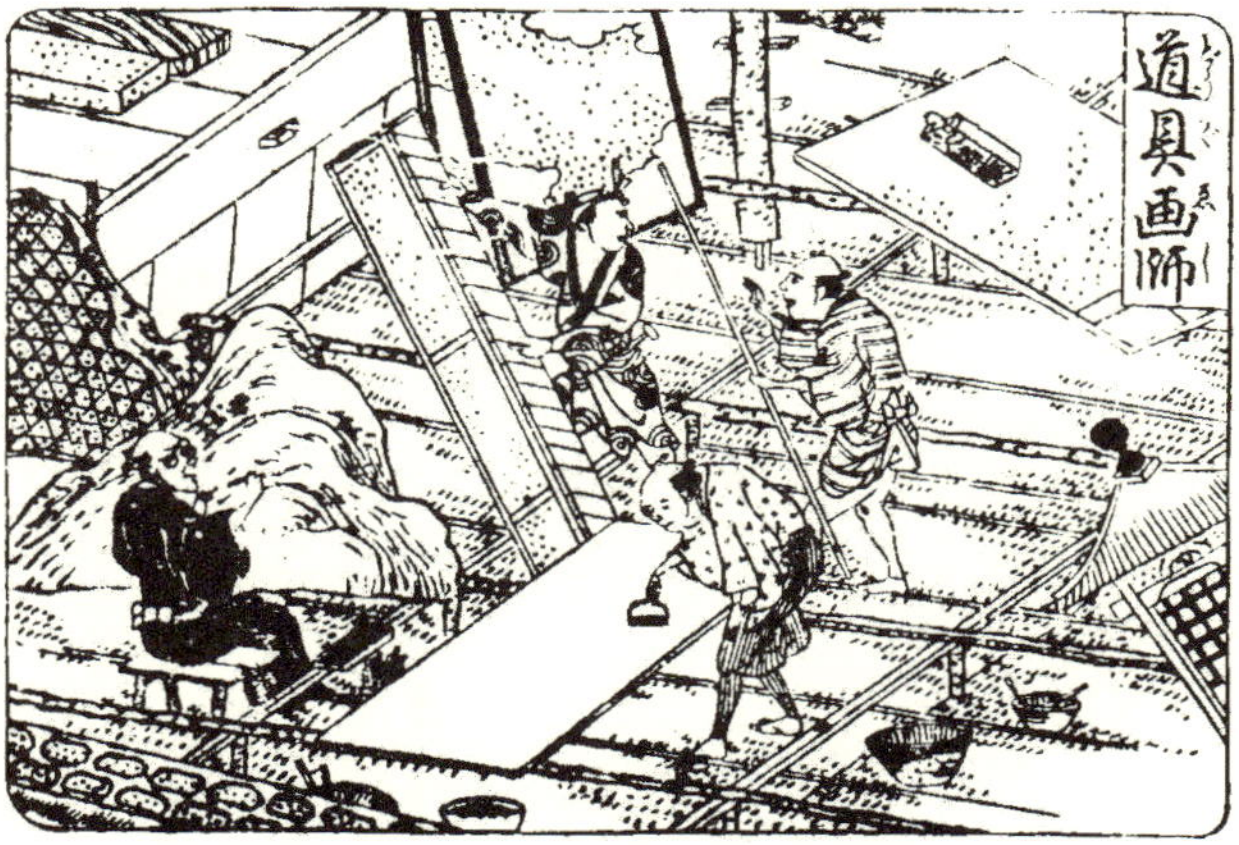

■道具絵師。城の遠景、波の壁、遠くに霞む山などを描く人（戯場楽屋図絵）

■藪垣を切り破って出る図。出る本人はただ座って湯で喉を潤している。助っ人が刀の先を見物に見せ、あたかも本人が切り破って出たように見せる。出てくるのは何の某。切ったのは名は無い役者

舞台の仕掛け《ぶたいのしかけ》

江戸時代の舞台下は、回り舞台の用意をしたり、せり上げ、せり下ろしの準備をしたりと大勢の道具方が忙しく立ち働く所だ。

せり出しは舞台上にいなかった人物が背景などと一緒に現れたり、一人でにらみながら段々に姿を現したりする仕掛けの事。道具はすべて、縄とろくろの力によって動く仕組みで、係の人物が数人で綱を引き、舞台上に役者を上げる。場面によっては、役者が一人ならば、担ぎ上げることもある。舞台からそろそろと舞台下へ消えて行く時は、せり出しとは反対の作業をする。

せり上げ、せり下ろしの工夫は建物にもあって、例えば金閣寺の三重。これは上の方の一重を小さく作り、下の二重も段々に作って、下だけをせり上げるのだが、後の二重の

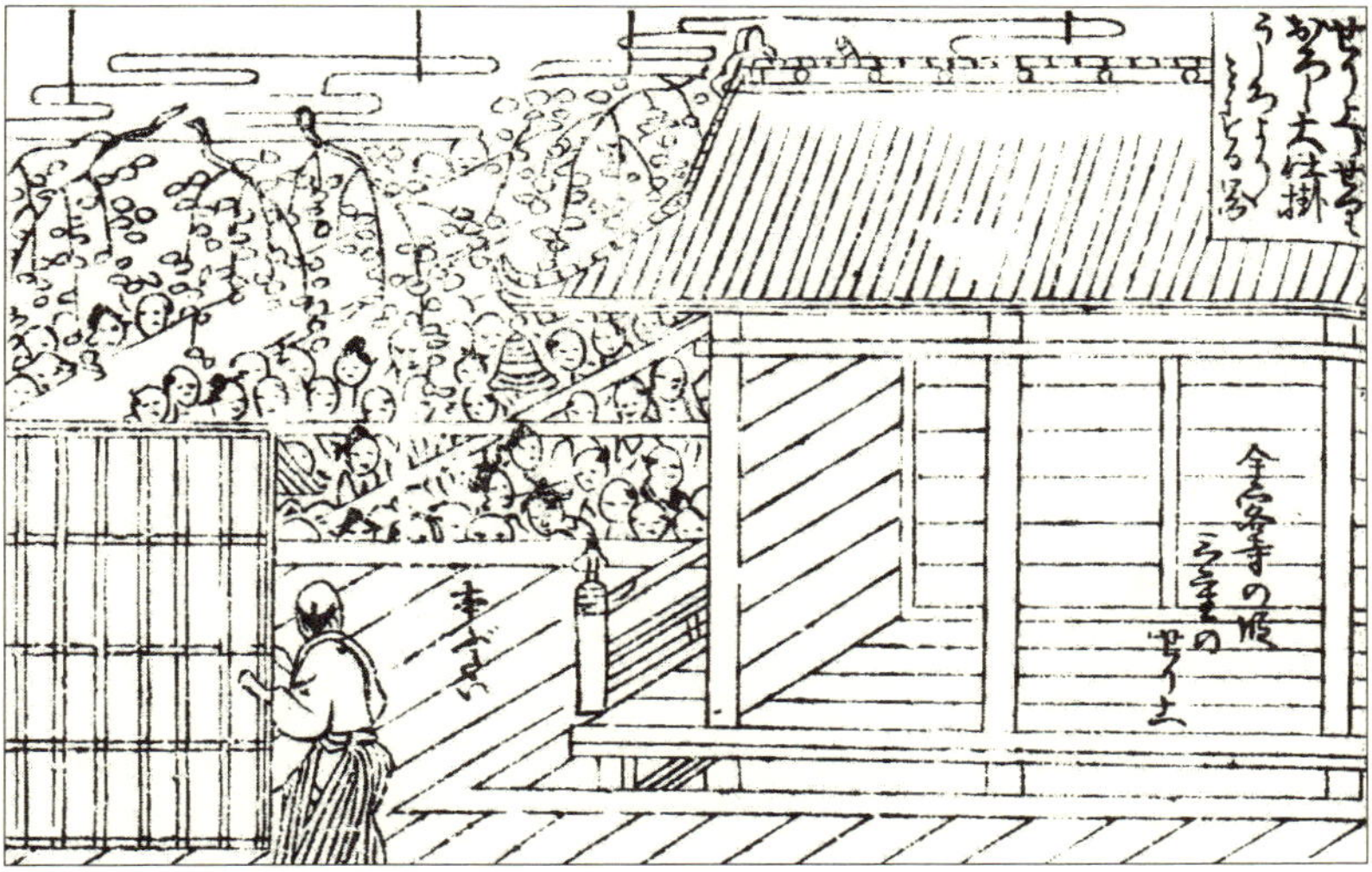

■せり上げ、せり下ろし大仕掛けの図。建物は下から上がって来たところで、いらなくなると段々下に消えていく。せり上げは人物だけでなく、建物にも使う

■せり上げの舞台下。下では大勢の人達がこうして力を尽くして、建物や人物を上げたり下げたりしている。舞台下のことを穴蔵とも呼んだ

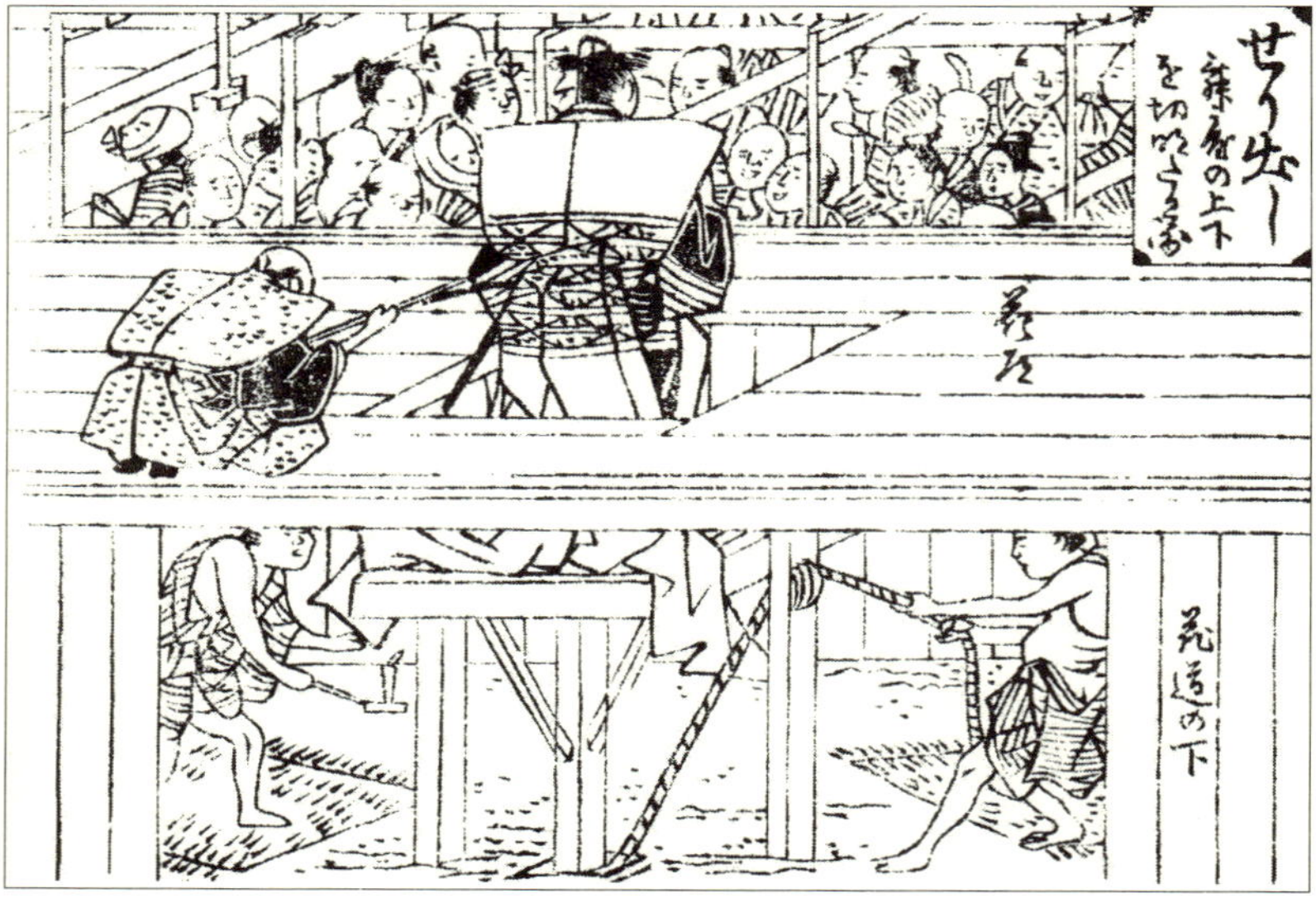

■花道のせり出し。花道の下では轆轤（ろくろ）を使って数人の人達が役者をせり上げている。むろんせり出て来た役者も見物にその形を見てもらうために力んで大変だが、縁の下の力持ちとは、まさにこうした舞台を盛り上げるの人達のことだろう

楼は入れ子に作ってある。

こうした舞台の仕掛けは人形芝居から始まったようだが、宝暦（一七五一～六三）頃には芝居にも登場する。どちらにしても、人力でやる仕事なので大変な作業であったことはいうまでもない。

せり出し《せりだし》

舞台に空けた穴から徐々に役者が現れる、奈落からの登場を演出する仕掛けがせり出し。上図は花道の七三と呼ばれる本舞台に近い所に設えた切穴だが、これを「すっぽん」という。ちょうど泥亀が首を出すように首から役者が出てくるからだという。せり上がってきた板が花道の板にすっぽんとはまるからこう呼ばれたともいう。

せり出しは役者の姿を印象深く見せるための工夫で、妖術で姿を現す人物や亡霊、物の

■大坂のせり上げ。役者を一人でせり上げている（戯場楽屋図絵）

怪などがよくここから現れる。

大きな役者の登場を力強く見せようとする場合もあり、この時には役者は徐々に現れてくるが、一つも動かず、ある形をしてしずしずと現れてくる。これもろくろと人力で上げる。

回り道具《まわりどうぐ》

回り道具とは、回り舞台のこと。舞台の床を丸く切り取って、これを舞台下で人力とろくろの応用で回転させ、あっという間に場面を切り替える仕組み。手遊びの回り灯籠などもこれに同じく、身近に例えると傘を回すのに似ていると式亭三馬はいう。

舞台を回す仕掛けは、正徳享保（一七一一〜三六）頃に江戸の作者中村伝七の考案した「ぶん回し」に始まる。これは動く二重舞台というようなもので、平舞台に回転台のような仕掛けを置いて二重舞台を作るやり方。

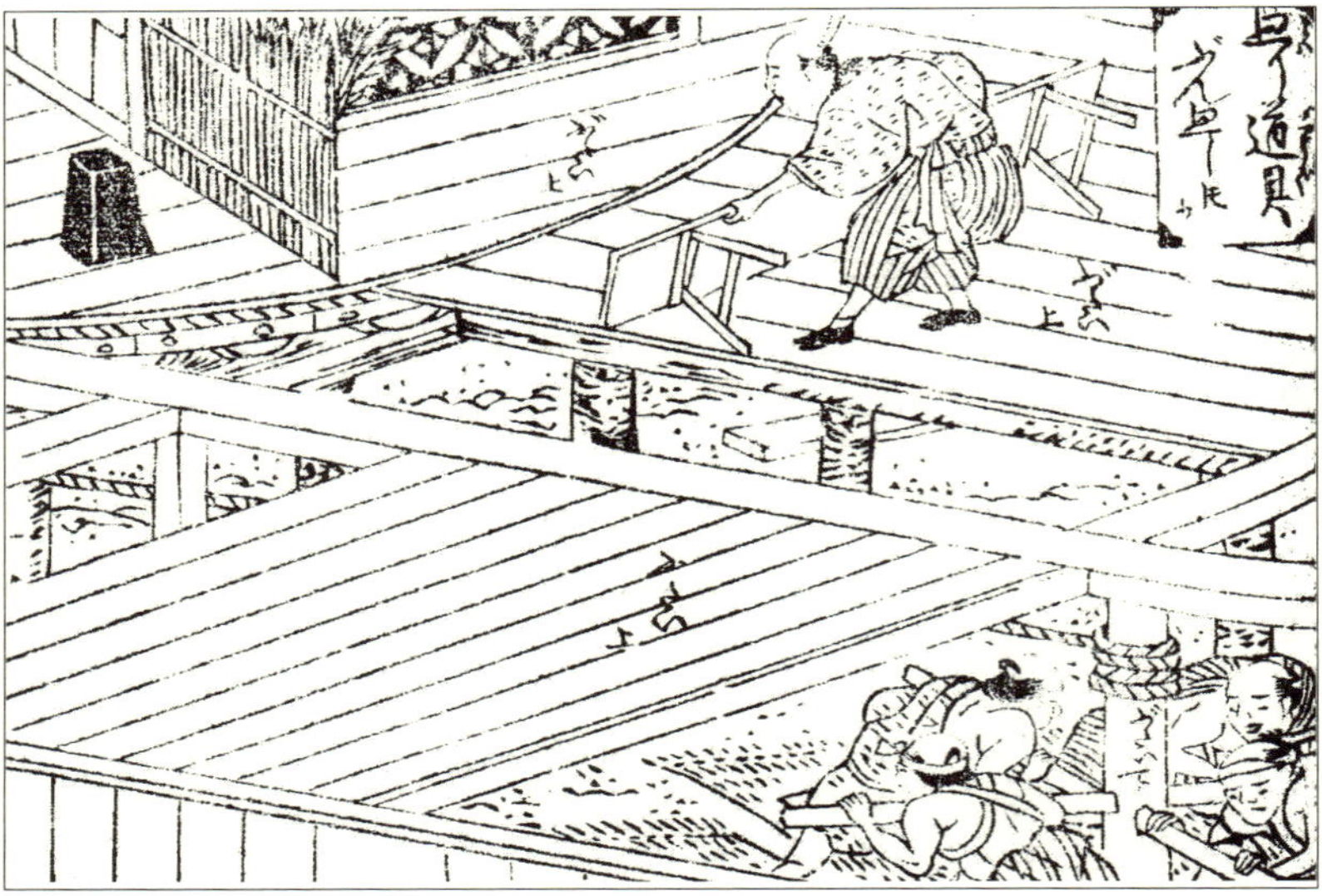

■江戸期には「ぶん回し」ともいった回り道具。今いう回り舞台。舞台の上では道具を片付けるのに暇がない。下では力男が回すのに余念がない。花の裏方達

切り取った円形の床が道具建てを載せて、半分回れば別世界が現れる。この驚きの仕掛けは、宝暦八年（一七五八）大坂の角の芝居で、狂言作者の並木正三が独楽《こま》を見て思いついて実行したのが始まりという。江戸で使われ出したのは寛政年間（一七八九〜一八〇〇）。

図を見ると、舞台が替わった後ろには、片付けをしている道具方がいる。さらに舞台が替わるようなら、次の場面の道具を組んでおかなければならない。大道具も小道具も大忙しで手際よく新しい場面の道具建てを作り上げたのだろう。

観る方にとっては嬉しい一瞬の場面転換だが、それを成し遂げるのは文字通り縁の下の、舞台下の力持ち達だ。

大仕掛けがんどうの解

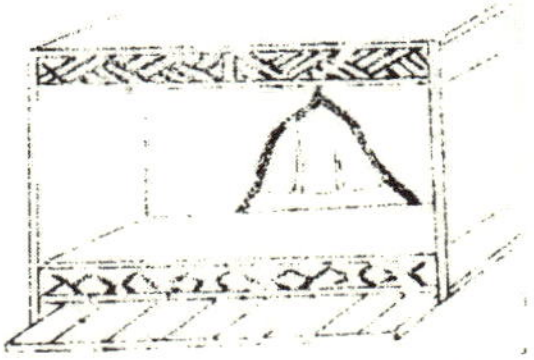

1　大仕掛がんどうの解説。この舞台をたちどころに変えて見せるのががんどうの仕掛

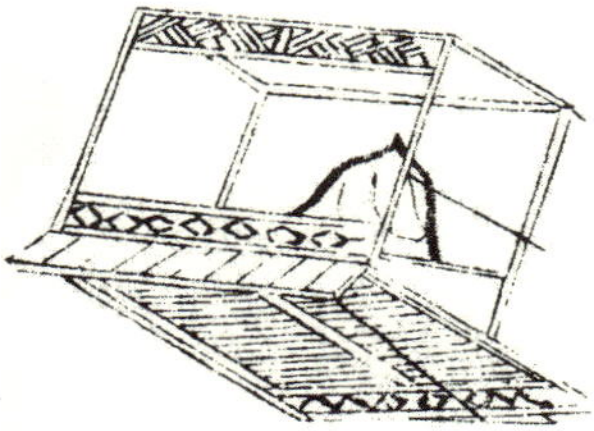

2　後ろへ自然に引き返せば、下から新しい場面が登場する。図は半分ほど引き返したところ

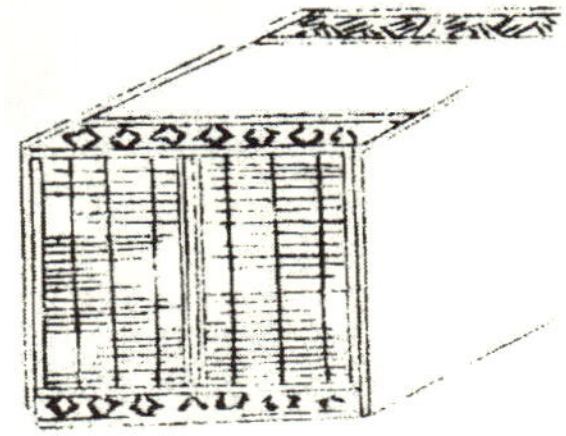

3　後ろへ引き返して道具がまったく変わった図

■一図のような仕掛けの二重舞台。これを二のように後ろの方に自然に引き返せば、下から他の道具建てが出てくる。二は半分ほど引き返したところ。三は後ろに引き返してまったく違う道具に変わっている。完了すると、三のようになり、別の部屋が現れる。これを名付けて「がんどう」という。

■がんどうの名の由来、龕燈提灯。二人の盗賊が持つのがそれで、悪事を働く際の必需品と見える（校本庭訓往来）

がんどう

舞台上の道具建てを引っくり返すことで、それまで底だった面が観客の正面に現れ、まったく違う場面が登場する大掛かりな仕掛けで、「がんどうがえし」ともいう。

前の頁に示した簡単な図解を見るとあらましが分かるが、図では室内の場面が九十度回転して、底面に用意された御簾《みす》が現れている。

この仕掛けは宝暦十二年（一七六二）、大坂の芝居で狂言作者の竹田治蔵が考えて実行したのが最初だという。舞台上の仕組みとしては回り舞台とともに、場面転換の早さで見物をうならせる双璧といえる。

がんどうがえしは「どんでん返し」とも呼ぶが、虚構でも現実世界でも事態が正反対に転ぶというこの言葉は、ここから来ている。

「がんどう」は強盗提灯の火の台が、提灯が揺れて角度を変えても自由に水平を保っていることから連想された名付けのようだ。

■中に回転板を取付け、これに反射板を付けて、差し向けた方向に集中的に光りが行くように作られた提灯

■大道具がんどうを動かす図。一瞬にして場面が替わる仕掛けが、がんどう。部屋の中だった舞台の上は、いつの間にか部屋の外のようになる。その変化に見物は喝采をするが、舞台の下では人々が見物の喜びのために必死の汗を流している。仕事を指図する人も、舞台下には必要だった。この人達の苦労が役者を引き立て見物を喜ばす

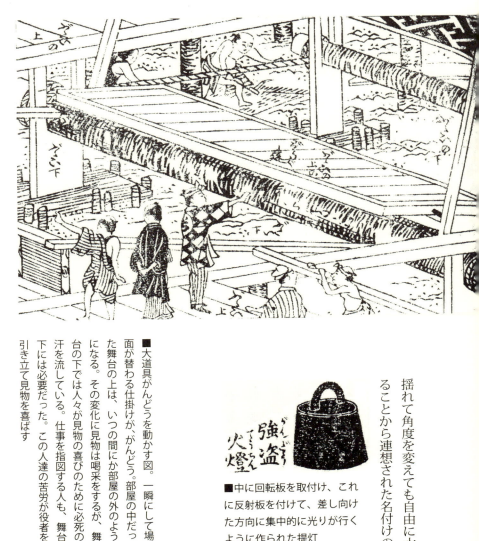

■引き道具。これはある形をしたまま舞台から消える道具。台の上でがってんがってんと首を振るのは市川家が伝えたとも、名人、山中平九郎が作り出したともいわれている名場面

引き道具・引き台

ひきどうぐ・ひきだい

引き道具は、道具建てを車付の台の上にこしらえて、前後左右に移動させ、場面転換を行う仕組み。宝暦年間（一七五一～六三）には大川（隅田川）の道具を下流から上流までゆっくり移動させて見せたことがあるという。

引き台は役者を乗せたまま舞台上を移動させる車が付いた台のこと。左頁上図の「膝行景清《いざりかげきよ》」のように回り道具やせり出しにも押し出して使うことがある。

引き台に乗って頭を振り、「がってん、がってん」のにらみは、市川家から始まったといわれる。あるいは後の実悪の名人、山中平九郎から始まったという説もある。なにぶん古い説なので詳らかではないが、かなり以前からあったものだと三馬は書いている。

引き道具も引き台も、正徳年間（一七一一～一五）に狂言作者、中村伝七が考案したもの。回り道具（163頁参照）も、伝七の創意から生まれたものだ。

■押し出し。景清が形のまま登場する台。回り道具やせり出しの時にもこの台は使われる。後押しは大変そうだ

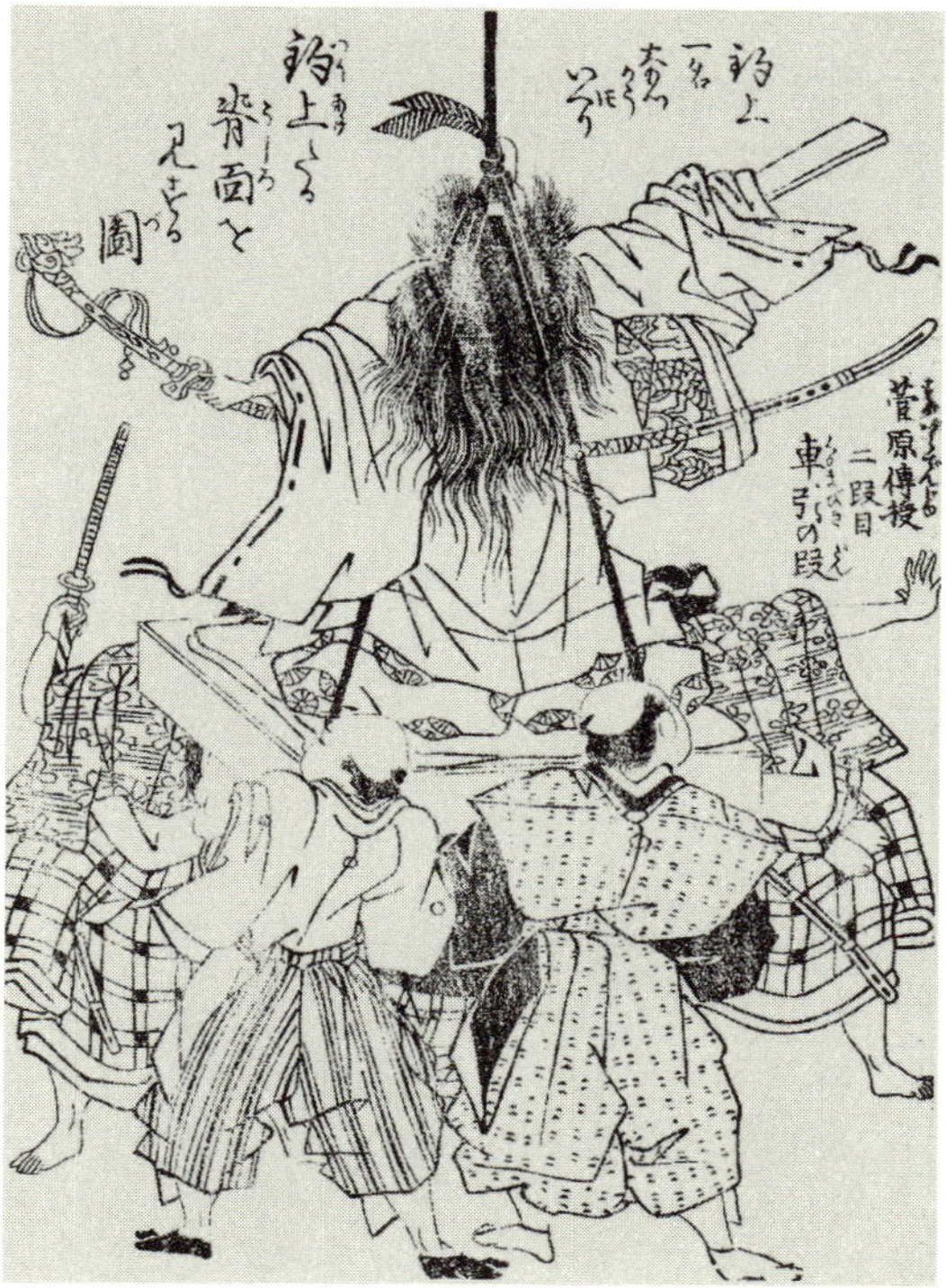

■釣上、一名大もっこう。これは釣り上げている姿を後ろから図にしたもので、菅原伝授三段目車引の段。見物を喜ばせるためには、役者も多少の危険は覚悟する

伝七は当時の名人で、俳名を角止という。中村座一門で最も風雅の名が高かった人物という。

■時代の変遷は楽屋の裏口にもあると三馬はいう。しかし楽屋のことは秘密なので、略すとしている。図には役者が荷を持たせて入る姿が描かれている

楽屋《がくや》

楽屋は、舞台の裏側に設けた芝居関係者のいる所。第二章で紹介した勾欄全図《こうらんぜんず》（94頁参照）の「北極」周辺が楽屋に当たる。図にはガクヤ出口、ハヤシ町、稲荷町、衣裳蔵、二階、三階などの表記がある。

楽屋には専用の楽屋口があり、楽屋一切を取り仕切る頭取座の部屋があり、床山《とこやま》がいて衣裳蔵もある。舞台に必要な物を用意する小道具方、大道具方、狂言作者もいる。

こうした舞台作りに携わる裏方の部屋があるのは一階で、役者が詰めるのは二階三階。

二階は女形なのだが、部屋も役者も「中二階」と呼ぶ。これは幕府の決めで三階は建てられない規則だったので、名称で誤摩化したという。「本二階」としている三階は立役のいる所。女形もそうだが名題以上の役者は個

■大坂の立役部屋。武ばった気配が少し感じられるが、江戸ほどではない（戯場楽屋図絵）

室を持ち、それ以下は惣部屋と呼ばれる大きな部屋に雑居していた。ただし、役者でも位が最も下の稲荷町《いなりまち》は一階にいて、雑用をこなしながら修業に励む。

■東西では役者の気分が異なるか。これは大坂の将棋を指す女形の部屋（戯場楽屋図絵）

■稲荷町。まだまだ修行中の若い衆大勢の部屋で、小屋の１階にあり、若い衆も稲荷町と呼ばれる。別名お下。初代中村仲蔵はここから座頭にまでなった名優

稲荷町《いなりまち》

稲荷町は楽屋の部屋の名であり、その住人の名でもある。近くにお稲荷様があるからだともいうし、部屋の若い衆が入り替わりの際に他の座には行かずに旧居《いなり》しているのを祝して、いなり丁と名付けたともいう。

稲荷町に大勢いる人達は、まだ役者になれない役者を目指す若い者で、お下とも呼ばれる。お下とは、一人前の役者がいる二階より下を指していう言葉だろうとある。

たいがいは太夫元（座元）の居候で、風呂も楽屋の風呂には入れず、銭をもらって銭湯に行く。修業のために脇狂言などを行う。人足と呼ばれ、通行人にもなる。幕が開く前に役割の口上を述べるのも毎日の役目。

■頭取座。楽屋口にある部屋で、頭取は常にここに詰める。頭取は年功のある役者がなり、楽屋一切のことを取り仕切り、役割口上なども舞台でする。権威のある立場で、若い衆や立役にもにらみをきかせている

頭取座《とうどりざ》

楽屋のこと、狂言方のこと一切を取り仕切るのが頭取で、老功の役者がこれを勤める。頭取は「東西東西」といって役割口上を述べたり、一日の芝居が終わると「まず今日はこれきり」と切口上《きりこうじょう》を申し上げる。頭取座というのはその頭取のいる部屋。

かつては座元がすべてを仕切っていたが、一人ですべてはこなせないし、できてもやらなかったりして、格別古くて慣れた役者を頭取に据えて楽屋の取り締まりを一切任せるようになった。

権威があり、頭取ににらまれることは楽屋人の最も恐れるところだったという。

■衣裳蔵。座元が所有する蔵衣裳のあるところで、足軽や中間、捕り方などの衣裳はすべてここの衣裳を使う。並び大名など数十点が常に用意されている。名題になった役者は自前でこしらえ、評判を取る工夫をするようになる

衣裳蔵

いしょうぐら

衣裳蔵は、座元が役者に貸し出す「蔵衣裳」を保管する蔵のこと。蔵衣裳はその座が持っている衣裳で、正本（脚本）ができると、その芝居に必要な衣裳を用意しておく。

自前で用意出来ない、位の低い名題下以下の役者は、たいがい座元が準備した蔵衣裳で間に合わせる。特に並び大名とか、大勢でかかる捕物などに出る役者は、揃いでないと困るので、蔵衣裳を借りることになる。こうした物には金はかけていないから、粗末なものが多かったという。

座頭《ざがしら》や二枚目、三枚目を勤めるような名題役者は、役に合わせてその都度工夫をして、その役の姿を作り上げた。なかでも初代仲蔵は衣裳狂いといわれたほどで、座元に「仲蔵を見習え、名題になったばかりでも、あのく

■大坂の衣裳方。衣裳が必要な時はこの人達が用意をして、着付けにも立ち会う（戯場楽屋図絵）

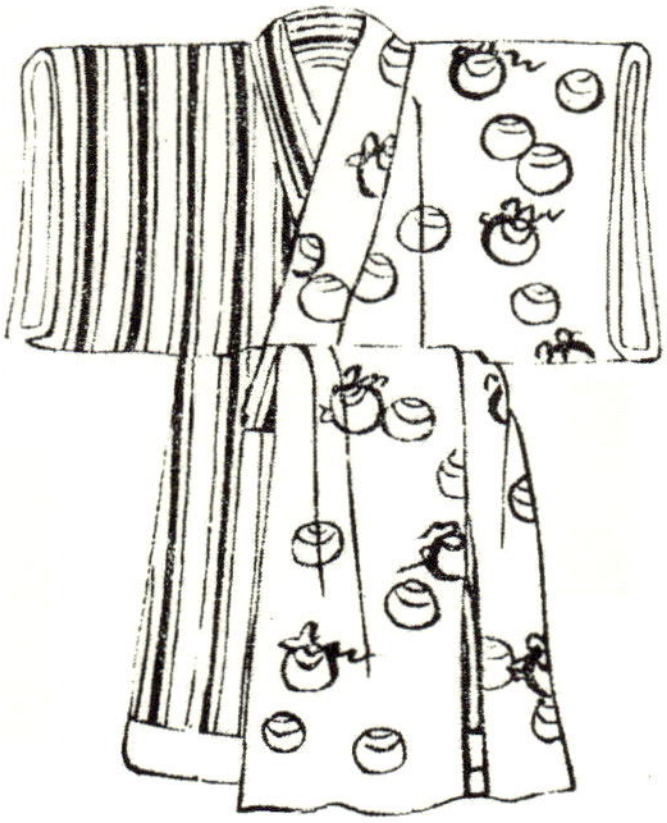

■なにやら仔細ありげな衣裳もある

らいの金は使って役をこなそうとしているではないか」といわせている。

しかし、古実に則って作られる大時代物などの衣裳は、いくら名題の役者でも作れないので、これは蔵がていねいに保存をしていて、高名な役者も着けたようだ。

暫を始め歌舞伎十八番の衣裳はむろん市川家のもの。市川家以外の家の役者が暫をやる時は断りを入れ、挨拶に出る仕来りだったという。

■床山。いわば楽屋の髪結床で、名題以下の髪を結う。名題以下の役者はここで頭を鬘下にしてから鬘を付け、芝居が終わると鬘を取って月代の頭になり、それぞれの居場所に帰る

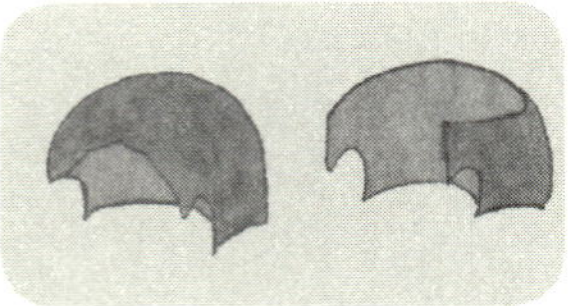

■鬘の下に付ける羽二重。右が立役、左が女形用（守貞謾稿）

床山

とこやま

髪を結う所も、結う人も床山と呼ぶ。

上図の説明には「中通りや小詰はここで髷《まげ》をほどき、鬘下《かつらした》になって鬘を付ける。帰る時には鬘を取って、月代《さかやき》にして帰る。中通りの鬘もこの床山で結う」とあるのだが、鬘下は鬘下地ともいい、これは鬘を付け易いように髷を小さく結うなどして仕上げる役者の髪形のこと。中通りは役者の位で、名題下の相中《あいちゅう》と稲荷町の中間に位置した役者。小詰は下位の役者の呼び名。

江戸時代は、役者がそもそも普段に町人髷を結っている。そこへ鬘を付ける。役柄に合せて鬘を結い直すのもむろん床山の仕事。

■京坂芝居の床山。役者の自毛を鬘下に結っているところ（戯場楽屋図絵）

楽屋の諸役《がくやのしょやく》

道具方のような専門職ばかりでなく、楽屋には一見雑用に見えて実は大切な役割を担う人達もいる。

◆**居風呂番**《すえふろばん》　居風呂番は風呂の火や水を世話する役で、たいがい楽屋番が兼ねている。女形はこれに入らないので、金盥《かなだらい》に湯を入れて部屋に運んでいく。この楽屋風呂を俗に泥風呂という。紅や白粉でどろどろになるからだが、この風呂は大変薬になるという。

■立役専用の楽屋風呂。火加減を見るのは居風呂番（戯場楽屋図会）

■蠟燭を持った楽屋番の後から出番を終えた役者が楽屋入りをするところ。後ろには一目見たいと興味津々の見物が群がる（客者評判記）

◆馬役　芝居の馬役になるのは若い衆の中から勤めると思うのは誤りで、若い衆とて、どの方もれっきとした役者衆。どうして馬の後足になるものか。この馬役になる者は他の仕事を兼ねるのだが、故あって略すと式亭三馬はいう。

「居風呂を焚きかけ馬の足に出る」という川柳があるので、馬の足は楽屋番の役だったのではないかと思える。

◆三階　秘中の秘だから書かない。ただし、近い頃は女人禁制。芝居の定法、法度書きなどにあってかりそめのこととしないという。三階は立役がいる所。

◆窓番　両桟敷の上にある明かり採りの障子の開閉をつかさどる。

◆口上　役触れといい、これは頭取の役。

◆狂言方　芝居の正本を書く作者のこと。

◆物書　作者についている役。

◆蝋燭方　「かんてら」を使う役。

◆穴番　穴は舞台に設けた切り穴のことで、穴番はせり出しなどの操作をする。これは舞台下の役。

■江戸の芝居より狭い、京坂芝居の楽屋口。いつの時代にも役者を追う女達はいたと見え、一人たたずんでいる。その女に話しかけた体（戯場楽屋図絵）

◆**声番**　煙草用に火縄を売る火縄売りの中から出る。揚幕の際にいて、役者の出入りを知らせる声を掛ける。

◆**若い衆**　「路考じゃァ」「団十郎じゃァ」と呼び上げる役もする。あるいは「範頼公御入りー」「今様の始まりー」などというのも若い衆。

一説には、若い衆というのは稲荷町にいるまだ役を持たない人達で、通行人とか荷を担いで左から右へ、右から左へと、ただうろうろするだけの者だという。

◆**幕引**　『戯場節用集』には、たとえ幕引だって大変難しい役で、切りの思い入れをよく呑み込んで初めて出来ることだとしている。

第四章　芝居の道具建て

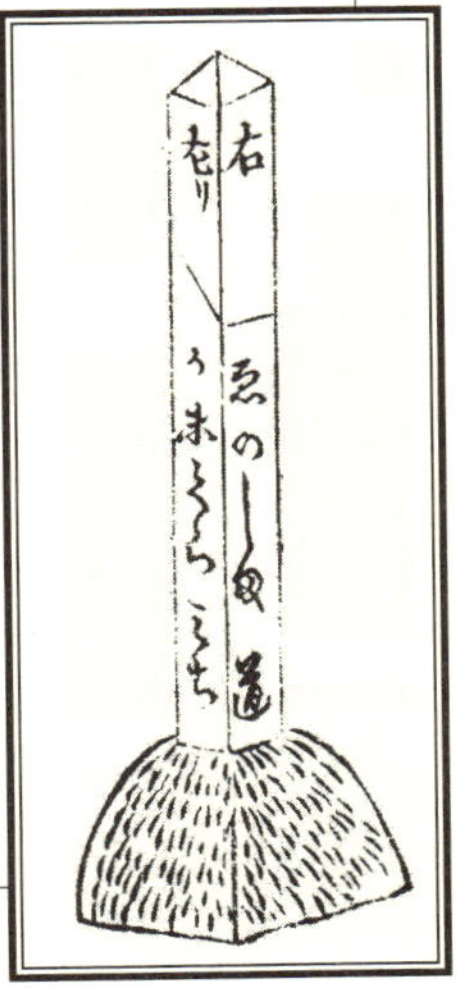

建物

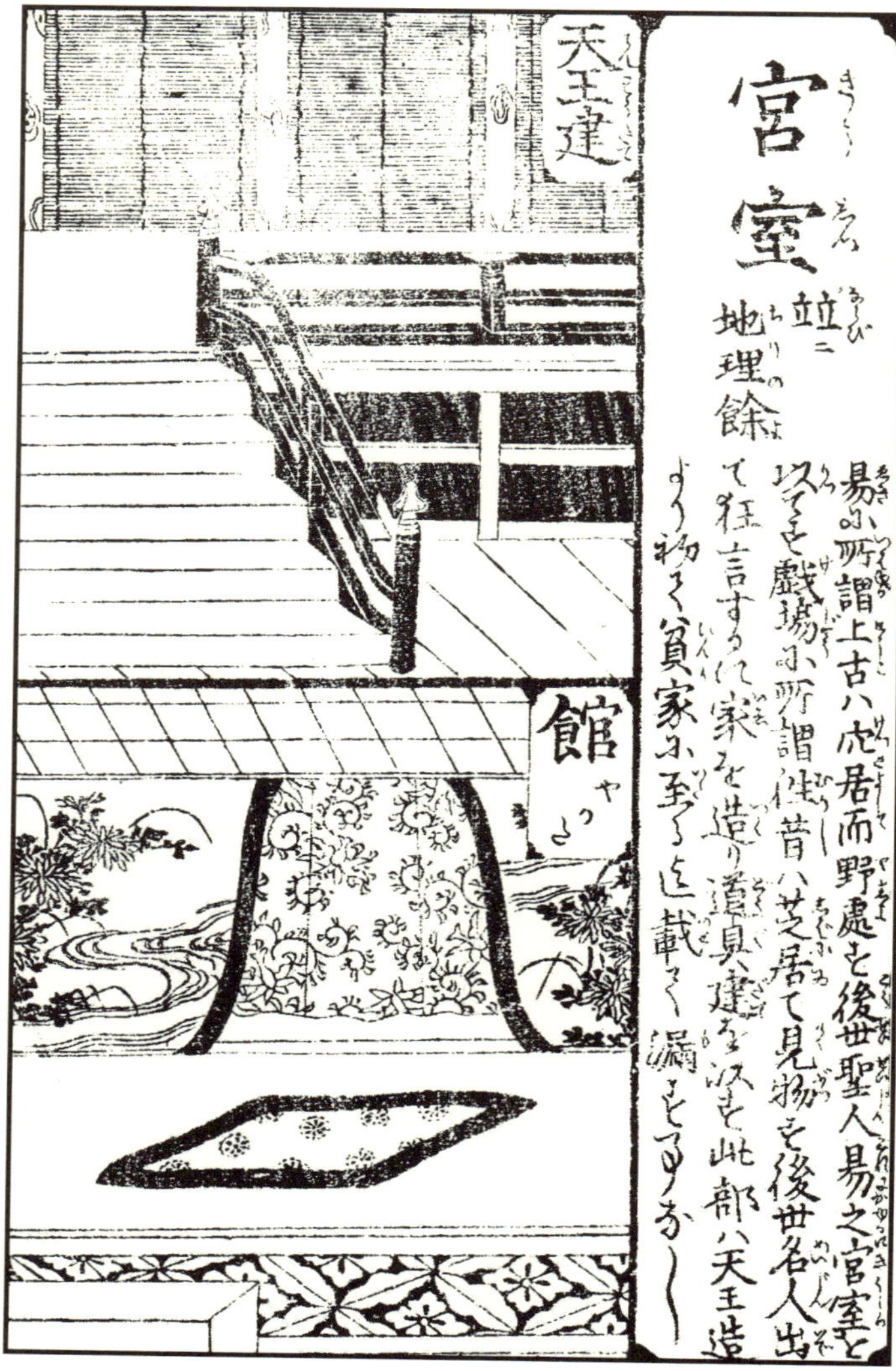

【世界を定める建物群】
●天王建
●館
●城
●能舞台
●楼閣

小屋

【怪しい小屋の色々】

●地牢　●茶店　●娼家

●あばら家

往来

【往来の大道具はいわくつき】

●塚　●川　●田んぼ　●墓

●道標

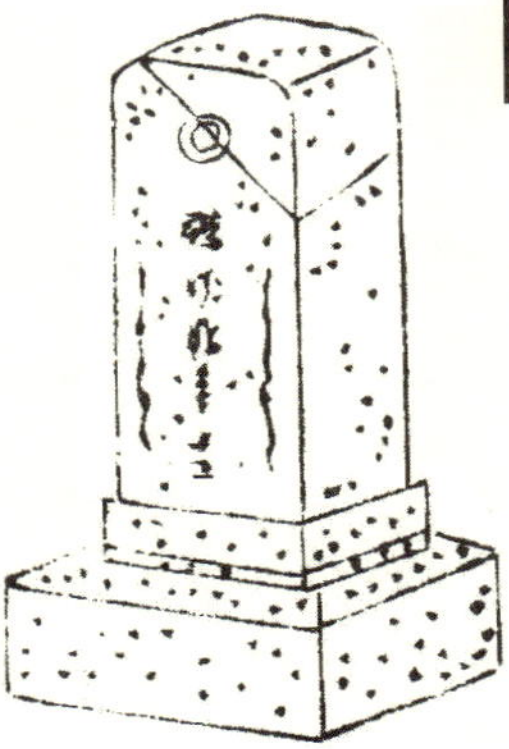

自然

【舞台の上の自然の神秘】

●水　●土　●海　●沼

●池　●窟

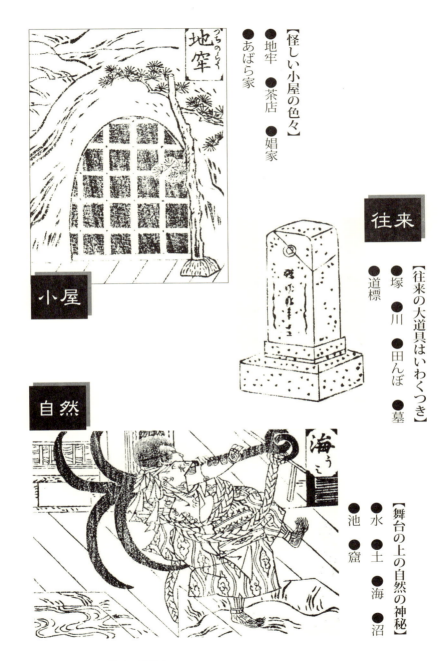

■江戸芝居の大道具は不思議満載

芝居の「天文」から始まり、芝居小屋の「地理」、戯場の中で働く人びとの「人事」ときて、しんがりは舞台の大道具のことを述べる。これまでと同様に式亭三馬の『戯場訓蒙図彙』をもとに紹介していくが、とりわけ遊び心が発揮されたおもしろい部分なので、なるべく本文の心持ちを壊さないことに気をつけて話を進めていきたい。

大道具の中でも、大きな作りの仕掛けについては前の章で述べたが、こうした仕掛けも作者が一枚かんでいる。作者は、仕掛けに始まり小物に至るまで、自分が作った物語をどのように見物に見せれば効果があるかを常に考えていた。役者に付いた作者は早く出世をしたというが、時として役者に合わせて物語を作る。こういう物語だと役者はこういう見せ場を作るだろうと考える。この役者はこうこうだから寺の場面を作り出そうというわけで、大道具方に寺の場面を頼むといった具合だ。

往来の大道具はいわく付き■墓石などは石で出来ているのだから、刀で切りつけても刃こぼれがするくらいで、決してすぱっとは切れるものではないのだが、斜めに綺麗に切れてしまう。いわくがある

■いくら暴れても滑らない
いわく付きの屋根瓦

に違いない。筧《かけひ》にしても、それまで水も流れていなかったのに、人が斬られると必ずこの筧に斬られた人の血が流れてくる。

書割《かきわり》も多く存在している。絵師が背景のように描いたものに、大道具方がその前に立体物を組み上げるのだが、墓、塚、井戸など、こちらもすべていわくがある。井戸は水を汲み上げたことは見たこともなく、たいがいは忍びの者が潜む所になっているとされている。

舞台の上の自然の神秘■この国の土は平らで硬く、ひびは規則正しく入っている。足音はとんとんと響く。これは足音のこだまだろう。しかしこの国では外にこだまはない。水がこぼれたり、雨が上がったりした時は、すぐに雑巾で拭けば瞬く間に乾く道がある。

こんなに硬い土なのに、そこから宮殿や楼閣、あるいは草木がにゅと出てくる。それればかりではない、様々な人物が二、三人連れで湧き出てくることもある。土の中から抜身《ぬきみ》が出ることなどは数え切れないほどあるのがこの国の土のある場所だ、とある。いわくがある大道具が色々登場するが、あくまでも江戸時代の舞台にあった物を基本にして、それをおもしろく紹介している。それが何故いわく付きなのかを想像するのも楽しい。

大道具・道具建て《おおどうぐ・どうぐだて》

大道具方は、前章で紹介したように平舞台に大きな仕掛けを施して、役者の登場や場面転換を華麗に演出する。同時にその狂言の世界を舞台上に築き上げる。何もないところに宮殿や裏長屋を出現させるのも、喧嘩騒動の田舎道を作り上げるのも大道具方。

ただ現実世界の大工とはいささか異なる図面を持っているのか、すべては芝居の都合に合せて仕上げる。紫宸殿《ししんでん》は縁側のすぐ近くが御座所で、月卿雲客《げっけいうんかく》（高貴な人びと）は狭い縁側に押し合って並び、その前を平気で町の人や農夫が通ることも珍しくない。城にしても狭間《はざま》はあるが、よく見るとそこは黒く塗られていて、矢を射ることはとてもできそうにない。井戸には水はないようだし、道案内はすぐ向きを変え、しかも綺麗に切られる工夫が施されている。すべてこんな調子で、これが狂言国の建築物のようだ。

式亭三馬はいう。芝居は昔は文字通り芝の上で見た。その後名人が出て、狂言をするのに家を作って道具建てをするようになる。ここでは天王達から、貧しい家まで載せてあますところがない。

では、御覧あれ。

■鐘楼を使った道成寺の根元所作事初演。百千鳥娘道成寺。寛保四年（一七四四）、中村座、元祖菊之丞が演じた舞台（歌舞妓年代記）

「楼門五山桐」。五右衛門と真柴久吉の楼門を使った名場面。寛政 12 年（1800）の市村座。江戸初演（歌舞妓年代記）

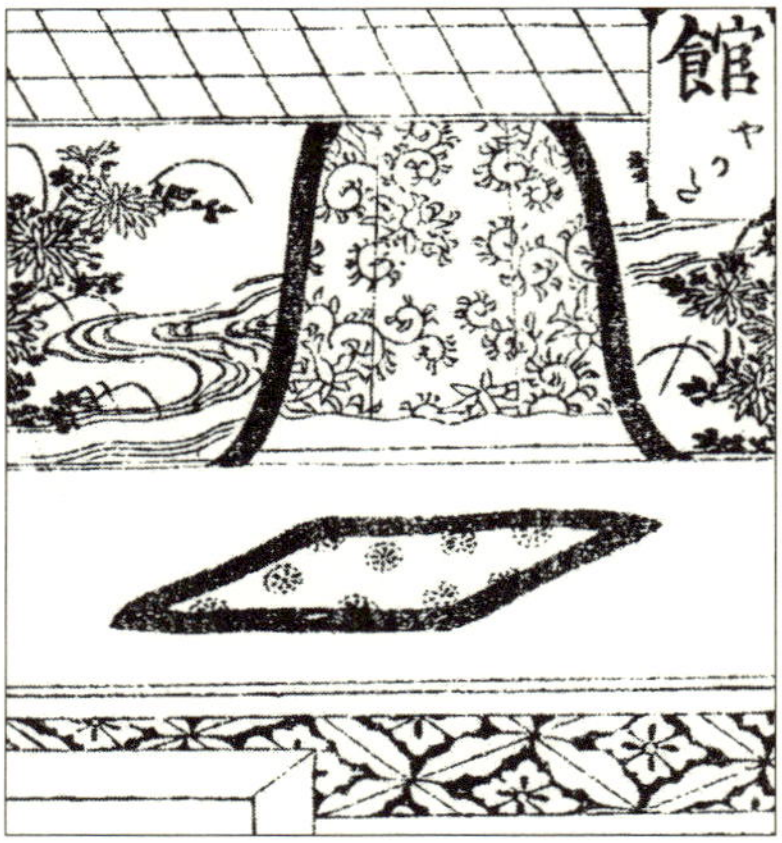

■館。といっても建物のことではないようだ。貴人が座る場所のことをこの国では館と唱える習わしなのだろう。奥に何があるかもわからない。見えるのは立派な襖だ

■天王建。紫宸殿の外側は見たことがない。いたって端近。外に近く縁側のすぐ奥は御座所。狭い縁に高位のお公家様達がひしめき合って座っている。庭は通行自由のようだ

建物の色々《たてもののいろいろ》

◆**天王建**《てんのうだて》　やんごとなき方の御殿、紫宸殿。どういう訳か庭には商人、傾城《けいせい》（遊女）、馬方などが勝手次第に入ってくる。時には咎めることもあるようだが、構わないこともあり、その時の了簡《りょうけん》次第。

◆**館**《やかた》　大変立派な座敷のようだが、細かいことは分からない。ただ、貴人が座る場所や、壁の様子が見えるだけ。

◆**宮**　宮殿。大方は扉ばかり。その扉から人物が出てきたりもする。

◆**城**　櫓がそびえるだけで、中の有様は皆目分からない。要害不堅固な作り方で、所々に開いているのは矢や鉄砲を射たり撃ったりする狭間だが、この狭間はべったり墨で塗ってあり、矢で射掛けることのない軍法と見える。ゆえに搦め手《からめて》はお留守になっている。

■宮。たいがいは扉ばかりが見える。内側は他国の人には見せない決まりがあるのだろう。立派な扉ほど開くことがないのも不思議

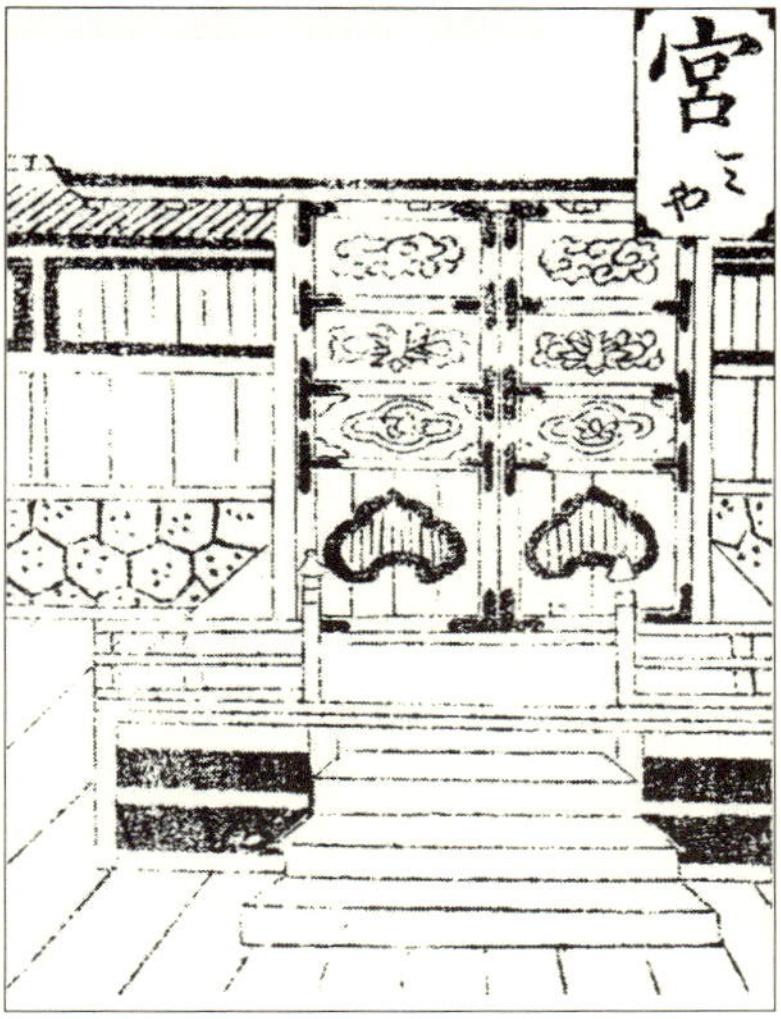

■櫓に魚虎まである立派な城だが、絵に描いた城のようで、その実態は定かではない。矢狭間はべったり墨で塗ってあるようだ

◆**能舞台** 能の始まる直前に引き出すようにして拵え、終わるとまた押し込んでおく。

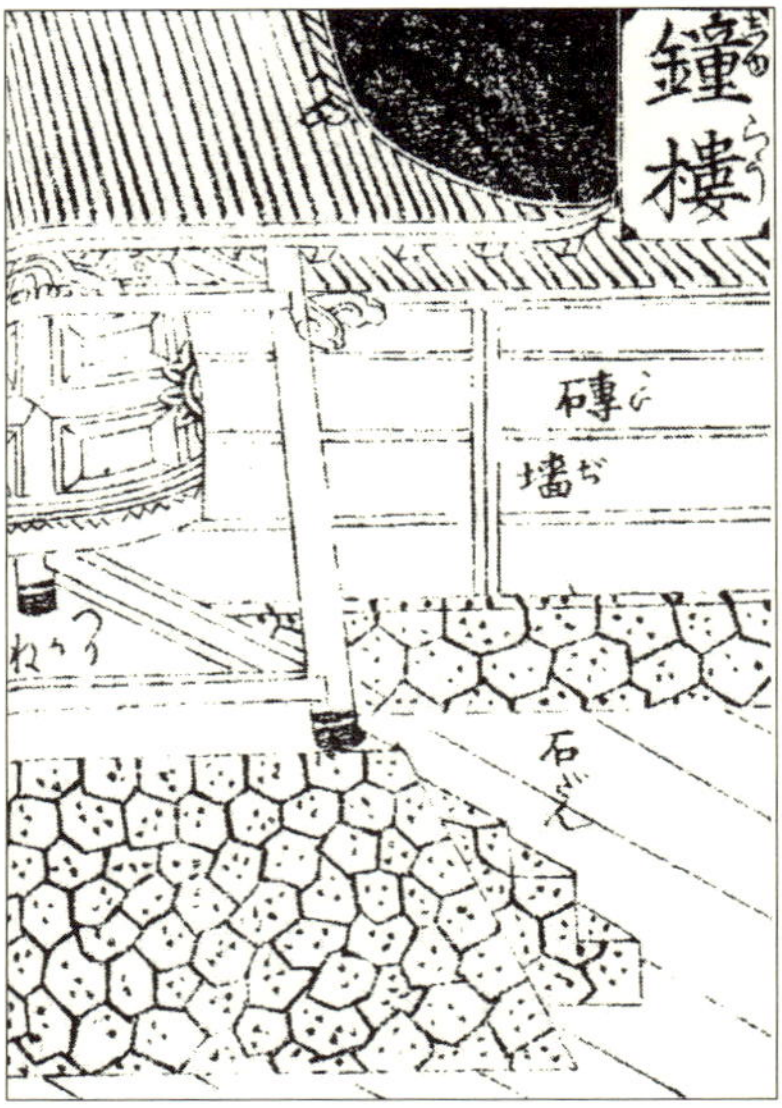

■鐘楼のなりたちは釣鐘と築地と石段

■十字街堂。辻堂は決まって悪い奴が潜む場所。疲れた旅人は災難に遭う

◆**楼閣**　土中に作り置いて、用のある時は拍子木をチョンチョン打つと、地の内から出て来る。

◆**辻堂**　扉内は窺えないが、たいがいは悪い奴が潜んでいる。疲れた旅人はここで懲らしめられる。

◆**枝折戸《しおりど》・朝鮮垣**　風流な庭には付き物の木戸と竹垣。この戸は、めったなことでは開かれない。

◆**門**　戸締まりのためにある門ではない。脇の戸は開け放しで、通行は自由だが、門を閉めるとなぜか脇から通行することはない。

中の者が死のうという急の場合にも、押し止めに来た人物は正門の前で小首を傾げてどうにか入れないかと思案をしている。律儀といえば律儀な人だ。ただし、人の出入りが済

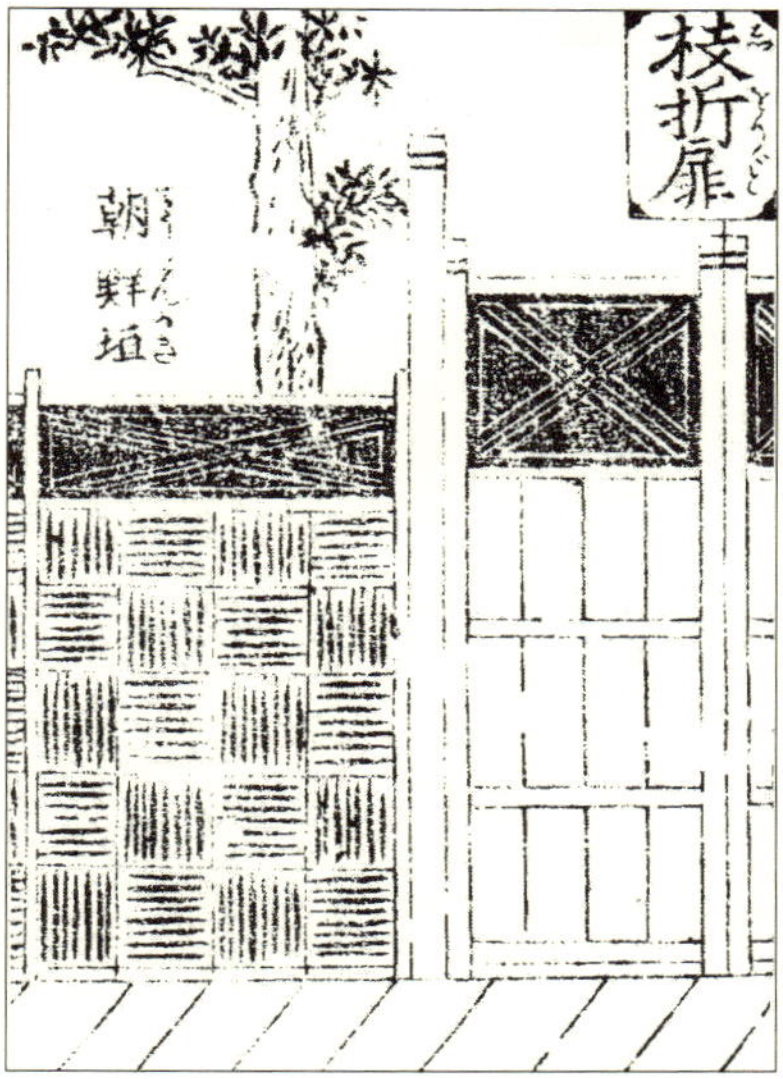

■枝折戸。それほど作りは頑丈には見えないが、これがどうして破れるものではない扉だ

■融通のきかない頑固な門。脇は開け放しで通行は自由のはずだが、門を閉めると脇から通行することはまずない

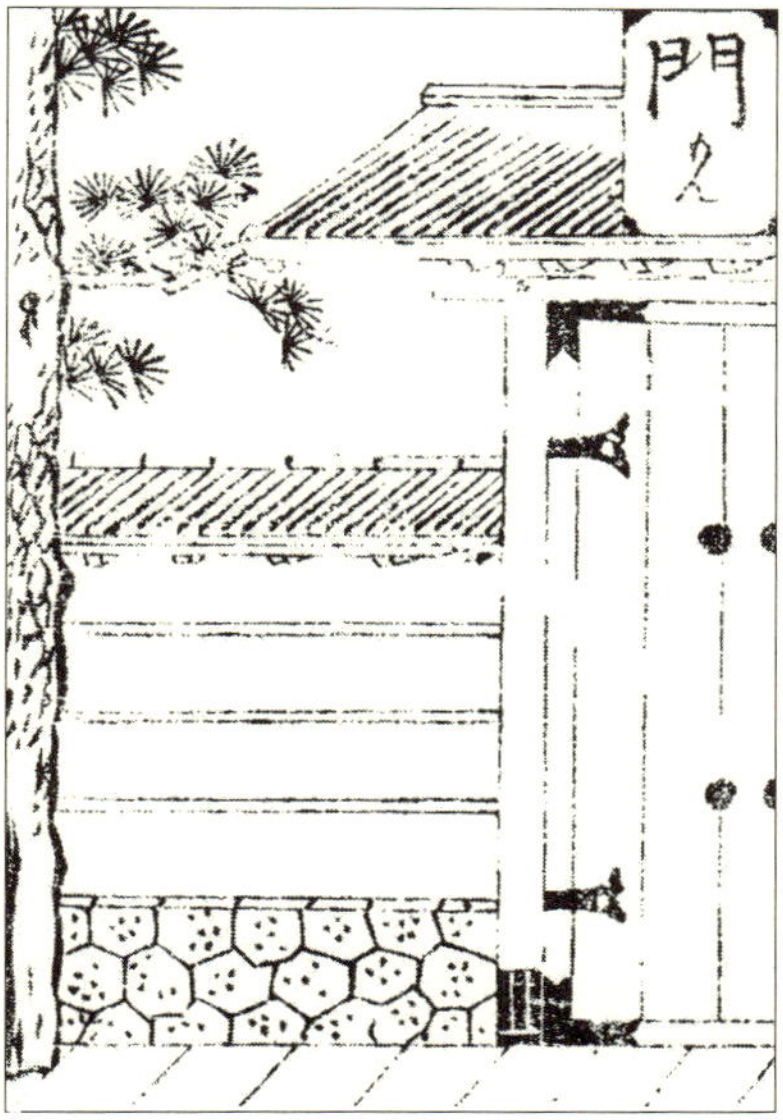

めば、門は傍に片付けておく。また、客の帰る時分に急にこしらえることもある。どちらにしても用心にはならない門だ。

◆蔵　蔵が十あれば九つまでが宝蔵だ。不思議なことに、盗人が切り抜いて出られるように、予め穴をくり空けて、そこへ蓋がしてある。したがって、宝物を盗まれても壁土がこぼれ落ちるということはない。

いったい盗人はどこから入ったのか、謎は残る。蔵の裏の方には壁もないようで、盗人はいつの間にか入っている。

いずれにせよ、盗人と火事のためには大変不用心なものだ。

■不思議な作りの土牢だ。外から中に入るのは大変だが、中から外へは簡単に出られる

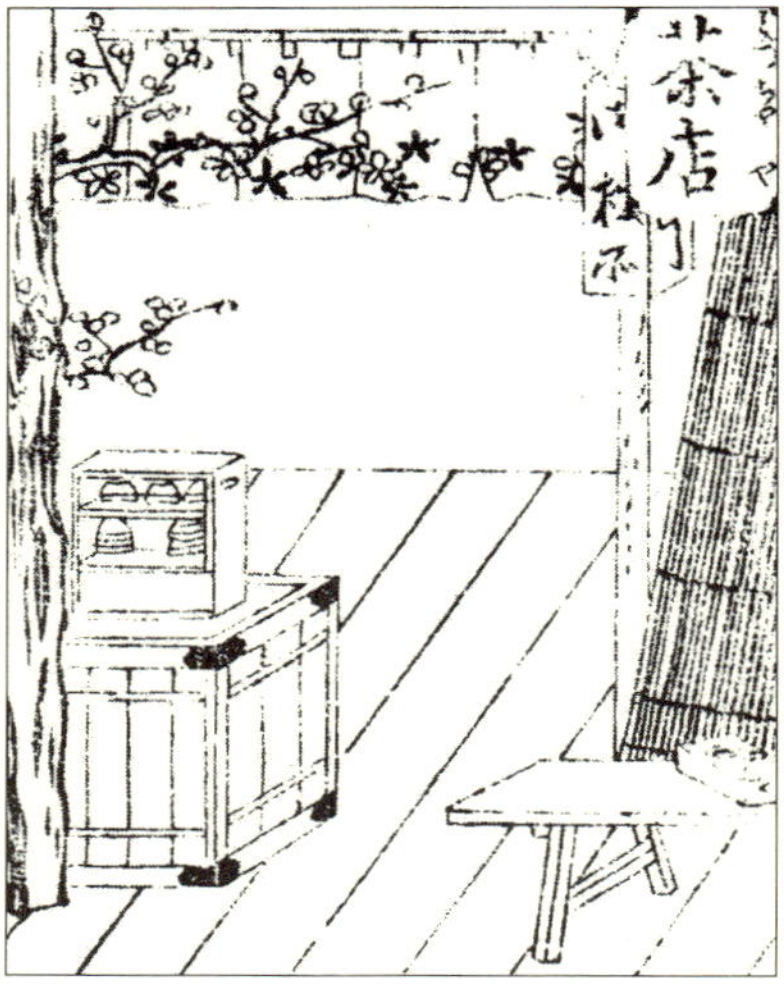

■茶店といえば茶が出る所だが、この国ではめったなことでは茶は出ないし、店の女は出払って留守のことが多い

小屋の色々

こやのいろいろ

◆地牢《じろう》　ずいぶんと弱々しく作りで、中に入れられた科人《とがにん》が出やすいように作られている。きりぎりすの籠を大きく拵えたようなものだ。

◆茶店・茶屋　茶店は無人のこともよくあるようだ。初めのうちはよく人に茶を出して飲ませるが、後になると客に頼まれて人を呼びに行ったりして、店を開け放しにしておく。

◆娼家　廓にはどういう訳か娼家は一軒だけで、たいがい名前は三浦屋。暖簾《のれん》が掛っている見世の前には毛《もう》氈《せん》をかけた床几《しょうぎ》があり、ここへ誰かが来てやり取りをする。酒や茶などは呑まないが、煙草はよくここで呑んだりする。人の出入りはまずない。

　一体に隣の茶屋があってもよさそうだが、そんな気配は絶対にない。

◆あばら家　茅屋。図には「しづがふせや」と仮名が振ってある。賤《しず》、身分卑しき人の伏屋、つまりはあば

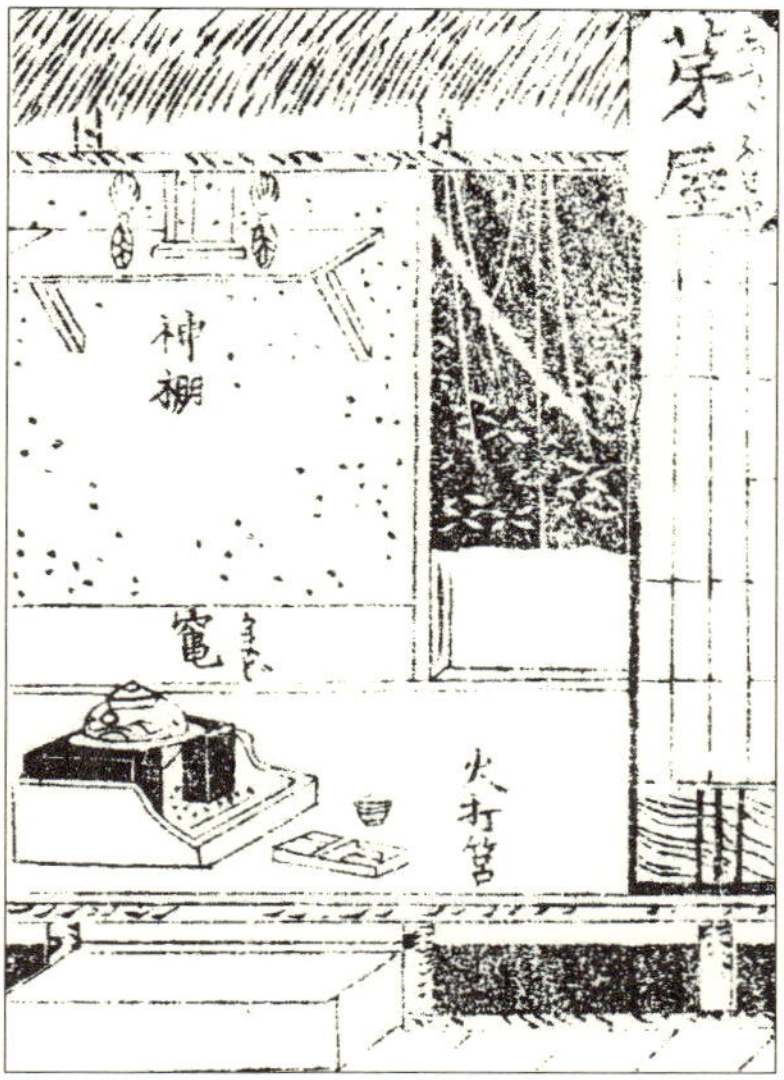

■神棚や竈があるからといって安心はできない。怨霊のような者の住処だろう

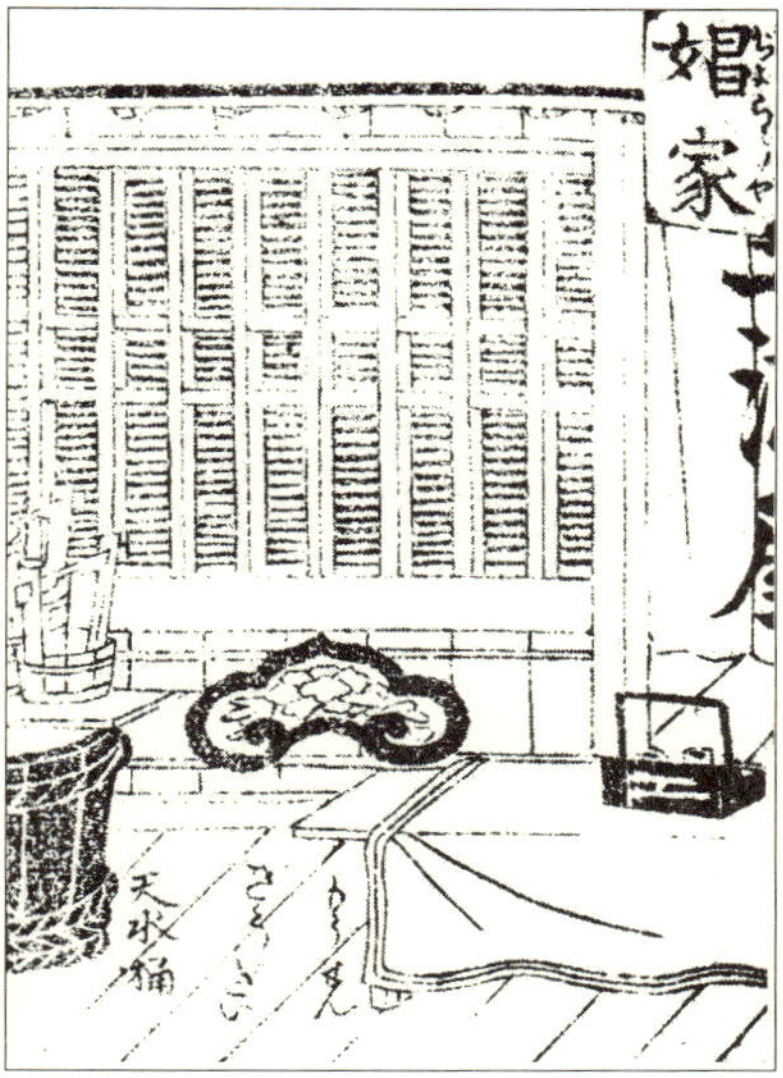

■娼家の表。手前のぎゅう台は本来客引きのぎゅうがぼんやりするところ

ら家。草葺きの粗末な家とはいえ、火打ち箱が置いてあり、竈《かまど》がある。神棚も吊ってある。この家の住人は悪さをするような人物、例えば鬼婆あたりか。

◆堤　堤は定規で引いたように正しい線でできている。勾配は急で、上の方は平らになっている。この道でよく滑る者がいるのだが、いきなり滑るということはない。滑る道は別誂えと見えて、わざわざ滑るところまで行ってやんわりと静かに滑る。

■堤の上には小屋があり、いわくがある人物が住むか潜むかしているのが習わしのようだ

屋内外の不思議《おくないがいのふしぎ》

◆奥の間　家の中には色々な不思議がある。まずは奥の間。何につけ奥の一間という。それでいて遂に見ないものだが、定めし広いに違いない。

例えば大騒動があっても、奥には知れぬことがある。また、こそこそと話をしているのに、様子は奥で残らず聞いたという時もある。どんなに貧しい家でも客の二組、三組も来て奥の一間へ通る。こうした時はいつも別の一間に通すと見えるので、狭い家とも思えない。

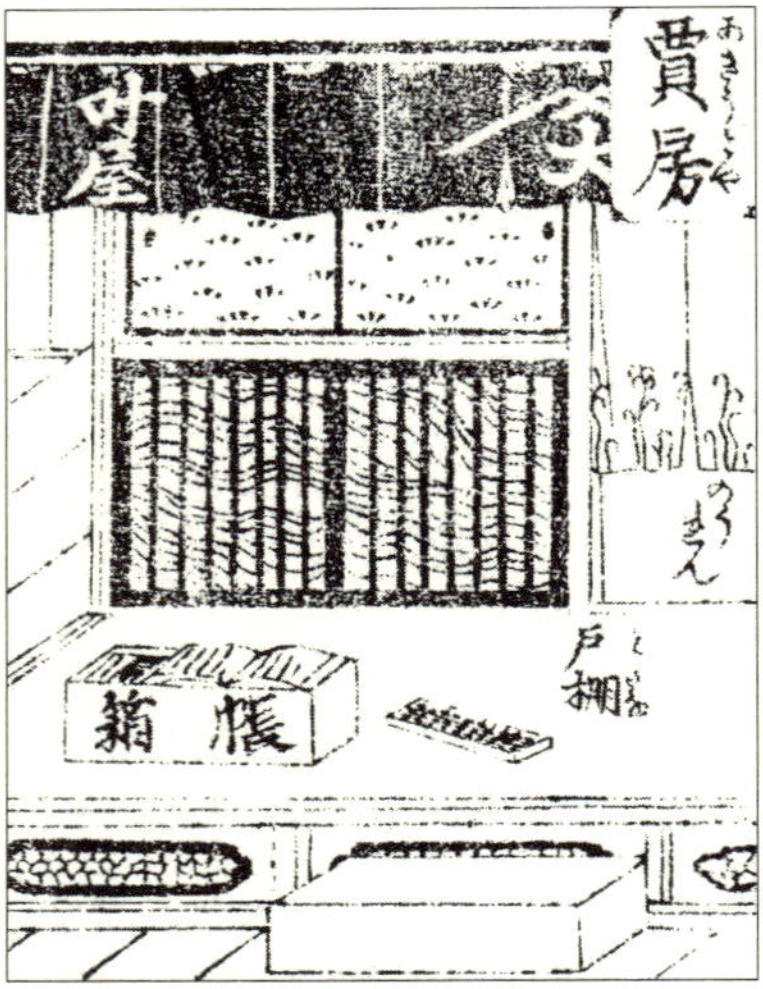

■帳箱の上には帳面が開かれ、算盤まで見えるがここには店の者は姿を見せない。この店の前で他人がよく話をする

◆板敷　畳の少ない国と見えて、大方は板敷の上に薄縁を敷く。土の間と間違えそうだ。

◆障子　縁側の方に骨を見せるのが作法のようだ。誰も手を添えなくても障子は開く。全体に、障子でも襖《ふすま》でも翠簾《みす》でも、こちらが行きかければ自ずと開くし、巻き上がる。この細工の動きは紅毛にも勝っている。とはいえ自分で開けて出入りすることもある。これは立ち聞きした折の礼儀だと見える。

◆天井　天井のある家はまれ。天井を拵えれば姫君の髪は逆立ち、忍びの者が隠れるので作らない。

◆戸棚　戸棚は人を隠すためのもので、物が入れてあることはない。しかし戸棚に隠れた人は終いには見つけられるという。

◆庭　庭の作り方は至って下手。まず第一に狭くて、植わっている木の姿の悪いことは例えようがない。

◆持仏　当国は日蓮宗が多いというが、なぜか持仏は

■後世に語り継がれた名場面。四代目團十郎（右）の悪七兵衛景清。屋根の上だって芝居ができるという見本のような舞台。これで屋根が本瓦なら、瞬く間に景清はずるずると下へ落ちてしまうが、一枚瓦だから大丈夫（歌舞妓年代記）

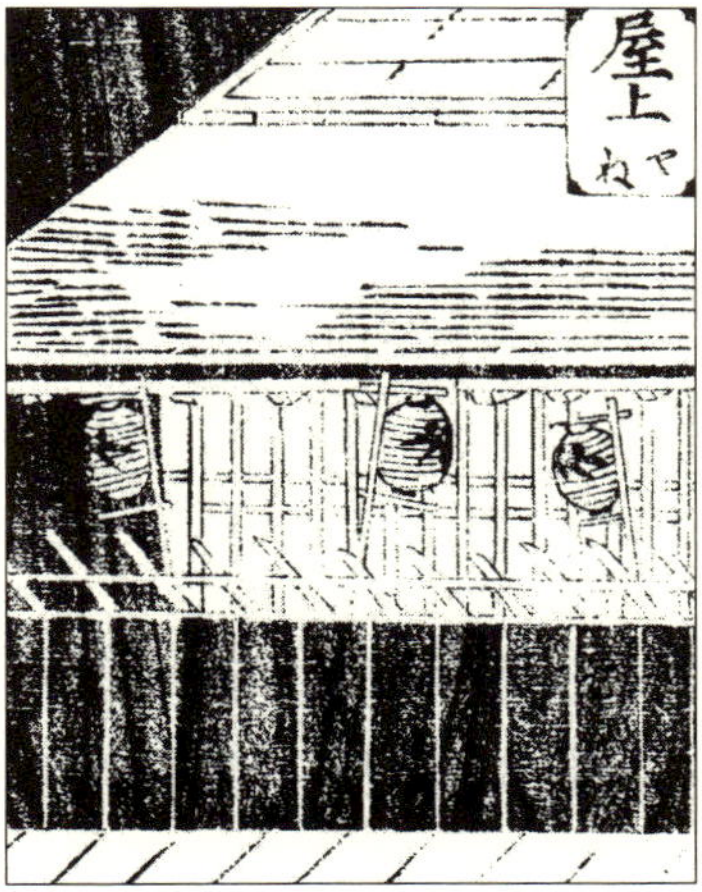

■この国の屋根の瓦は、鼠色をしていて所々白くはげている。しかも一枚一枚重ねたのではなく、みな一続きに焼いたものだ

たいがい六字の名号「南無阿弥陀仏」を掛け、経を読む時には鉦《かね》を打つ。

◆**石塔**　文字を彫らずただ書き付けておく。雨の降るのが至って稀な国だからか。

◆**柱**　柱は幅ばかり広く、角材は大変少ない。また、丸柱はだいたいが黒塗りを使っている。この柱は逆柱のようで、とかく亡魂や幽霊が出たがる柱だ。

◆**瓦**　屋根瓦は鼠色をしていて、白くはげている。ただし、一枚ずつ重ねたものではない。皆一続きに焼いた物か、白い筋ばかりがあって、何間あっても一枚もの。これはいかにも難しい焼き方をしたものだ。

■樋の口。水門だからといって水が流れているわけではない。盗人や忍びの者が隠れる場所と決まっているのだ

■瀧は流れていることはいるが、他国のように音はなく、飛沫も飛んでこない、実に穏やかな瀧だ。龍神が棲まない瀧なのか

街角の不思議《まちかどのふしぎ》

街角にも不思議なことはいくらでもある。

◆**筧**《かけひ》 懸樋。水を流すのではなく、むしろ物を流すためにある。水が落ちることもあるが、必要な時だけ流れ来る重宝なものだ。人を傷つけたり、殺害したりした時には、血潮がていねいに流れて来る。

◆**氷** 本物の鏡のごとし。寒気の強い国ゆえなのか、一度凍ると解けることはない。

◆**氷柱**《つらら》 間違って触ると、ぴんといって欠ける。そのかけらを踏むと足を切るので、避けた後、この氷柱を笄《こうがい》に使うという。また、胡粉《ごふん》を塗ったようなものもある。考えてみると、

■今、狂言国は嵐のようで、橋の向こうでは喧嘩が始まっている。しかも刃物三昧。橋の上の人は何もしないでこの場のありさまを見守っているだけ（歌舞妓年代記）

■この国の橋には特徴がある。ごく短くて欄干は両側にはない。片側で何かをしたり人を蹴飛ばしたりする

氷柱も貧富の差があるようだ。

◆**欄干**　欄干は平たい木で作ることが古実と知られている。天王建、そのほか朱塗りの欄干などはたいがい平木造り。

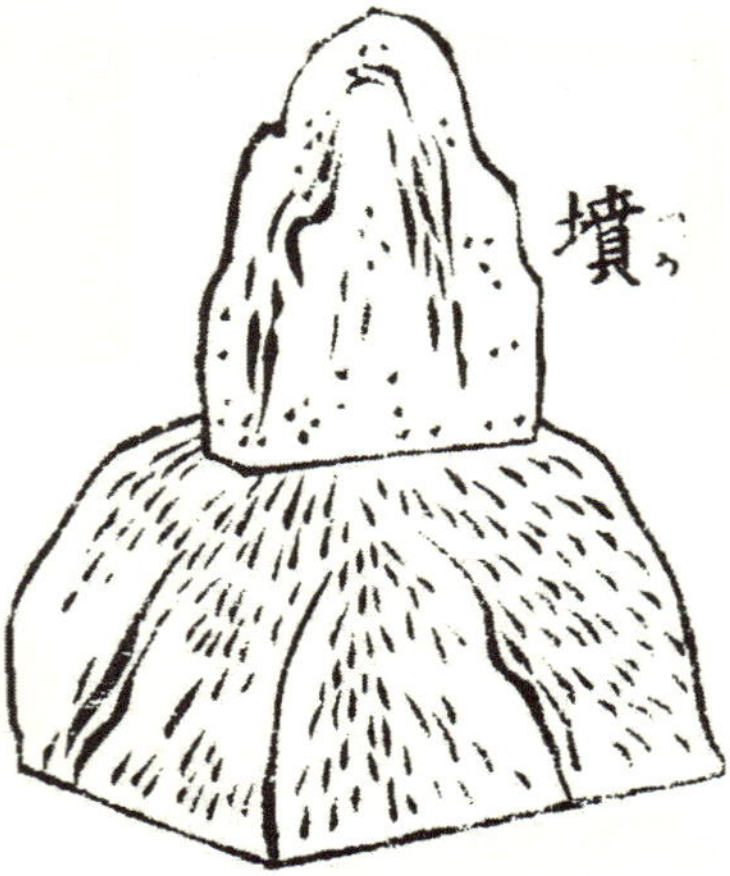

■塚。ここは陰火が燃えたがるところだ。燃え出す時には、ヒュードロドロドロと音がするのでわかる。どちらにしても不気味なのがこの国の塚だ。悪いことをした奴がここを通りかかると、必ずや怨霊が出る。それをあらかじめ知らせるためと思われる陰火が妙な具合に燃え出すから不思議なものだ

■この国のつぶては、ふわふわと投げられる軽くて音のしない石だ

■岩や石は青い。投げても音がしない軽いもの。石の肌は木綿のようで、脇に四角い穴があり、そこに指を入れて投げるのが作法。光る石は籠目があるのが特徴

路傍の不思議《ろぼうのふしぎ》

不思議は路傍にもある。古い塚も田んぼも油断がならないようだ。

◆塚 墳。塚からは時々陰火が燃え上がることがある。

◆川 川と池とは分かちがたいものだ。川には物を落とす川と、人の落ちる川とは別々にある。これも誂えた物なのか。

◆田んぼ 田んぼは人を闇討ちにするとか、殴られた仕返しをするとか、敵討ちなどをする場所。四季折々蛙が啼き、寝鳥の声が聞こえる。

田んぼの後ろには、寺か揚屋の奥座敷などがある。いざ人を殺すという時には、常念仏の声、黄檗宗《おうばくしゅう》の勤行、あるいは長唄、三味線などが聞

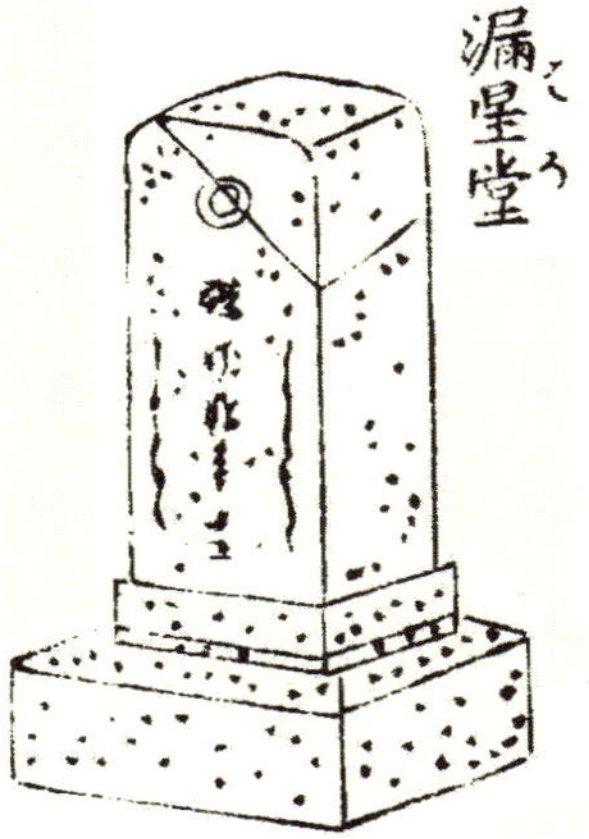

■この国の墓には必ず切れ目が入っていて、斜めにすっぱり切り落される。この石も思いのほか柔らかと見えて、豆腐を切るよりたやすく切れる。また、墓の文字は彫り付けない約束で、墨で書くだけだ。考えて見るに、雨があまり降らないからだろう。それにしても、わざわざ切られるためにあるのが墓か

■龍燈を拝むことはなかなかないことだけれども、近年はたびたび見ることができる。龍宮から贈られる火だというが、時として上からぶら下がることもあり、一概にどう出るとはいえない

こえてくる。

　とどめの刀を刺す時は、忘れたようにさっぱりと止んでしまう。これはいぶかしきことではないか。

◆**火**　陰火と陽火がある。物の霊が固まって燃えるのは陰火。これは樟脳のように燃える。また、火鉢などを煽いでぱっと鉋屑《かんなくず》のように燃え立つのは陽火。火鉢へ物をくべると、ぱっと燃えてじきに煙となる火があるが、これは煙硝のようだ。

■光明。この国の光明は、いたって短い。倹約をむねとして光るようで、光りの長さは一尺か二尺。どう見ても大きな扇のようだ。もう一寸奮発して光ればよいにと思うが、約束事でこれ以上は光らぬことになっている

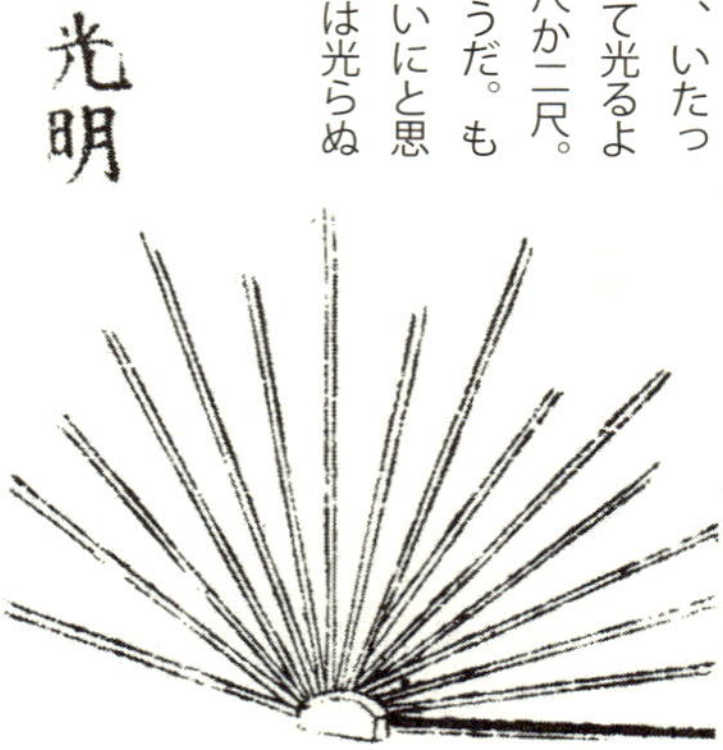

■この国の井戸には水がないのだろう。井戸から水を汲むところを見ない。ここは、忍びの者などが隠れ住む所らしい。また、とんでもない遠くまでつながっている秘密の抜け道になることもある

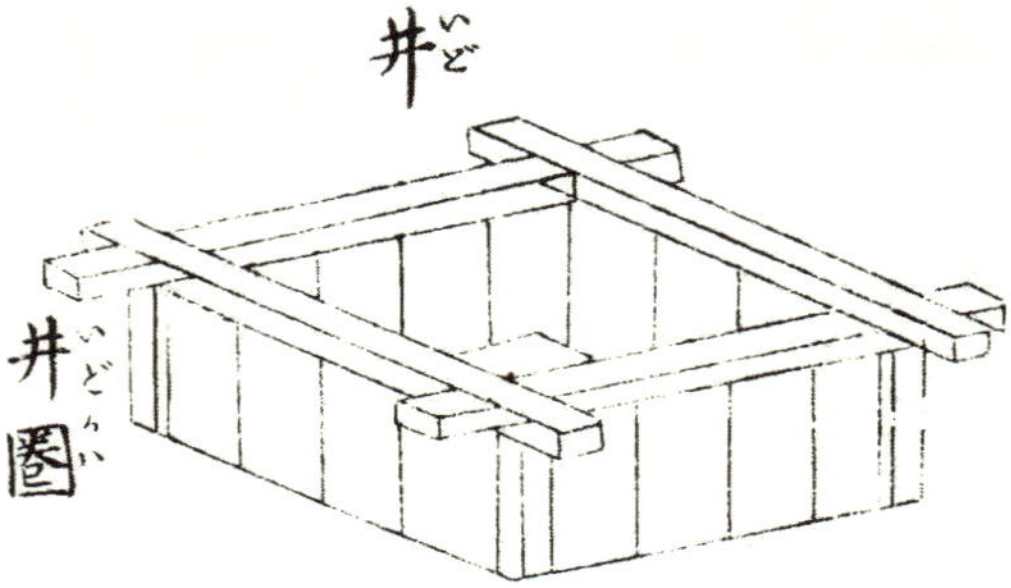

■狂言国にも道標は欠かせない。いくらよい女形だとて、行く先がわからなくては困る。きちっと道標はあるがよく切られる（歌舞妓年代記）

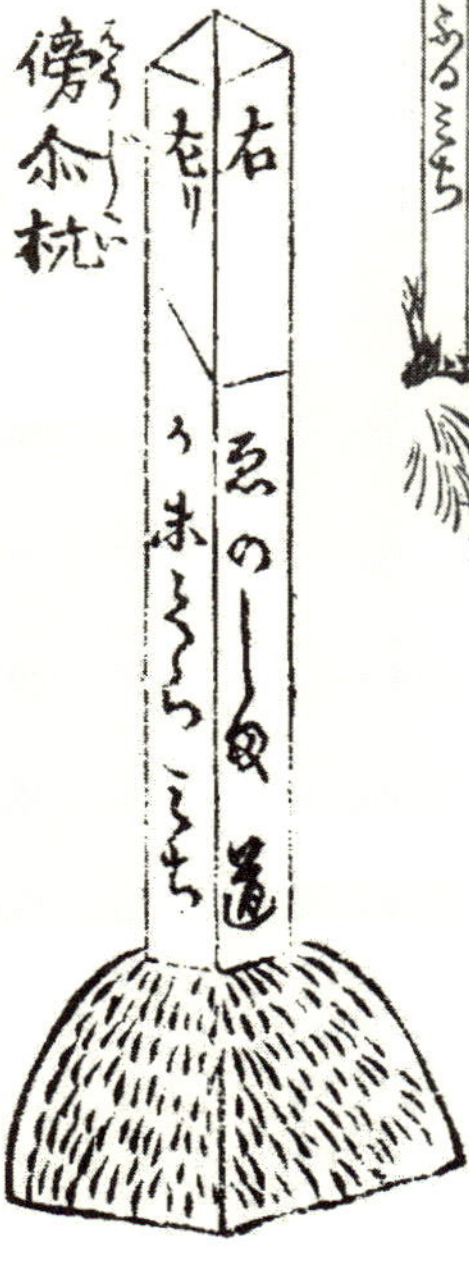

■道標。右江の島道、左鎌倉道などと方角は書いてあるが、追手を欺く時は向きを変えることもしばしばある。夜の喧嘩などでは、これによく刀を切り込んでしまうのだが、たいがいは斜めの線の所で切れる

■他国の海とは桁が違う。波も穏やかで荒れることはめったにない、池に見紛う程の海。そこで苦労して格闘するのがこの国の人

自然の神秘《しぜんのしんぴ》

大いなる神秘はまず自然界の水。土も怪しい限りだ。

◆水　少々昔には、水が板のように立っていて、波などは一つも動かない。板に水を描いたり、海の波を描いたようだった。時代が下ると水は平らになり、その様子は布に描いたようになる。近頃ではこの波は動く。どうやら海に見立てた布の下には人がいて、数人で手足をばたばたやっているような気配もする。

瀧の水もきらきら光り、ゆらゆら揺れて掛け軸の瀧の絵さながらだが、光るのは細長い光る紙のようだ。

◆土　この国の土は平らで硬く、良く響く性質のようだ。足音はとんとんと響く。足音のこだまだろう。とはいえ他にこだまはない。足音ばかりがおびただしく響く。

水がこぼれたり、雨が上がったりしたら雑巾でぬぐえば忽ち乾く。こんなに硬い土なのに地の下から宮殿、楼閣、草木はおろか、人びとも連れ立って湧き出てくる。抜身が地中から突き出ることもある。

■この国の人は、神のお告げで田や沼の泥へ落ちることをあらかじめ知っていると見えて、粗末な服に着替える。落ちると不思議なことに顔から泥がつく

■「そりゃこそ鳴いたは東天紅、これこそ小田原透頂香、そりゃこそぬけたら、とっかいべい。アァやかましい口だ」。透頂香（とうちんこう）は小田原名物ういろうのことで「外郎売」を真似ての池の口上だろうか。池の脇でこういうせりふをいったか

■岩屋の前では外記節（げきぶし）に合せてよく人がせり上がってくる。奥の深さは分からないが、その昔、新田四郎の家来で一たんの二郎という者がこの岩屋に入って、楽屋新道に抜けたという

■河原崎座の脇狂言「猩々舞」。後ろに見えるのが波幕だが、この場合は波そのものを見せるのではなく、波の感じを舞の世界に感じさせるために使われているようだ。猩々が海の近くで酒を飲み、目出度気分で舞う姿を見せている（歌舞妓年代記）

道具建て余話《どうぐだてよわ》

道具建てに関する補足を少々。

黒幕は回り道具などの仕掛けがなかった初期中期の芝居で、舞台全体を隠して場面転換をするなど、いくつもの用途があった。

◆黒幕・浅黄幕・山幕・山ふすま・浪幕・波ふすま

幕もふすまも、おのおのが場面転換に使われる。絵の描かれた物は皆「ふすま」と呼び、これは道具絵師の役目（159頁図参照）。

◆四天《よてん》　花道からせり上げるのを四天という。四人で担いでせり出させることがあるのでこの名がある。

◆障子屋台　二重舞台の下座に近い方にある障子を立てた狭い部屋などをいう。

◆上げ障子　三方から下がっている障子屋台が「ちょん」と柝《き》が入ると、上の方に巻き上がることをいう。

■寛政８年（1796）都座顔見世狂言「清和二代大寄源氏」。市川鰕蔵一世一代の舞台、向島の隠居の見せ場。後ろに見えるのが「ふすま」と呼ばれた絵師の手になるもの。これは舞台を華やかにしたり、時にはその場面が海岸なのか山なのかを表現するのに使う（歌舞伎年代記）

あとがき

江戸時代には歌舞伎という言葉は無いに等しく、江戸人は「芝居を見に行く」とか「○○座の狂言は」といった言い方をしていたようです。こうした表現は当時の滑稽本《こっけいぼん》にしばしば登場しますが、古典落語にもあります。商家の噺に出てくる典型的な大店の若旦那が陥る「病」に芝居道楽があり、同病の小僧の定吉と茶番を演じたりします。定吉は小遣いもままならない筈なのですが。それはともかく、明治以降に演劇のジャンルが広がって、伝統のいわゆる歌舞伎を特定する必要があったのかもしれません。

本書のタイトルにある「江戸歌舞伎」は、上方狂言に対する江戸狂言の意味で使いましたが、本文では随時上方の芝居状況にもふれています。将軍のお膝元、江戸を中心に据えてはいますが、江戸という時代の芝居の世界を絵にしたつもりです。

一言でいえば、江戸の歌舞伎は自由奔放。中世の物語だとしながらも、舞台には平気で近世の衣裳や道具類が出てくるし、大名題《おおなだい》（通しタイトル）から逸脱したとしか思えない段（幕）を挟むのが決め事になっています。見て来たようなことを言うべからずとお叱りを受けそうですが、江戸の舞台は誰も実見不可能。今に残る芝居絵や資料を漁って、可能な限り、当時の芝居熱をお伝えしようと心掛けましたが、いかがでしょうか。

二〇一八年　十一月吉日　　著者

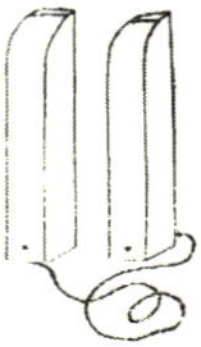

参考資料

芝居乗合話●中村重助（寛政十二年頃　一八〇〇）
戯場節用集●好文舎青氏（享和元年　一八〇一）
戯場楽屋図絵●松好斎半兵衛（享和元年　一八〇一）
戯場訓蒙図彙●式亭三馬（享和三年　一八〇三）
戯場粋言幕の外●式亭三馬（文化三年　一八〇六）
客者評判記●式亭三馬（文化八年　一八一一）
歌舞妓年代記●談洲楼焉馬（文化八年　一八一一）
守貞謾稿●喜田川守貞（天保八年起稿　一八三七）

＊

訓蒙図彙●中村惕斎（寛文六年　一六六六）
絵本続江戸土産●鈴木春信（明和五年　一七六八）
頭書増補訓蒙図彙●中村惕斎（寛政元年　一七八九）
近世奇跡考●山東京伝（文化元年　一八〇四）
骨董集●山東京伝（文化十年　一八一三）
校本庭訓往来●峰岸竜父（文政十年　一八二七）
江戸名所図会●斎藤幸雄（天保五年　一八三四）

【や行】

【ら行】

【わ行】

【は行】

【ま行】

【な行】

【た行】

索引

【あ行】

【か行】

著者
飯田泰子（いいだやすこ）　東京生まれ、編集者。企画集団エド代表。

江戸時代の庶民の暮らしにかかわる書籍の企画編集に携わる。

主な編著書は『江戸あきない図譜』『江戸あじわい図譜』『江戸いろざと図譜』（以上青蛙房）。

『図説 江戸の暮らし事典』『江戸萬物事典』『江戸商賣絵字引』『江戸落語図鑑　落語国のいとなみ』『江戸落語図鑑２　落語国の町並み』『江戸落語図鑑３　落語国の人びと』『江戸落語事典』（以上芙蓉書房出版）など。

図説 江戸歌舞伎事典１　芝居の世界
2018 年 12 月 25 日　第 1 刷発行

著　者　飯田泰子
発行所　㈱芙蓉書房出版（代表　平澤公裕）
〒 113-0033 東京都文京区本郷 3-3-13
TEL 03-3813-4466 FAX 03-3813-4615
http://www.fuyoshobo.co.jp
印刷・製本　モリモト印刷
 ISBN 978-4-8295-0750-6